湖北省学术著作出版专项资金资助项目

现代航运与物流:安全·绿色·智能技术研究丛书

长江水运安全风险辨识评价与防控方法

徐连胜　吴　婧　著

武汉理工大学出版社

·武　汉·

内 容 提 要

本书系统地介绍了长江水运安全风险的辨识、评价及防控方法，主要包括长江水运安全现状分析、长江水运安全事故风险辨识与致因分析、长江水运安全风险源分级评估方法、长江水运安全风险防控方法及对策等。

本书可供交通运输工程、安全管理工程、海事管理等专业的高校师生、研究人员，以及从事水上交通安全管理和工程技术的人员阅读。

图书在版编目(CIP)数据

长江水运安全风险辨识评价与防控方法/徐连胜,吴婧著. —武汉:武汉理工大学出版社,2019.9

ISBN 978-7-5629-6068-3

Ⅰ.①长…　Ⅱ.①徐…　②吴…　Ⅲ.①长江-水路运输-风险评价　②长江-水路运输-安全技术　Ⅳ.①U698

中国版本图书馆 CIP 数据核字(2019)第 128803 号

项 目 负 责:陈军东　陈　硕　　　　　　责任编辑:陈　硕
责 任 校 对:张　晨　　　　　　　　　　排　　版:芳华时代
出 版 发 行:武汉理工大学出版社
　　　　　　武汉市洪山区珞狮路 122 号　邮编:430070
　　　　　　http://www.wutp.com.cn　理工图书网
　　　　　　E-mail:chenjd@whut.edu.cn
经 销 者:各地新华书店
印 刷 者:武汉市金港彩印有限公司
开　　本:787×1092　1/16
印　　张:14
字　　数:243 千字
版　　次:2019 年 9 月第 1 版
印　　次:2019 年 9 月第 1 次印刷
定　　价:88.00 元(精装本)

凡购本书,如有缺页、倒页、脱页等印装质量问题,请向出版社发行部调换。

本社购书热线电话:(027)87515798　87165708

现代航运与物流:安全·绿色·智能技术研究丛书

编审委员会

出 版 说 明

　　航运与物流作为国家交通运输事业的重要组成部分,在国民经济尤其是沿海及内陆沿河沿江省份的区域经济发展中起着举足轻重的作用。我国是一个航运大国,航运事业在经济社会发展中扮演着重要的角色。然而,我国航运事业的管理水平和技术水平还不高,离建设航运强国的发展目标还有一定的差距。为了研究我国航运交通事业发展中的安全生产、交通运输规划、设备绿色节能设计等技术与管理方面的问题,立足于安全生产这一基础前提,从航运物流与社会经济、航运物流与生态环境、航运物流与信息技术等角度用环境生态学、信息学的知识来解决我国水运交通事业绿色化和智能化发展的问题,促进我国航运事业管理水平与技术水平的提升,加快航运强国的建设。因此,武汉理工大学出版社组织了国内外一批从事现代水运交通与物流研究的专家学者编纂了《现代航运与物流:安全・绿色・智能技术研究丛书》。

　　本丛书第一期拟出版二十多种图书,分为船港设备绿色制造技术、交通智能化与安全技术、航运物流与交通规划技术、内河航运技术等四个系列。本丛书中很多著作的研究对象集中于内河航运物流,尤其是长江水系的内河航运物流。作为我国第一大内河航运水系的长江水系的航运物流,对长江经济带经济发展的促进作用十分明显。2011 年年初,国务院发布《关于加快长江等内河水运发展的意见》,提出了内河水运发展目标,即利用 10 年左右的时间,建成畅通、高效、平安、绿色的现代化内河水运体系,2020 年全国内河水路货运量将达到 30 亿吨以上,拟建成 1.9 万千米的国家高等级航道。2014 年,国家确定加强长江黄金水道建设和发展,正式提出开发长江经济带的战略构想,这是继"西部大开发"、"中部崛起"之后的又一个面向中西部地区发展的重要战略。围绕航运与物流开展深层次、全方位的科学研究,加强科研成果的传播与转化,是实现国家中西部发展战略的必然要求。我们也冀望丛书的出版能够提升我国现代航运与物流的技术和管理水平,促进社会经济的发展。

　　组织一套大型的学术著作丛书的出版是一项艰巨复杂的任务,不可能一蹴而就。我们自 2012 年开始组织策划这套丛书的编写与出版工作,其间多次组织专门的研讨会对选题进行优化,首期确定的四个系列二十余种图书,将于 2017 年年底之前出版发行。本丛书的出版工作得到了湖北省学术著作出版专项资金项目的资助。本丛书涉猎的研究领域广泛,在这方面的研究成果众多,首期出版的项目不能完全包含所有的研究成果,难免挂一漏万。有鉴于此,我们将丛书设计成一个开放的体系,择机推出后续的出版项目,与读者分享更多的我国现代航运与物流业的优秀学术研究成果,以促进我国交通运输行业的专家学者在这个学术平台上的交流。

现代航运与物流:安全·绿色·智能技术研究丛书编委会
2016 年 10 月

前　言

长江"黄金水道"已成为世界上最繁忙、运量最大的通航河流,对实施西部大开发战略,促进我国经济均衡、和谐发展起着十分重要的作用。近年来,随着长江航运的快速发展,货物品种不断丰富,危险品运输量日益增大,影响水上交通安全的因素越来越多,水上交通事故的发生概率大大增加,通航环境安全、船舶运输安全等面临前所未有的压力。考虑到长江水运安全风险评价技术尚不成熟,且影响长江水运安全的风险因素众多,因此亟待开展长江水运安全风险评价研究。

本书以国家科技支撑计划项目"长江水运安全风险防控体系研究(2015BAG20B01)"的部分研究成果为基础,针对长江水运安全风险评价的方法与内容进行系统论述。全书分为5章:第1章绪论,由徐连胜负责编写,论述了本书编写背景和意义、国内外研究概况以及本书结构框架和主要内容;第2章长江水运安全现状分析,由耿杰哲负责编写,具体论述了长江水运发展现状分析、长江干线水上运输事故统计和长江水路运输典型事故案例;第3章长江水运安全事故风险辨识与致因分析,由吴婧负责编写,首先论述了主要事故风险识别及致因分析,而后论述了长江水运安全风险分类辨识框架,并详细论述了人员、货物、船舶、通航环境、港口、监督管理等六类风险的辨识内容;第4章长江水运安全风险源分级评估方法,由邓健负责编写,首先论述了研究方法的分析与选择,而后论述长江水运安全风险源等级综合评价分值标准,进而论述长江水运安全风险源分级方法及船舶、通航环境、港口三类风险源的具体分级方法;第5章长江水运安全风险防控方法及对策,由周宝庆负责编写,分别针对人员、船舶、通航环境和港口等风险论述了风险防控方法及对策,并建立了风险控制对策库。此外,交通运输部水运科学研究院赵前、胡玉昌、徐宏伟、韩超,武汉理工大学华昕培、郝国柱等参加了相关章节的编写工作。在研究和撰写工作中,武汉理工大学、长江海事局、长江三峡通航管理局、长江航道局、安徽省地方海事局等课题成员单位为本书的撰写和出版做了大量的工作和贡献,在此一并致谢。

本书可供交通运输工程、安全管理工程、海事管理等专业的高校师生、研究人员,以及从事水上交通安全管理和工程技术的人员阅读。由于长江水运安全风险评价领域涉及内容的复杂性和作者研究工作的阶段性,书中难免存在研究不够深入、观点不够妥当、论述不够严谨、文字表述不够清晰之处,恳请读者批评指正。

徐连胜　吴婧

2018 年 5 月 16 日

目 录

1 绪　　论

1.1　编写背景和意义

内河航运是综合运输体系中的重要组成部分,具有运量大、占地少、能耗低、环境影响小等特点,因此在破解资源和环境双重制约、实现经济社会可持续发展中有着日益显著的地位。

长江全长超过 6300km,其水系通航总里程 7 万余千米,是世界上通航里程最长的河流,占全国内河通航里程的 70%,年运量占内河运量的 80%,是我国经济发展布局的东西主轴线和运输动脉。截至 2016 年,长江干线亿吨大港已达 14 个,较 2015 年新增了铜陵港、马鞍山港;长江干线生产性泊位为 3858 个,其中万吨级以上的码头泊位 417 个,较 2015 年增加了 6 个。2016 年长江干线完成货物通过量 23.1 亿吨,同比增加 6.0%;三峡船闸通过量 1.305 亿吨,同比增长 9.08%。这也是自 2005 年长江年货物通过量首次跃居世界内河之首后连续 12 年夺得世界内河第一,长江"黄金水道"已成为世界上最繁忙、运量最大的通航河流,对实施西部大开发战略,促进我国经济均衡、和谐发展起着十分重要的作用。

为统筹长江经济带交通基础设施建设,加强各种运输方式的有机衔接,完善综合交通运输体系,国家发布了《长江经济带综合立体交通走廊规划(2014－2020 年)》,规划指出,通过推动交通基础设施的建设和完善,到 2020 年,建成横贯东西、沟通南北、通江达海、便捷高效的长江经济带综合立体交通走廊。充分发挥长江水运运能大、成本低、能耗少等优势,加快推进长江干线航道系统治理、整治浚深下游航道,有效缓解中上游瓶颈,改善支流通航条件,优化港口功能布局,加强集疏运体系建设,打造畅通、高效、平安、绿色的黄金水道。除此之外,《国务院关于加快长江等内河水运发展的意见》对保障内河水运平安运行做出了规定,要求加快建设长江干线全方位覆盖、全天候运行、具备快速反应能力的现代化水上安全监管和应急救助体系,加强三峡坝区等综合基地建设,完善长江干线基地、站点布局和功能。落实企业的安全生产主体责任和政府的安全监管责任。强化重点水域安全监管,服从防洪调度,积极应对地质灾害和极端气候,建立重大隐患排查、重大危险源监控制度和预警、预报、预防制度,提高航道应急抢通能力,有效降低重大突发事件造成的损失。

近些年来,随着长江航运的快速发展,货物品种不断丰富,危险品运输量日益增大,影响水上交通安全的因素越来越多,水上交通事故的发生概率大大增加,通航环境安全、船舶运输安全等面临着前所未有的压力。随着货运量的增长,长江等内河运输船舶交通流量、危险品运量及进出港量均大幅增长,安全隐患大量存在,事故时有发生。2005—2012 年,长江南京以上干线水域年均发生水上交通事故 37.4 件,死亡 42.5 人,沉船 25.6 艘,经济损失 2182.7 万元。2009 年三峡水域发生"8·10"危化品集装箱坠江事故,致 62 个集装箱掉入江中;2012 年 2 月 3 日,韩籍货轮"格洛里亚"号苯酚泄漏造成镇江饮用水污染;2012 年 8 月 16 日,马鞍山市"马和轮渡 104 号"渡船自沉,造成 15 人死亡或失踪,所载车辆全部随船沉没;2012 年 9 月 6 日,长江南京段发生罕见的四船碰撞事故,被撞货船翻沉并导致 3 名船员遇难。因此,对影响长江水运交通安全的风险开展分类分级管理,并采取有效措施降低安全隐患对保障水上交通安全是十分必要的。

目前,长江水运安全风险评价技术尚不成熟,且影响长江水运安全的风险因素众多,因此亟待开展长江水运安全风险评价。本书系统地介绍了长江水运安全风险评价的方法与内容,主要包括长江水运安全现状分析、长江水运安全事故风险辨识与致因分析、长江水运安全风险源分级评估方法、长江水运安全风险防控方法及对策等,为实现长江水运安全风险分类、分级管理目标提供科学支撑。

1.2　国内外研究概况

1.2.1　风险管理在水路运输管理方面的研究

对风险管理的问题讨论始于 20 世纪 30 年代,是随保险业的发展而发展起来的。对风险评价和风险管理的研究在 20 世纪 60 年代得到了很大的发展,首先用于美国军事工业。1969 年美国国防部批准颁布了最具有代表性的系统安全军用标准——《系统安全大纲要点》(MIL—STD—882),对完成系统在安全方面的目标、计划和手段,包括设计、措施和评价,提出了具体要求和程序,此项标准于 1977 年修订为 MIL—STD—882A,1984 年又修订为 MIL—

STD—882B,该标准对系统整个寿命周期中的安全要求、安全工作项目都做了具体规定。我国于 1990 年 10 月由国防科学技术工业委员会批准发布了类似美国军用标准 MIL—STD—882B 的军用标准《系统安全性通用大纲》(GJB 900—1990)。1964 年美国道(DOW)化学公司根据化工生产的特点,首先开发出"火灾、爆炸危险指数评价法",用于对化工装置进行风险评价,该法经过不断修订,1993 年已发展到第 7 版。1974 年英国帝国化学公司(ICI)蒙德(Mond)部在道化学公司评价方法的基础上引进了毒性概念,并发展了某些补偿系数,提出了"蒙德火灾、爆炸、毒性指标评价法"。1974 年美国原子能委员会在没有核电站事故先例的情况下,应用系统安全工程分析方法,完成商用核电站危险状况的全面风险评价和研究,提出了著名的《反应堆安全研究》(WASH-1400),并被以后发生的核电站事故所证实,在科技与工程界引起震动。1976 年日本劳动省颁布了"化工厂安全评价六阶段法",其定量评价通过把装置分成工序,再分为单元,根据具体情况给单元的危险指标赋以危险程度指数值,以其中最大危险程度作为本工序的危险程度,在分析阶段引入了系统工程的技术思想。随后学术界不断开发出一系列安全风险评价方法,使政府、企业界和社会对风险的认知得以不断提高。

水上交通风险管理及安全评价研究始于对海上船舶碰撞危险的研究,此时通常采用事故调查分析的方法查明事故原因,进而提出防止类似事故再次发生的措施,这种海事调查报告的形式在一定范围和领域内仍在使用。安全指标法当属第二代被广泛应用的水上交通安全评价方法,我国多年来都采用"事故起数""直接经济损失""死亡人数""受伤人数""沉船数"等 5 个事故指标来评价不同区域的水上交通安全状况,如长江海事局目前仍采用这 5 个指标来评价辖区各海事局的安全形势。上述两种方法侧重以事故发生的情况来研究水上交通安全状况,较少考虑系统风险因素的安全状态,使得水上交通风险管理停留在事后评价的阶段。

2000 年,挪威船级社(DNV)、丹麦海事研究所(DMI)、鹿特丹港务局(RPA)和希腊雅典国立科技大学在沿海水域的航运安全(SAFECO)课题项目中提出海上风险评估的总体框架——海上事故风险评价系统(MARCS),利用海上交通事故数据统计海上事故发生频率,评价风险水平。荷兰针对危险货物运输风险进行定量风险评估(QRA),已经将其应用在公路、火车、管道和内河运输风险评价中。此外,根据运输和发展安全问题的风险管理的相关政策,荷兰开展了以"内河运输的安全"为目标的大型科研项目,目的是发展和完善风险效应模型(REM)。

　　1988 年 7 月 6 日,英国海上平台 Piper Alpha 海难导致 167 人死亡,其事故调查报告大量采用了工业风险分析和风险评价方法。经英国学界的研究和推进,1993 年英国海运与海岸警卫局(MCA)向国际海事组织(IMO)海上安全委员会(MSC)第 62 届会议提交了综合安全评价法(FSA)概念议案并被立即接受。1997 年 MSC 第 68 届会议通过了 IMO《FSA 应用临时指南》。2001 年 MSC 第 74 届会议通过正式《FSA 指南》,自此,海上交通安全评价和风险分析研究摆脱了事故评价的局限,开始采用规范化的风险识别、风险评估、风险控制、成本效益评估、决策建议 5 个步骤进行相关研究。13 个欧盟成员国开展了名为"国家的艺术"的调查行动,其中包括海洋事故调查的程序、做法、记录和分析。在众多相关人员和机构的参与下,大量的重要问题被提出,同时采取综合安全评价法(FSA)来进行船舶交通和事故之间的相关性的调查,还可以检测出该方法是否对已经采取的事故风险分析程序措施有促进作用。此外,IMO 专门针对船舶建造安全提供了一个定量标准,即安全水平法 (Safety Level Approach , SLA)。在以往建造经验的基础上,SLA 旨在为船舶制定统一的技术参数标准,而不考虑特定工况、极限载荷等具体指标。

　　在这些标准和框架下,国内外相关学者通过长期研究积累,取得了一系列的研究成果。学者们利用一些典型的风险评价方法(如贝叶斯网络、置信规则库、时空取证、证据推理和模糊层次分析法等)及常用的风险决策方法(如数据包络分析、船舶避碰决策、模糊均值和模糊推理机等)结合具体的水路运输系统风险评价案例做了较为深入的研究。

1. 2. 2　水上交通安全风险评价方面的研究

　　国外学者针对水上交通安全系统的风险研究主要集中于风险识别与评价,多采用综合安全评估、模糊数学(Fuzzy)、贝叶斯网络(Bayesian Network,BN)等方法进行水上交通安全风险评价,但少有学者针对风险水平进行预测。

　　Tan Z. R. 等采用了 FSA 理论和方法对水上交通安全风险进行了分析和评价;Zhang D. 等在 FSA 这个评价体系框架下,使用贝叶斯网络这种具体的评价方法,对长江航行风险进行了评价;Tony Rosqvist 等人在对 1998—2002 年间的 3 个海上交通安全事故案例进行研究分析的基础上,讨论了 FSA 方法的资格,验证了 FSA 的可信度,并提出了相关的资格标准;Hu S. P. 等论述了 FSA 中的定量风险评估和通用风险模型,尤其是船舶航行过程事故频率和严重程度的指标;Lois P. 等利用游轮事故的统计数据及相关分析,验证了 FSA

的游轮行业的适用性;Eleye-Datubo A. G. 等人阐述了一种模糊-贝叶斯风险模型,并通过实例论证了其在考虑人为因素的海上交通安全事故风险评价中应用的可靠性;Stephan Mai 采用定量的风险分析方法对海岸工程技术进行了风险分析,采用统计方法和现有数据来确定意外事件的发生概率和后果;Paolo Leonelli 等建立了各种危险品运输事故统计分析与风险评价模型,提出了针对不同情况下的安全管理方法,从根本上降低事故数量;Fang Ge 等利用模糊综合评判的方法,提出了基于事故统计数据的水域交通危险度的多层次模糊综合评判的方法;Nwaoha T. C. 等采用事故树分析方法对 LNG(Liquefied Natural Gas)运输船的控制系统建立了数学模型,结合遗传算法对LNG 运输船控制系统进行了风险评价;Cuedes Soars C. 等采用贝叶斯概率理论方法,进行了事故发生频率与后果情况的贝叶斯概率评估;Yang Z. 等摆脱了事故评价的局限,以水上交通中的危险因素作为评价对象,通过选取评价指标和建立相应的指标体系对于特定条件下的安全状态进行分析,取得了较好的应用成果;Cain C. F. 等提出了海上交通环境危险度的概念,在此基础上建立了海上交通环境风险评价指标体系,并利用层次分析法(AHP)和解析方法相结合的方法对海上交通环境进行了定量风险评价;Robb W. 对操船环境的危险度以及各评价指标对船舶航行安全的影响程度进行了定量的分析与评价;Piniella F. 对渔船的运营和管理提出了建议和安全管理方案。

　　国内学者近年来也做了许多水上交通安全风险评价方面的研究。胡二邦、张圣坤等侧重以事后评价的方式进行海上交通安全评价,避免了侧重事故发生的情况来研究海上交通安全状况时,较少考虑系统危险因素的安全状态的弊端;戴建峰通过对船舶运动建模,模拟大型船舶进行港口水道的动态特征,并引入模糊系统理论与方法,对港口交通环境及安全进行了定量的评价;熊和金、刘祖源通过神经网络技术对水上目标的雷达、红外和声呐的检测、识别、跟踪,海上交通安全信息融合和船舶避碰决策等问题进行了研究;胡甚平采用风险贝叶斯网络分析方法,结合专家判断值,对船舶航行的风险进行了定量风险评价;姚杰根据事故因果连锁理论,将系统安全分析方法中的事故树(Accident Tree Analysis,ATA)引入到水上交通事故研究中,根据影响碰撞事故的各个因素及其逻辑关系建立了事故树模型并对其进行分析,提出了控制船舶碰撞事故的措施,找出导致事故发生的主要原因以避免碰撞事故的再次发生。

　　如果以水上交通安全评价的对象来分类,目前国内外相关研究主要可以归纳为针对不同类型的船舶、通航水域、事故类型、致因机理、安全管理等几个方面的研究。

1.针对不同类型的船舶的研究

从文献查阅的情况来看,鉴于水上交通事故发生可能造成的危害程度,客船、化学品船以及渔船是国内外学者研究的重点。其中,洪碧光等对我国客滚船的运营安全进行了定量评价,Vanem等提出了以风险为导向的客船设计方法,Hideyuki等和Elsayed分别对LNG船舶的泄漏以及装卸风险进行了评价,Arslan对化学品船操作过程中的风险进行了定量分析,Piniella等和Jensen等对渔船的运营和管理提出了建议和安全管理方案。

2.针对不同通航水域的研究

国内外学者主要针对船舶流量大、通航条件相对受限的水域进行研究,因此海峡或港口附近水域为相关研究的重点。Ozgecan等和Ersan对土耳其海峡的船舶交通流进行了评价分析并指出了风险相对较高的区域,何辉华等对珠江口水域的通航环境进行了分析并提出了相应的船舶航行建议,高岩松等对厦门港航道的环境风险进行了危险度的定量评价,张笛对天津港水域船舶碰撞、搁浅、触损等事故的风险进行了评价和预测研究。

3.针对不同事故类型的研究

水上交通事故的研究一直是水上安全评价的重点。例如,国外学者Psarros等通过对海上事故数据的统计分析来描述水上风险的状态,Celik等提出了基于风险评价的事故调查方法,Jun等提出了一种基于AIS(Automatic Identification System)数据的碰撞风险分析方法,Cerup等则提出了一种搁浅风险的预测方法。

4.针对事故致因机理的研究

水上交通安全系统被认为是一个由"人""船舶""环境"和"管理"组成的多因素复杂系统,统计资料显示人为因素是导致水上交通事故的最主要直接因素,因此人为因素是国内外学者进行水上事故致因机理研究的重点。国外学者Konstandinidou等结合模糊逻辑(Fuzzy Logic)和CREAM(Cognitive Reliability and Error Analysis Method)的方法对人的可靠性进行了研究;我国学者刘正江、盛进路、曾华岚、谢放也对船舶操纵过程中人的可靠性以及人船系统的失效机理进行了研究。

5.针对安全管理的研究

我国相关主管部门和科研院校的学者对水上交通安全管理的对策和方法进行了广泛的探讨和研究,取得了一定的成果。例如,郑良东提出了运用层次分析法(Analytic Hierarchy Process,AHP)对海事管理的绩效进行评价;

郝育国提出了基于安全评价的海运安全管理方法。

1.2.3 常用水运安全风险评价方法

1.综合安全评价

综合安全评价(Formal Safety Assessment,FSA)是一种较为系统化和规范化的评价方法。FSA 通过采用规范化的 5 个步骤(风险识别、风险评估、风险控制方案、费用与效益评估、提供决策建议),全方位地对船舶设计、检验、营运、航行的相关项目进行综合评估,以有效地提高海上人命、船员健康、海洋环境和船舶与货物财产等方面的安全程度。

英国学者 Wang 在 21 世纪初发表了数篇 FSA 方法的综述性文章,指出了该方法在水上安全评价领域的应用前景,并在其框架下结合其他安全评价方法进行了案例研究;我国学者文华、樊红川、段爱媛、胡甚平、秦庭荣等也相继在 FSA 的评估模式下对水上交通系统进行了风险识别、风险评价、风险控制方案以及决策建议等方面的研究,取得了一定的研究成果。

2.基于层次模型的多指标评价方法

将水上交通系统的安全或风险程度作为研究目标,逐级建立基于风险因素的多指标评价体系是近年来国内外应用最为广泛的定量风险评价方法,也是我国学者目前主要采用的水上交通安全评价手段。

在层次模型的基础上,国外学者近年提出应用模糊证据推理、模糊综合评价等方法对系统的综合风险进行分析;我国目前普遍采用的方法为灰色系统理论、未确知测度模型、模糊层次分析法等。

3.基于网络模型的评价方法

网络模型相比于层次模型更能够体现各风险因素间的交互影响,因而近年来得到了国内外学者越来越多的重视,其中又以具备良好处理不确定性问题能力的贝叶斯网络模型最受青睐,相关的应用研究成果也最为显著。

Yang 等、Eleye-Datubo 等、Merrick 等在应用贝叶斯网络模型时提出了结合模糊逻辑的方法实现定性、定量数据的转换;Norrington 等运用贝叶斯网络对船舶搜救作业的可靠性进行了建模研究;Truccoa 等建立了人为和组织因子的贝叶斯网络模型,并以海上交通系统为例进行了案例研究。

4.其他水上安全评价方法

除层次模型和网络模型外,部分学者将两者相结合或融入系统仿真等技术手段对水上交通系统的安全状况进行评价分析。例如,邵哲平结合神经网络、模糊推理和仿真技术对海上交通安全进行了定量评价研究;柴田等提出了基于船舶操纵模拟器和层次分析法的通航风险评价方法;汤旭红等提出了一种将通航水域网格化的方法来研究不同区域的风险分布状况。

1.3　本书结构框架和主要内容

本书系统地论述了长江水运安全风险评价的方法与内容,具体阐述如下:

第 1 章绪论,论述了本书编写背景和意义、国内外研究概况以及本书结构框架和主要内容。

第 2 章长江水运安全现状分析,具体论述了长江水运发展现状分析、长江干线水上运输事故统计和长江水路运输典型事故案例。

第 3 章长江水运安全事故风险辨识与致因分析,首先论述了主要事故风险识别及致因分析,而后论述了长江水运安全风险分类辨识框架,并详细论述了人员、货物、船舶、通航环境、港口、监督管理类等六类风险的辨识内容。

第 4 章长江水运安全风险源分级评估方法,首先论述了研究方法的分析与选择,而后论述长江水运安全风险源等级综合评价分值标准,进而论述长江水运安全风险源分级方法以及船舶、通航环境、港口三类风险源的具体分级。

第 5 章长江水运安全风险防控方法及对策,分别针对人员、船舶、通航环境和港口等风险论述风险防控方法及对策,并建立风险控制对策库(见附录)。

2 长江水运安全现状分析

2.1 长江水运发展现状分析

长江是贯穿我国东、中、西部的水路运输通道,其巨大运能和重要区位优势一直发挥着其他运输方式不可替代的作用,有力促进了沿江经济带的形成,也为沿江地区外向型经济发展提供了重要支撑。

习近平总书记明确指出,"十三五"是交通运输基础设施发展、服务水平提高和转型发展的黄金时期,要抓住这一时期,加快发展,不辱使命,为实现中华民族伟大复兴的中国梦发挥更大的作用。加快构建安全、便捷、高效、绿色、经济的现代综合交通运输体系,是实现交通运输现代化的主体工程,对于深入实施国家发展战略,优化国土空间布局,有效拓展经济发展新空间,更好地服务"两个一百年"奋斗目标,具有重要意义。

在经济新常态、发展新理念、推进供给侧结构性改革、全面建成小康社会决胜阶段、推进国家三大战略、交通运输黄金时期等大背景下,长江航运在加快形成新的发展路径。2015 年 12 月交通运输部印发《关于推进长江航运科学发展的若干意见》,强调加强航运安全管理、形成绿色发展方式,提出了建成平安、畅通、高效、绿色的现代长江航运体系的发展目标。2016 年 9 月《长江经济带发展规划纲要》正式印发,纲要围绕"生态优先、绿色发展"的基本思路,确立了长江经济带"一轴、两翼、三极、多点"的发展新格局。

长江沿线省(市)国民经济和对外贸易的高速增长,推动了港口吞吐量各项指标不断走高。2016 年,长江水系 14 省(市)完成水路货运 44.0 亿 t,货物周转量 45542.4 亿吨公里,比上年分别增长 2.2% 和减少 0.1%,分别占全国水路货运量和货物周转量的 69.0% 和 46.8%。长江干线货物通过量 23.1 亿 t,同比增长 6.0%。运输生产保持高位增长,是世界上内河运输最为繁忙的通航河流。

"十三五"期间,推动落实《关于进一步加强长江航道治理工作的指导意见》,继续按照"深下游、畅中游、延上游、通支流"的总体思路,加强港口码头和集疏运体系建设,推进支持保障系统能力建设,强化落实《长江水系内河船型标准化工作任务书》要求的干线货运船舶平均吨位达到 1000t 的工作目标,长江干线货运量的年均增长速度大约保持在 8%。

本章通过文献查阅、专家咨询、现场调查等方式,从港口、航道、船舶、船员、渡口渡船、三峡等方面分析长江水运发展现状,从监管机构、法律法规标准、安全管理体系建设、监管信息系统、应急能力建设等方面分析长江水运安全现状。

2.1.1 港口

随着长江经济带腹地经济的蓬勃发展,沿江港口建设取得重大进展,机械化、规模化水平明显提高,港口综合物流功能拓展,长江沿线已形成以主要港口为骨干、地区性重要港口为辅、其他港口互为补充的港口布局,形成了以石化、煤炭、矿石、集装箱和通用件杂货等大宗货物运输为主体的运输系统格局。

截至 2016 年,长江干线港口拥有生产性泊位 3858 个,其中万吨级以上深水泊位 417 个(江苏省 400 个,安徽省 17 个),较 2015 年新增 6 个。散货、件杂货年综合通过能力 18.91 亿 t,集装箱通过能力 2195 万 TEU。

其中,上海、武汉、重庆、南京的航运中心建设取得重要进展,长江沿线港口专业化、规模化建设步伐加快,新建成一批现代化码头作业区,港口吞吐能力得到进一步提升,近年来吞吐量见表 2.1 和图 2.1。

表 2.1　长江干线近年来港口货物吞吐量和集装箱吞吐量统计表

年份	散货、件杂货物吞吐量(亿 t)	集装箱吞吐量(万 TEU)
2010 年	15.4	925.9
2011 年	17.7	1149
2012 年	19.71	1353
2013 年	21.4	1405
2014 年	23.7	1352.4
2015 年	24.54	1494.5
2016 年	26.08	1608.1
2017 年	27.98	1781.4

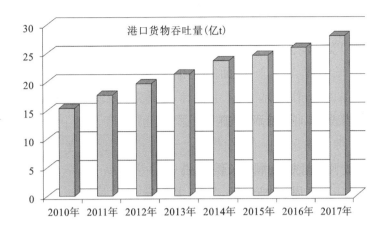

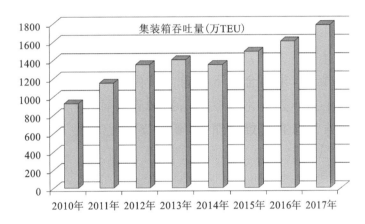

图 2.1 长江干线港口货物吞吐量和集装箱吞吐量统计图

大宗货物在长江干线的运输中仍占较大比重,但增幅趋缓,在总量中的比重呈下降趋势;随着工业化进程及产业结构的调整,高技术含量、高附加值产品的运输比重将不断增加,特别是适箱货源增长迅速,集装箱运输仍将快速增长。

现代化航运建设要坚持"专业化、集约化、现代化"发展方向,加快推进上海国际航运中心、武汉长江中游航运中心、重庆长江上游航运中心、南京区域性航运物流中心和舟山江海联运服务中心核心港区建设;实施枢纽港口和重点港口规模和港区项目,进一步提升港口码头等级和专业化水平。

截至 2016 年年底,长江干线共有各类危化品码头 587 座。其中,上海海事局辖区 27 座,江苏海事局辖区 292 座,长江海事局辖区 268 座。长江海事局辖区危化品码头数量多,但规模小,虽然总数和江苏段持平,但运量为江苏段的 1/3,分布情况见表 2.2。

表 2.2　长江干线危化品码头分布

码头所属辖区		码头数量（座）	占比（%）	备注
上海海事局		27	4.6	散装液化码头 14 座
江苏海事局		292	49.7	散装液化码头 163 座
长江海事局	芜湖	34	45.7	
	安庆	28		
	九江	24		
	黄石	17		
	武汉	36		
	岳阳	19		
	荆州	21		
	宜昌	17		
	三峡	3		
	重庆	69		
	小计	268		
总计		587	100	

截至 2015 年，长江水系运输的散装液体危险品主要品种总数超过 200 个，吞吐量超过了 1.6 亿 t，其中长江海事局辖区各类危险品吞吐量约为 3100 万 t，江苏海事局辖区达 1.15 亿 t，上海海事局辖区约为 1900 万 t。长江水系危险品运输总量逐年增长，其中散装油类和散装液体危险品年增长量较大。由于沿江经济发展，社会运油量呈现增长趋势，油品运输量所占比重维持在危险品运输总量的 77% 左右。

2.1.2　航道

2016 年年末，14 省（市）内河航道通航里程 9.47 万 km，比上年增加 117.2km，占全国内河航道通航里程的 74.5%，其中长江水系 64883km，各省（市）航道里程见表 2.3。

表 2.3　2016 年 14 省（市）内河航道通航里程构成（单位：km）

省（市）	航道通航里程	一级	二级	三级
云南省	4122.8			30.0
贵州省	3664.1			
四川省	10722.5			224.3
重庆市	4467.8		515.0	159.8
陕西省	890.0			
河南省	1588.3			
湖北省	8433.4	229.5	688.1	
湖南省	11887.3		80.4	
江西省	5637.9	78.0		
安徽省	5728.6	342.8		
山东省	1150.1			
江苏省	24365.7	369.9		
浙江省	9769.3			
上海市	2245.0	119.9		
合计	94672.8	1140.1	1283.5	414.10

长江干线是我国水路运输的黄金水道,14 省（市）三级及以上航道通航里程 2837.7km。经过一系列的航道整治,长江干线上游河段通过能力整体提高,中游部分河段通过能力紧张局面得到改善,下游河段海轮航道通过能力大幅提高,长江干线航道已经全面达到三级或三级以上航道标准,基本实现了高等级航道的全线贯通。目前,长江武汉以下航道最低维护标准达到国家一级航道标准;武汉至重庆段航道最低维护标准达到国家二级或二级以上航道标准;重庆至宜宾段航道最低维护水深达到国家三级或三级以上航道标准。

2016 年 3 月国家发展改革委办公厅印发《长江等内河高等级航道中央建设预算内投资安排工作方案》,支持《全国内河航道与港口布局规划》确定的"两横一纵两网十八线"。2016 年长江干线主航道最小航道维护尺度见表 2.4。

自 2016 年 7 月 1 日起,试运行提高长江干线荆州至武汉段航道维护尺度;荆州至城陵矶河段,1—3 月、10—12 月航道计划维持水深由 3.5m 提高到 3.8m;城陵矶至武汉段,1—3 月、11—12 月航道计划维持水深由 3.7m 提高到 4.0m。自 2016 年 2 月 25 日起,试运行提高福姜沙中航道维护水深至 9.0m

表 2.4　2016 年长江干线（宜宾至长江口）主航道最小航道维护尺度

河段	航道尺度（m） 深×宽×弯曲半径	年保证率（%）
宜宾合江门—重庆羊角滩	2.7×50×560	≥98
	2.9×50×560	2015 年 3 月 26 日起试运行，不计保证率
重庆羊角滩—涪陵李渡长江大桥	3.5×100×800	≥98
涪陵李渡长江大桥—宜昌中水门	4.5×150×1000	
宜昌中水门—宜昌下临江坪	4.5×100×750	
宜昌下临江坪—大埠街	3.2×80×750	
	3.5×100×750	2015 年 1 月 1 日起试运行，不计保证率
大埠街—城陵矶	3.3×80×750	≥98
	3.5×100×750	2015 年 1 月 1 日起试运行，不计保证率
城陵矶—武汉长江大桥	3.7×150×1000	≥98
武汉长江大桥—吉阳矶	4.5×200×1050	
吉阳矶—安庆皖河口	4.5×200×1050	
	6.0×200×1050	2015 年 10 月 23 日起试运行，不计保证率
安庆皖河口—芜湖高安圩	6.0×200×1050	≥98
芜湖高安圩—芜湖长江大桥	6.0×500×1050	
芜湖长江大桥—南京燕子矶	9.0×500×1050	
南京燕子矶—江阴鹅鼻嘴	10.5×500×1050	≥98
江阴鹅鼻嘴—南通天生港	10.5×500×1050	
南通天生港—长江口	12.5×500×1050	

注：自 2016 年 7 月 5 日零时起，长江南京以下 12.5m 深水航道二期工程（南京新生圩—南通天生港段）开通初通航道。

（理论最低潮面下）。自 2016 年 7 月 5 日起，长江南京以下 12.5m 深水航道二期工程初通航道。以江阴大桥为例，每年枯水期（12 月—次年 3 月）和洪水期(4—11 月)航道维护尺度分别为 11.5m 和 12.5m;江阴大桥以上,全年维护航道基面下水深 11.5m,其中 4—11 月利用自然水位维护航道水深 12.5m。长江口 12.5m 深水航道通航水深保证率 100%。

2.1.3 船舶

2016 年年底,长江水系 14 省(市)拥有货运船舶 13.33 万艘,比上年年末减少 3.3%,占全国水上运输船舶的 83.3%;船舶的净载重量为 19972.49 万 t,增长率为 3.1%。

近年来,长江水系 14 省(市)加快水路运输结构调整,船舶发展呈现以下阶段性特征:一是货运船舶数量总体减少,船舶的平均吨位不断提高,总运输能力增加;二是专业化运输船舶快速发展,危化品船数量有所增长;三是机动船运力的增速大于驳船;四是长江干线普通客船不断减少,高速客船在库区水域有所增加;五是个体运输船舶经营人向公司化发展。截至 2014 年年底常年航行长江海事局辖区水域(长江重庆至安徽马鞍山段)的运输船舶约 6 万艘,以内河船舶为主,占总数的 95.5%,海船和国际航行船舶占 4.5%,船长为 30~90m 的船舶占长江干线船舶总数的 89%,50m 以下小型船舶占船舶总数的 51%。近几年,新建船舶逐年上升,且不断向大型化、快速化、单船化方向发展。

"东方之星"号客轮翻沉事件之前,长江干线省际旅客运输经营主体有 24 家,省际客船 88 艘,34358 客位,平均船龄 15 年。"东方之星"号客轮翻沉事件之后,交通运输部长江航务管理局深刻吸取事故教训,组织开展长江干线客运专项整治,实施更加严格的调控措施,积极引导客运企业兼并重组,大力推动老旧普通客船拆解退市,取得了一定成效。到 2016 年年底,企业数量减少至 13 家,省际客船数量从 88 艘减少至 56 艘(不含新建船舶)。川江载货汽车滚装运输企业 17 家,共 73 艘船舶,经过整顿,2016 年年底前 28 艘非标船舶全部退出,川江载货汽车滚装船数量从 73 艘减少至 45 艘(不含新建船舶),企业数量从 17 家减少至 12 家。

2.1.4 船员

截至 2016 年 4 月,长江海事局辖区共有从业的内河船员 56471 人,其中,持证船员有 33979 人,普通船员有 22492 人。根据《中华人民共和国船员条例》的要求,作为一名船员,至少需年满 16 周岁。我国对从事船员工作没有学历要求,只需经过职业培训和考试取得相应任职证书即可。部分船员教育培训机构将职业培训和各类学历教育相结合,所以在船员群体中产生了学历的区别。近年来,长江海事局辖区船员培训机构的学历教育以中专学历为主,2013—2015 年船员招生情况如表 2.5 所示。

表 2.5　船员招生情况　　　　　　　　　　（单位:人）

	2013 年	2014 年	2015 年	2015 年/2014 年变动幅度
招生人数	658	500	312	−38%

从表 2.5 可以看出,2015 年与 2014 年相比,招收的学历教育人数减少 38%,招生人数大幅下降说明高素质的内河船员后备力量越来越小。与此同时,2013—2015 年长江海事局辖区内河船舶船员培训基本数据如表 2.6 所示。

表 2.6　船员培训情况　　　　　　　　　　（单位:人次）

	2013 年	2014 年	2015 年	2015 年/2014 年变动幅度
基本安全	4392	4093	5043	23.2%
适任培训	5820	4280	2493	−41.7%
特殊培训(包括再教育)	8987	7400	7282	−1.6%

表 2.6 中的数据显示,内河基本安全培训的数量在逐年减少的情况下,2015 年出现了上升势头,适任培训的数量下降明显,船员接受再教育需求严重不足,而特殊船舶船员培训基本保持稳定。这一数据与内河船舶船员现状(即普通船员因前期严重欠缺而待遇有所上涨,职务船员继续流失)基本相符。

船员既有中央、地方航运企业的船员,也有大量的个体船舶船员,长江船员队伍呈现出以下特点。

其一,持证船员比例偏低。目前长江海事局注册船员 8.3 万余人,其中持证船员 3.5 万余人,仅占总数的 42.2%,比例较低。

其二,持证船员中高中及以下文化程度者占 90% 以上,大中专毕业的船员不足 10%,文化程度总体偏低。

其三,受航运效益和船员流动性等多方因素影响,加上船员适任考试考前强制性培训取消,船员培训的效果和质量得不到保障。

其四,长江海事局管辖的持证船员中,43.57% 为"四客一危"船舶船员,其中个体船员流动性较大,船员培训不及时,客渡船船员普遍存在年龄大、身体弱、文化程度低等特点。

2.1.5 渡口渡船

长江海事局辖区共有渡口 900 余个,渡船 800 余艘,其中汽渡渡口约 380 个,年渡运量约 6000 万人次。为保障渡口安全,长江海事局制定了海事监管规范,从工作目标、职责分工、工作标准、工作要求、责任追究等方面规范了客渡船安全监管,促使客渡船海事监管常态化,并对其实行分级分类管理。截至 2015 年 12 月,长江海事局渡口渡船"116"管理机制评估数据统计如表 2.7 所示。

表 2.7 长江海事局渡口渡船"116"机制评估数据统计表

分支局	渡船数(艘)	汽渡船数(艘)	渡口总数(个)	汽渡渡口数(个)	自然坡岸数(个)
重庆	174	11	303	14	262
三峡	25	1	24	2	0
宜昌	78	13	67	13	6
荆州	51	22	42	10	1
岳阳	132	24	138	13	26
武汉	77	26	51	10	26
黄石	25	4	29	4	15
九江	57	8	55	8	29
安庆	58	18	55	22	27
芜湖	53	22	70	24	20
合计	730	149	834	120	412

2010—2015 年辖区渡船数量按区统计如表 2.8 所示。

表 2.8 2010—2015 年辖区渡船数量 (单位:艘)

年份	重庆	三峡	宜昌	荆州	岳阳	武汉	黄石	九江	安庆	芜湖	合计
2010	188	16	91	48	170	70	35	61	62	57	798
2011	187	17	94	47	179	76	34	62	64	57	817
2012	186	19	95	49	144	77	34	56	63	63	786
2013	174	18	83	48	152	77	30	55	62	60	759
2014	174	20	83	48	141	75	32	54	63	59	749
2015	174	25	78	51	132	77	25	57	58	53	730

根据长江海事局的有关规定,渡口按照风险等级分为Ⅰ级渡口、Ⅱ级渡口和Ⅲ级渡口。据统计,长江海事局辖区Ⅰ级、Ⅱ级、Ⅲ级渡口共计 361 个(不含三峡段 59km),其中:Ⅰ级渡口 67 个,Ⅱ级渡口 80 个,Ⅲ级渡口 214 个。

2.1.6 三峡

长江三峡坝区枢纽水域通航的关键区段上起长江干线西陵峡庙河,下至宜昌市中水门,全长 59km,水域包括葛洲坝(3 座船闸)、三峡大坝(双线五级船闸、1 座大型升船机)、3 个港区以及 8 处大型锚地、104 处泊位、4 座桥梁、6 处水上交通管制区域。

三峡船闸位于湖北省宜昌市长江上游 38km 处三峡大坝坛子岭北侧,是双线五级连续船闸,每线船闸有 5 个闸室和 6 个闸首,闸室有效尺寸为 280m×34m×5m(长×宽×槛上最小水深)。三峡大坝坝前正常蓄水位为海拔 175m 高程,而坝下通航最低水位为 62m 高程,船闸上下落差达 113m,船舶通过船闸相当于翻越 40 层楼房的高度,船闸的水位落差之大,堪称世界之最。三峡船闸线路总长 6442m,其中主体段长 1621m,上游引航道长 2113m,下游引航道长 2708m。三峡船闸为多级连续船闸,目前船舶通过三峡船闸约需 4 小时,历时长。

三峡升船机布置在枢纽左岸,是三峡水利枢纽通航设施的重要组成部分,主要作用是为船舶提供快速过坝通道。升船机由上游引航道、上闸首、船厢室段、下闸首和下游引航道等建筑物组成,全线总长约 6000m。三峡升船机为全平衡齿轮齿条爬升式垂直升船机,过船规模为 3000t(排水量),船厢总质量(含水体)为 15500t,最大提升高度为 113m,承船厢有效尺寸为 120m×18m×3.5m(长×宽×水深)。

三峡船闸于 2003 年 6 月 18 日向社会船舶开放,2003—2012 年期间通过三峡船闸的货运量为 5.5 亿 t,加上翻坝转运货物,通过三峡枢纽的货运总量达 6.5 亿 t,是三峡工程蓄水前葛洲坝船闸投运后 22 年(1981 年 6 月—2003 年 6 月)过闸货运量 2.1 亿 t 的 3.1 倍。2011 年三峡船闸通过货运量突破亿吨大关,为蓄水前葛洲坝最大年货运量的 5.6 倍,提前 19 年达到并超过原定于 2030 年实现的单向 5000 万 t 的设计通过能力指标。

2.2 长江干线水上运输事故统计

随着安全意识的不断提高,相关安全检查的不断深入,相关安全法律法规、标准规范的不断完善,长江干线水上交通安全状况不断改善。2016 年长江水上交通安全形势总体稳定,未发生一次性死亡 10 人以上的重大水上交通事故和重大船舶污染事故,见表 2.9。

表 2.9 2016 年 14 省(市)运输船舶水上交通事故指标统计

海事辖区		四项指标				比上年同期增减百分比(%)			
		一般等级以上交通事故(件)	死亡失踪人数(人)	沉船数(艘)	直接经济损失(万元)	一般等级以上交通事故	死亡失踪人数	沉船数	直接经济损失
部直属海事局	长江海事局	37	49	26	7233.3	−9.80	−2	−23.50	25.70
	上海海事局	14	28	15	7888	—	—	—	—
	浙江海事局	26	54	19	7019.3	−21.20	1.90	26.70	−2.80
地方海事局辖区	云南	0	0	0	0				
	贵州	0	0	0	0				
	四川	1	1	1	5	−50.00	−66.67		−70.10
	重庆	—	—	—	—				
	陕西	—	—	—	—				
	河南	1	8	1					
	湖南	2	3	2	7	−33.30	0	0	−67.14
	湖北	6	7		32.49	252.90	600	—	607.80
	江西	3	3	2	121	−50	0	−33.33	
	安徽	3.5	3	2	110	−46.15	−50	−83.33	−68.69
	山东	—	—	—	—				
	江苏	12	11			9.09	10		
	浙江	13	11						
	上海	10	10	1	50	66.67	233.33	−50	—

注:(1)长江海事局辖区为长江干线重庆段至江苏段;上海海事局辖区为上海沿海水域和上海港区;浙江海事局辖区包括浙江沿海水域和宁波、舟山、温州、台州四市所有内河水域及绍兴(上虞)部分内河水域。

(2)运输船舶与非运输船舶碰撞事故计为 0.5 件。

长江引航安全形势基本稳定,安全指标低位运行。长江引航中心 2016 年发生引航事故 7 起,其中引航责任事故 2 起(主要责任的较大事故和一般事故各 1 起),引航责任事故率 0.034‰,未发生重大恶性事故和水域污染事故。

长江干线航道安全通畅,全线航标维护工作量 259 万座天,航道测绘 5.4 万换算平方千米,航标养护正常率 100%,航道维护疏浚 3981 万 m^3。未发生航道维护责任事故,未发生堵航事件。

三峡通航平稳有序。三峡船闸运行 1.13 万闸次,通过船舶 4.32 万艘次,旅客 47.42 万人次,船闸通过量 1.305 亿 t。葛洲坝船闸运行 1.94 万闸次,通过船舶 4.85 万艘次,船闸通过量 1.308 亿 t。未发生船舶漂流撞坝和污染事故。三峡升船机通航安全平稳。全年没有发生一般及以上等级水上交通事故,及时防控险情并确保没有发生船舶漂流撞坝事故,连续五年实现零死亡、零沉船、零污染,安全综合评价指数为 2,航道通畅,锚地有序,内部安全无事故。

2.2.1　水上运输事故、险情汇总

2005—2014 年,长江海事局辖区发生的等级以上水上交通事故统计情况如表 2.10 所示。

表 2.10　长江海事局辖区等级以上水上交通事故统计

年份	事故件数(件)	死亡人数(人)	沉船数(艘)	直接经济损失(×10⁶ 元)
2005	66	78	39	29.767
2006	46	45	25	19.919
2007	43	62	30	17.121
2008	46	45	38	27.632
2009	42.5	43	28	37.799
2010	22	28	19	15.78
2011	18.5	12	13	10.58
2012	15.5	27	13	16.015
2013	14	37	12	11.5
2014	12.5	24	8	7.08
总和	326	401	225	193.193
年平均	32.6	40	23	19.3193

2005—2014 年,长江海事局辖区长江干线水域年均发生水上交通事故 32.6 件、死亡 40 人、沉船 23 艘、直接经济损失 1932 万元,安全形势不容乐观。

长江干线长江海事局辖区发生的等级以上交通事故件数、死亡人数和沉船艘数略呈下降趋势,而由水上交通事故导致的死亡人数在 2011—2013 年间有所上升,说明 2013 年以前发生的水上交通事故所造成的恶劣后果影响程度有所增加,对水上搜救应急反应工作也提出了更高要求。

2010—2015 年长江海事局辖区内险情数统计如表 2.11 和图 2.2 所示。

表 2.11 2010—2015 年长江海事局辖区内险情数统计 （单位:件）

年份	险情数	碰撞	搁浅	触礁	触损	自沉	火灾	机损	其他
2010	19	14	3	1	0	0	0	0	1
2011	18	9	9	0	0	0	0	0	0
2012	16	3	8	1	1	2	1	0	0
2013	11	6	2	1	0	2	0	0	0
2014	11	7	3	0	0	0	0	0	1
2015	16	6	4	2	0	1	1	1	1
总计	91	45	29	5	1	5	2	1	3
年平均	15.17	7.5	4.83	0.83	0.17	0.83	0.33	0.17	0.5

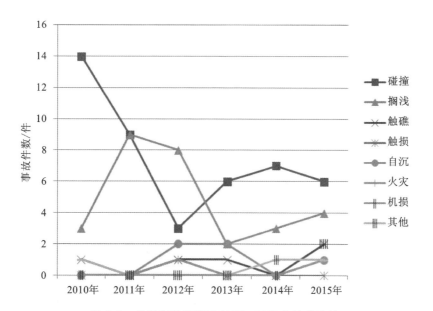

图 2.2 长江海事局辖区 2005—2015 年险情统计

如图 2.2 所示,2010—2015 年,长江海事局辖区长江干线水域年均发生水上交通险情 15.33 次,总体呈下降态势,水运安全状况逐步好转。

2.2.2 事故频发类型分析

根据《水上交通事故统计办法》(交通运输部令 2014 年第 15 号)要求,水上交通事故按照下列分类进行统计:(1)碰撞事故;(2)搁浅事故;(3)触礁事故;(4)触碰事故;(5)浪损事故;(6)火灾、爆炸事故;(7)风灾事故;(8)自沉事故;(9)操作性污染事故;(10)其他引起人员伤亡、直接经济损失或者水域环境污染的水上交通事故。本书基于长江海事局统计数据,基本按照上述分类进行长江水上运输事故统计分析。其中,浪损事故、操作性污染事故和不明确事故类型的事故(不明事故)均列入其他。

表 2.12 展示了 2010—2015 年长江水上运输事故统计结果。从事故累计总数来看,2010—2015 年长江水上运输事故累计总数为 1005 件,其中,碰撞为 466 件,占总数的 46%;搁浅为 191 件,占总数的 19%。仅碰撞和搁浅这两类事故即占事故总数的 65%。而其他七类事故占总数比例均低于 10%,其中机损和风灾分别为 3 件和 7 件,二者之和仅占总数的 1%。

表 2.12　2010—2015 年长江水上运输事故统计表　（单位:件）

年份	碰撞	搁浅	触礁	触碰（损）	火灾、爆炸	自沉	风灾	机损	其他
2010 年	119	47	22	7	6	16	3	1	14
2011 年	91	52	11	13	7	9	0	1	12
2012 年	78	22	9	11	11	14	0	1	7
2013 年	66	30	18	16	8	15	4	0	11
2014 年	56	19	12	9	14	12	0	0	3
2015 年	56	21	9	14	8	15	0	0	5
总数	466	191	81	70	54	81	7	3	52

另一方面,从年事故数的统计分析结果来看,也可以得到一致结论。为了比较九类事故类型的年事故数的相对高低,本书对九类事故类型的年事故数进行单因素方差分析,结果显示:不同类型事故的年事故数存在显著差异($P=0.000<0.05$)。利用最小显著差异法(LSD)进行多重比较发现,碰撞的年事故数显著高于其他八类事故($P=0.000<0.05$),是长江水上运输最显著

的事故类型。搁浅的年事故数显著低于碰撞（$P=0.000<0.05$），但显著高于其他七类事故（$P<0.05$），位居第二。剔除碰撞和搁浅的数据后，对其余七类事故的年事故数再次进行单因素方差分析和多重比较，结果发现：风灾和机损的年事故数无显著差异（$P=0.730>0.05$），但均显著低于其他五类事故（$P=0.000<0.05$）。综上，2010—2015年间，长江水上运输事故中最主要的事故类型是碰撞和搁浅，最罕见的事故类型是风灾和机损。

　　船舶搁浅由于研究角度和方式的不同，其外延和内涵也有所差别。日本和加拿大等国在进行海事调查统计时，往往将船舶搁浅和船舶触礁事故归为一类，日本海难审判厅出版的《海难审判的现状》一书中将其定义为"船舶搁置在或触碰水下岩礁等，造成船舶损伤"；而我国由国家海事局编写的《水上安全监督手册》一书中认为："船舶搁浅是船舶搁置在浅滩上并造成停航或损坏的事故。"由此可见，对于船舶搁浅事故外延的确定争论的焦点在于是否将船舶搁浅和船舶触礁事故归为一类。从基本性质上讲搁浅和触礁属于同一种事故，即船舶与水下固定物触碰。为了保证研究结果的统一性和完整性，本书采用国际海事组织在1986年海上安全委员会第433号通函所附的海事报告标准格式中对于海难事故的分类，即将船舶搁浅和船舶触礁事故归为一类，称为搁浅。由此，表2.12可转化为表2.13。

　　从事故累计总数来看，2010—2015年长江水上运输事故累计总数为1005件，其中，碰撞为466件，占总数的46%；搁浅（含触礁）为272件，占总数的27%。仅碰撞和搁浅这两类事故即占事故总数的73%。而其他六类事故占总数的比例均低于10%，其中机损和风灾分别为3件和7件，二者之和仅占总数的1%。

表2.13　2010—2015年长江水上运输事故统计表（触礁并入搁浅）　（单位：件）

年份	碰撞	搁浅	触碰（损）	火灾、爆炸	自沉	风灾	机损	其他
2010年	119	69	7	6	16	3	1	14
2011年	91	63	13	7	9	0	1	12
2012年	78	31	11	11	14	0	1	7
2013年	66	48	16	8	15	4	0	11
2014年	56	31	9	14	12	0	0	3
2015年	56	30	14	8	15	0	0	5
总数	466	272	70	54	81	7	3	52

另一方面,从年事故数的统计分析结果来看,也可以得到一致结论。为了比较八类事故类型的年事故数的相对高低,本研究对八类事故类型的年事故数进行单因素方差分析,结果显示:不同类型事故的年事故数存在显著差异($P=0.000<0.05$)。利用最小显著差异法(LSD)进行多重比较发现,碰撞的年事故数显著高于其他七类事故($P=0.000<0.05$),是长江水上运输最显著的事故类型。搁浅(含触礁)的年事故数显著低于碰撞($P=0.000<0.05$),但显著高于其他六类事故($P<0.05$),位居第二。剔除碰撞和搁浅(含触礁)的数据后,对其余六类事故的年事故数再次进行单因素方差分析和多重比较,结果发现:风灾和机损的年事故数无显著差异($P=0.689>0.05$),但均显著低于其他四类事故($P=0.000<0.05$)。综上,2010—2015 年间,长江水上运输事故中最主要的事故类型是碰撞和搁浅(含触礁),最罕见的事故类型是风灾和机损。

通过对累计事故数的比较和对年事故数进行统计,均可得到一致性结论:即碰撞和搁浅(含触礁)是长江水上运输事故中最主要的事故类型,应该引起充分重视;其他事故次之;而风灾、机损等事故类型则鲜有发生。

2.2.3　事故频发航段分析

长江水域按照辖区范围可大致划分为:上游自然航段、三峡库区航段、中游航段和下游航段四个航段。表 2.14 列出了 2010—2015 年四个航段的年事故不完全统计数。从统计数据来看,2010—2015 年长江水上运输事故累计总数为 1005 件,其中,下游航段累计事故数为 501 件,占总数 50%;中游航段次之,为 289 件,占总数 29%;上游自然航段再次之,为 156 件,占总数 16%;而三峡库区航段累计事故数为 59 件,仅占总数 6%,是长江水上运输事故最少的航段。

表 2.14　2010—2015 年长江各航段水上运输事故统计表(不完全统计)

(单位:件)

年份	上游自然航段	三峡库区航段	中游航段	下游航段
2010 年	42	22	72	99
2011 年	31	11	59	95
2012 年	25	13	35	80
2013 年	31	0	38	99
2014 年	14	7	39	65
2015 年	13	6	46	63
合计	156	59	289	501

另一方面,从年事故数的统计分析结果来看,也可以得到一致结论。为了比较不同航段的年事故数的相对高低,本研究对四个航段的年事故数进行单因素方差分析,结果显示:不同航段的年事故数存在显著差异($P=0.000<0.05$)。利用最小显著差异法(LSD)进行多重比较发现,下游的年事故数显著高于其他航段($P=0.000<0.05$),长江下游是长江水上运输年事故数最高的航段。其次是中游航段和上游自然航段。三峡库区航段的年事故数显著低于其他三个航段($P<0.05$),三峡库区航段是长江水上运输年事故数最低的航段。

1. 上游自然航段

针对上游自然航段(即重庆海事局辖区),本书进一步统计了各类型事故的年事故数,结果如表 2.15 所示。从事故累计总数来看,2010—2015 年长江上游自然航段水上运输事故累计总数为 178 件,其中,搁浅事故累计总数为 92 件,占总数的 52%,是上游自然航段最主要的交通事故类型(其中,触礁事故累计总数为 56 件,占搁浅总数的 61%,是最主要的搁浅类型);碰撞事故次之,为 44 件,占总数的 25%。仅搁浅和碰撞两类事故占比高达 77%,其他事故类型占比均小于 10%。其中,风灾、火灾爆炸、其他事故的六年累计事故总数均大于 10 件,而触碰(损)、自沉、机损三类事故共计 5 件。

表 2.15　2010—2015 年长江上游自然航段水上运输事故统计表　(单位:件)

年份	碰撞	搁浅	触碰(损)	火灾、爆炸	自沉	风灾	机损	其他
2010 年	16	27	0	1	0	4	1	3
2011 年	7	18	1	3	1	2	0	4
2012 年	13	10	0	5	0	2	0	1
2013 年	2	14	2	0	0	2	0	2
2014 年	5	11	0	1	0	4	0	0
2015 年	1	12	0	1	0	2	0	0
总数	44	92	3	11	1	16	1	10

另一方面,从年事故数的统计分析结果来看,也可以得到一致结论。为了比较不同事故类型的年事故数的相对高低,本书对八类事故类型的年事故数进行单因素方差分析,结果显示:不同事故类型的年事故数存在显著差异($P=0.000<0.05$)。利用最小显著差异法(LSD)进行多重比较发现,搁浅的年事故数显著高于其他七个事故类型($P<0.05$),搁浅是长江上游自然航段

水上运输年事故数最高的事故类型。其次是碰撞,其年事故数显著高于除搁浅以外的其他六个事故类型($P=0.000<0.05$)。

2. 三峡库区航段

针对三峡库区航段(即三峡海事局辖区),本书进一步统计了各类型事故的年事故数。从事故累计总数来看,2010—2015 年长江三峡库区航段水上运输事故累计总数为 26 件,其中,搁浅、碰撞和触损的事故累计总数分别为 7 件、6 件和 5 件,共占总数的 69%,是三峡航段主要的交通事故类型。另一方面,从年事故数的统计分析结果来看,不同事故类型的年事故数不存在显著差异($P=0.005$)。

3. 中游航段

针对中游航段(即宜昌、荆州、岳阳、武汉海事局辖区),本书进一步统计了各类型事故的年事故数,结果如表 2.16 所示。从事故累计总数来看,2010—2015 年长江中游自然航段水上运输事故累计总数为 345 件,其中,碰撞和搁浅事故的累计总数分别为 129 件和 128 件,各占总数的 37%,是中游航段最主要的交通事故类型;仅搁浅和碰撞两类事故占比高达 74%,其他事故类型占比均小于 10%。其中,自沉和机损事故共计 3 件,是较为罕见的事故类型。

表 2.16 2010—2015 年长江中游自然航段水上运输事故统计表 (单位:件)

年份	碰撞	搁浅	触碰(损)	火灾、爆炸	自沉	风灾	机损	其他
2010 年	40	32	1	0	0	5	1	3
2011 年	31	29	4	2	0	1	0	6
2012 年	10	16	4	3	0	5	0	4
2013 年	14	20	1	8	0	4	0	4
2014 年	14	16	2	5	1	3	0	2
2015 年	20	15	5	3	1	5	0	5
总数	129	128	17	21	2	23	1	24

另一方面,从年事故数的统计分析结果来看,也可以得到一致结论。为了比较不同事故类型的年事故数的相对高低,本书对八类事故类型的年事故数进行单因素方差分析,结果显示:不同事故类型的年事故数存在显著差异($P=0.000<0.05$)。利用最小显著差异法(LSD)进行多重比较发现,碰撞和

搁浅的年事故数显著高于其他六个事故类型（$P=0.000<0.05$），碰撞和搁浅是长江中游自然航段水上运输年事故数最高的事故类型。

4.下游航段

针对下游航段（即黄石、九江、安庆、芜湖海事局辖区），本书进一步统计了各类型事故的年事故数，结果如表 2.17 所示。从事故累计总数来看，2010—2015 年长江下游自然航段水上运输事故累计总数为 464 件，其中，碰撞的累计总数为 283 件，占总数的 61%，是下游航段最主要的交通事故类型；搁浅次之，累计总数为 61 件，占总数的 13%；其他事故类型占比均小于 10%。其中，自沉和机损事故共计 10 件，是较为罕见的事故类型。

表 2.17 2010—2015 年长江下游自然航段水上运输事故统计表 （单位:件）

年份	碰撞	搁浅	触损	火灾、爆炸	自沉	风灾	机损	其他
2010 年	61	9	2	4	1	5	3	10
2011 年	52	14	6	2	0	5	0	4
2012 年	50	5	6	3	2	7	0	3
2013 年	52	16	10	1	1	7	1	3
2014 年	37	9	4	7	0	3	0	3
2015 年	31	8	5	3	2	5	0	2
总数	283	61	33	20	6	32	4	25

另一方面，从年事故数的统计分析结果来看，也可以得到一致结论。为了比较不同事故类型的年事故数的相对高低，本书对八类事故类型的年事故数进行单因素方差分析，结果显示:不同事故类型的年事故数存在显著差异（$P=0.000<0.05$）。用最小显著差异法（LSD）进行多重比较发现，碰撞的年事故数显著高于其他七个事故类型（$P=0.000<0.05$），碰撞是长江下游航段水上运输年事故数最高的事故类型。

2.2.4 事故频发时间分析

1.事故频发季节辨识

图 2.3 和表 2.18 展示了 2010—2015 年长江水上运输事故，逐月与分季节统计结果。从事故累计总数来看，2010—2015 年长江水上运输事故累计总数为 995 件，其中，春季事故累计总数为 303 件，占总数 30%，略高于其他季节。

可能因为春天正值水位交替期、汛期,更易发生事故。但从四个季节的统计分析结果来看,不同季节的年事故数并不存在显著差异($P=0.303>0.05$)。

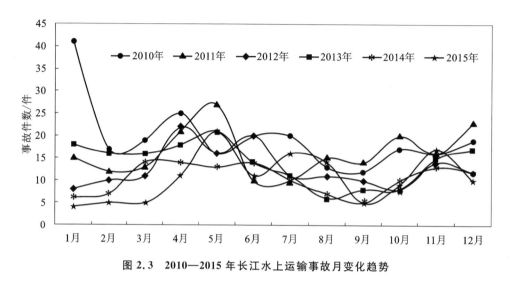

图 2.3　2010—2015 年长江水上运输事故月变化趋势

表 2.18　2010—2015 年长江水上运输事故分季节统计表　（单位:件）

年份	春	夏	秋	冬
2010 年	60	53	45	77
2011 年	61	35	50	50
2012 年	49	42	32	30
2013 年	55	31	31	41
2014 年	41	31	28	25
2015 年	37	41	31	19
总数	303	233	217	242

2.事故频发时间段辨识

表 2.19 和图 2.4 展示了 2010—2015 年长江水上运输事故分时段统计结果。从事故累计总数来看,2010—2015 年长江水上运输事故累计总数为 995 件,其中,0:00—6:00 事故累计总数为 353 件,占总数 35%,相比之下高于其他时段,可见下半夜事故较多。另一方面,从年事故数的统计分析结果来看,也可以得到一致结论。为了比较不同时段的年事故数,对四个时段的年事故数进行单因素方差分析,结果显示:从四个时段的统计分析结果来看,不同时段的年事故数并不存在显著差异($P=0.068>0.05$)。利用最小显著差异法

(LSD)进行多重比较发现,0:00—6:00 的年事故数显著高于其他三个时段(P=0.029<0.05),0:00—6:00 是长江水上运输年事故数最高的时段(两两 T 检验)。

表 2.19　2010—2015 年长江水上运输事故分时段统计表　　（单位:件）

年份	0:00—6:00	6:00—12:00	12:00—18:00	18:00—24:00
2010 年	73	66	50	46
2011 年	66	45	37	48
2012 年	66	28	23	36
2013 年	51	41	21	45
2014 年	47	29	18	31
2015 年	50	20	29	29
总数	353	229	178	235

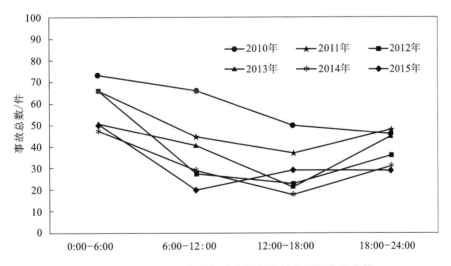

图 2.4　2010—2015 年长江水上运输事故分时段变化趋势

2.3　长江水路运输典型事故案例

2.3.1　危险货物码头或罐区事故

2012 年,长江干线危险化学品运输作业码头共计 587 座。仅江苏段危险化学品码头吞吐量就超过 1.1 亿 t,储罐为 952 个。沿岸危险品罐区快速增长,大型储罐一旦发生事故,可能会引起火灾和环境污染事故,如危险品泄漏到江中会对水源造成污染。

1. 常州段船舶撞塌化工码头事故

事故经过:2017年7月9日晚,"天盛18"号货轮航行至华润石化码头附近失控,撞击靠泊在码头的名为"双龙海"号货轮,导致"双龙海"号船体侧倾,造成华润石化码头坍塌并致装卸管线撕裂发生燃烧。

事故后"双龙海"号船上15人全部转移,未发生人员伤亡,船上明火被扑灭,船体采取防沉没应急措施;为确保安全,码头明火继续保持稳定燃烧,"双龙海"号船周围油栏铺设到位;码头作业全部停止,后方相关化工企业应急停产。

2. 江苏××仓储有限公司"4.22"火灾事故

事故经过:2016年4月22日0913时,江苏××仓储有限公司储罐区2号交换站发生火灾,事故导致1名消防战士在灭火中牺牲,直接经济损失达2532.14万元人民币。

直接原因:××公司组织承包商对2号交换站管道进行检修,在未清理作业现场地沟内油品,未进行可燃气体分析,未对动火点下方的地沟采取覆盖、铺沙等措施进行隔离的情况下,违章动火作业,切割时产生火花引燃地沟内的可燃物,是此次事故发生的直接原因。

间接原因:××公司违规组织作业,事故初期应急处置不当;工程外包管理不到位;隐患排查治理不彻底;公司主要负责人未切实履行安全生产管理职责。

3. 仪征油港灼伤事故

事故经过:2003年7月23日,×××股份有限公司在仪征油港做萘管线装罐的准备工作,进行扫线、蒸汽保温试验,在关闭球阀时,因管道内不明木块挡住扫线球,管道局部升温增压,致使管道上的视镜玻璃炸开,蒸汽、热水喷出,将计量工高某(男,33岁,本工种工龄11年)和油泵工窦某(男,27岁,本工种工龄5年)两人烫伤,造成高某90%、窦某50%体表面二度烫伤。

4. 南京××油罐爆炸事故

事故经过:1993年10月21日1815时,××公司南京炼油厂油品分厂半成品车间无铅汽油罐区发生空间爆炸,引起罐区地面及310号油罐起火,造成事故操作工、拖拉机驾驶员2人死亡,直接经济损失38.96万元。事故发生后,附近员工立即报警,接到报警后,警方立即组织人员火速赶往现场进行救援,并通知120前去救助伤员。

事故原因:误操作造成油品泄漏。黄某某对工作不负责任,误开阀门,造成 311 号油罐汽油窜至 310 号油罐,当计算机报警后,黄某某掉以轻心,没有进行现场核实,致使 310 号罐油满外溢,并且因其违反现场交接班制度、双点巡回检查制度,以致没能及时发现和制止错误的流程。

2.3.2 危险货物船舶事故

1. 化学品船与客船相撞事故

事故经过:2017 年 6 月 23 日 0100 时,重庆××物流股份有限公司所属下行危险品船"宏声 108"和后面尾随下行的重庆市××实业有限公司所属旅游客船"凯蒂"在涪陵均田坝水域(长江上游 570km)突遇浓雾,两船在调头抛锚时发生碰擦,导致"宏声 108"左舷尾部二楼栏杆变形,"凯蒂"右舷中部一楼通道外舷墙凹陷,无人员伤亡,两船在附近安全水域锚泊,不碍航。

2. 油船搁浅险情

险情经过:2014 年 8 月 20 日 2003 时,重庆××船务(集团)有限公司所属"远洋 9201"轮(载航空煤油 5300t,由南京栖霞至重庆,船员 13 人)上行至调关水道(长江中游 352km)处,搁浅于白浮连线外,搁浅部位在船体中部,搁浅河床底质为砂泥底质,不碍航,无人员伤亡及货损,无进一步危险。2030 时,荆州海事局指挥中心发现该船航行异常后,立即派海巡 12144 到现场调查,并组织施救。

3. 镇江港苯酚水污染事件

事件经过:2012 年 2 月 3 日,"格洛里亚"号在卸载化学物品时,将苯酚加温成液态后通过管道加压输送至岸上的储存罐,但由于货轮其中的 2 个阀门没有关闭,从而造成苯酚在向岸上输送的同时,通过没有关闭的阀门向江中泄漏,导致苯酚水污染事件。

4. 化学品船与普货船碰撞事故

(1)"宏声 97"轮与"渝航 72"轮碰撞事故

2015 年 12 月 31 日 2108 时许,重庆××物流股份有限公司所属油船"宏声 97"轮(船籍港:涪陵,总吨:3547,主机功率 1324kW,船长 99.20m,船宽16.20m,船舶种类:散装化学品/油船,载货:汽油 3000t,南通至重庆)在三峡坝区乐天溪下锚地杜家咀水域(长江上游航道里程约 36.6km,左岸)与云阳县××轮船有限公司所属干货船"渝航 72"轮(船籍港:云阳,总吨:3541,主机功率 1058kW,船长 110.0m,船宽 17.25m,船舶种类:一般干货船,载货:磷矿石 3900t,兴山峡口至宜昌)发生碰撞。致使"宏声 97"轮右舷前中部防撞边舱破损进水,"渝航 72"船艏尖部破损变形。事故未造成人员伤亡及货物损失,无水域污染。

(2)"赣荣顺化 01"轮与"华航浦 8001"轮碰撞事故

事故经过:2010 年 4 月 16 日约 0626 时,江西××航运有限公司"赣荣顺化 01"(化学品液货船)与××航运集团有限公司"华航浦 8001"在长江下游白茆水道(长江下游航道里程约 452.0km)发生碰撞。"赣荣顺化 01"进水后触坡,事故未造成人员伤亡,无污染。

5. 油轮与普货船碰撞事故

(1)"吉安 18"轮与"鄂恒通 2 号"轮碰撞事故

事故经过:2011 年 6 月 8 日 0330 时,重庆××轮船有限公司所属"吉安 18"(空载,船员 7 人,重庆至涪陵)下行至千根树水域(长江上游里程 519km)与上行的武汉××船务有限公司所属"鄂恒通 2 号"(载柴油 2800t)碰擦,尾随"吉安 18"轮的"宏图 1 号"(载煤 2400t)与"吉安 18"船尾发生碰撞,三船均轻微受损,无沉船,无人员伤亡。

(2)"东方王子"轮与"江达 169"轮碰撞事故

事故经过:2008 年 4 月 14 日约 0257 时,重庆××轮船公司"东方王子"轮与益阳××石油运输有限公司"江达 169"轮(油轮)在江心洲水道♯169 白浮附近水域(长江下游航道里程约 409.4km)发生碰撞。"东方王子"轮船艏尖舱局部破损,"江达 169"轮右舷中后部油舱受损,部分货油泄漏。

6. 危险货物船舶碰撞水工建筑、大桥事故

(1)"兴中油 099"轮碰撞水工建筑事故

事故经过:2011 年 6 月 1 日 1055 时,兴化市××油运有限公司所属"兴中油 099"(载运柴油 495t)上行至太阳洲水道长江 219♯白浮水域(长江下游 508km)触碰水抛石,无泄漏,无人员伤亡。

(2)"长江 62036"船队碰撞大桥事故

事故经过:2011 年 6 月 6 日 0650 时,南京××油运有限公司所属"长江 62036"船队拖 4 个空载原油驳(空载)下行过武汉长江大桥(长江中游里程 2.4km),船队右艏"分节 63006"驳前部触碰武汉长江大桥第 7 号桥墩,桥墩轻微受损,不影响大桥通行,无沉船,无人员伤亡。

7. 油船相撞事故

事故经过:2011 年 5 月 26 日 0430 时,重庆××船务有限公司所属"长庆 3 号"(载煤 3500t)下行至陆溪口水道宝塔洲水域(长江中游里程 152km),与汉寿县××航运有限公司所属的"湘汉寿油 0077"(载汽油 600t)碰撞,"湘汉

寿油 0077"右舷中部水线下破损,少量汽油泄漏;"长庆 3 号"无损。事故中无人员伤亡。

8.液体化工船舶爆炸事故

事故经过:2006 年 8 月 4 日约 0550 时,蚌埠市××航运有限公司"皖东方 366"轮靠泊在铜陵港扫把沟四强码头进行液货舱舱面气割作业时发生爆炸。船上 2 人死亡,2 人失踪,1 人轻伤。该轮《内河船舶散装运危险化学品适装证书》核准准予装运浓硫酸,该轮货舱为 2 个"独立重力式"液货舱,总容积为 250m³,事故发生时为空舱。

2.3.3 客运(滚)船舶事故

1.客滚船与干散货船碰撞事故

(1)"鸿发 3"轮与"江运 805"轮碰撞事故

事故经过:2014 年 7 月 26 日 0440 时,重庆轮船(集团)有限公司所属客滚船"鸿发 3"轮(载车 44 辆,司乘人员 90 人,船员 17 人,最低配员 17 人)由郭家沱至茅坪,下行在和尚滩(长江上游里程 532km)与上行的重庆翔泽船务有限公司所属干货船"江运 805"轮(载钢材 3080t,船员 7 人,最低配员 7 人,上海至重庆)发生碰撞,导致"鸿发 3"右锚机、右前栏板受损,"江运 805"船头、锚机受损,无破损进水,无人员伤亡,不碍航。

(2)"长泓 08"轮与"三通 718"轮碰撞事故

事故经过:2009 年 11 月 10 日 0105 时,重庆涪陵张某个体所有的运砂船"长泓 08"轮与宜昌××航运有限公司滚装船"三通 718"轮在重庆涪陵蔺市镇梁沱水域(长江上游航道里程 559.7km)发生碰撞。"长泓 08"轮翻覆,1 人死亡,5 人失踪。

(3)"江夏机渡 60001"轮与"华盛 898"轮碰撞事故

事故经过:2007 年 9 月 16 日 1455 时,客渡船"江夏机渡 60001"轮与重庆开县××船务有限公司"华盛 898"轮在金口水道赤矶水域(长江中游航道里程 35.5km)发生碰撞。"江夏机渡 60001"轮翻覆,6 人死亡,1 人失踪。

2.客船与干散货船碰撞事故

事故经过:2011 年 5 月 8 日 2055 时,宜昌××旅游船有限公司所属旅游客船"帝王"轮与巫山县××运输有限公司所属的干散货船"兴旺 588"轮在三峡坝区沙湾水域(长江上游航道里程 57km 处,距右岸约 300m)发生碰撞事故。

3.滚装客船火灾事故

事故经过:2010 年 7 月 30 日 0750 时,重庆万州籍滚装客船"河牛 986"轮停泊在三峡坝上尖棚岭水域(长江上游航道里程 52.1km,右岸)等待装车时,船舶上层建筑忽然起火,后在三峡坝区海事处组织的现场救援下,长航公安部门、武警消防部门和"明康88"等船舶全力救助,成功扑灭。事故造成船舶二层、三层客舱,四层驾驶室、船员舱等上层建筑设施烧毁,事故无人员伤亡。

4."三无"乡镇船舶翻沉事故

事故经过:2010 年 4 月 21 日约 0530 时,湖北省巴东县水布垭镇唐某、江某等 5 人共有的"三无"乡镇船舶(注:乡镇船舶是指乡镇的企事业单位、个人或合伙所有的从事经营性运输的船舶,渔船除外)"清江 8 号"(自命名)在湖北省巴东县清江水布垭库区顾家坪停靠点发生翻沉事故,造成 15 人死亡,15 辆汽车落水。

经调查认定本起事故是船舶共有人严重违反内河水上交通安全管理、水路运输管理法律法规和国家、省市相关管理规定,组织有关人员违法驾驶船舶违法经营,严重超过船舶承载能力,而造成的重大沉船责任事故。

5.乡镇非运输船舶沉没事故

事故经过:2009 年 9 月 8 日约 0710 时,安徽省铜陵县胥坝乡群心村村民宋某驾驶的一艘乡镇非运输船舶,非法载 39 人,在长江下游铜陵河段成德洲与沙洲(无人洲)之间的串沟内(长江下游航道里程约 534.5km 的延长线上)沉没。船上人员全部落水,其中 20 人获救,20 人死亡。

6.客船与客滚船碰撞事故

事故经过:2008 年 3 月 10 日 2019 时许,重庆市××公司短途客船"渝客 8 号"轮与重庆××轮船有限公司滚装船"民生"轮在长寿强盗庙河心水域(长江上游航道里程 589.6km)发生碰撞。"渝客 8 号"轮二楼部分客舱坍塌,3 人死亡,13 人受伤;"民生"轮船舷左舷破损,右锚丢失。

7.渡船风灾沉没事故

事故经过:2008 年 6 月 3 日约 1825 时,湖北省枝江市百里洲镇付家渡村村民李某等人共有的"鄂枝江渡 0018"轮,从右岸付家渡渡口驶往左岸枝江马家店三码头,航行至枝江马家店三码头(长江中游航道里程约 536.5km)附近水域时,因遭遇突发冰雹大风而倾覆沉没。船上 12 人全部落水,其中 6 人获救,5 人死亡,1 人失踪。

8.货船与客货轮碰撞事故

事故经过:2007 年 11 月 3 日 0120 时许,江津市××船业有限责任公司"国电 508"轮与重庆××船务有限公司"淮河"轮在长寿瓶口渡水域(长江上游航道里程 595.7km)发生碰撞。"淮河"轮右舷二楼中后部破损,1 人失踪,1 人死亡。

2.3.4 干散货船舶事故

1. 干散货船碰撞事故

(1)"永全188"号与"富华"号相撞事故

事故经过:2017年9月19日2300时,颍上县××航运有限责任公司所属"永全188"上行至戴直1号白浮下500m处水域,与从戴园水道驶出的下行个体船"富华"发生碰撞,导致"富华"船体破损进水,后被"永全188"微速正车顶推至戴家洲尾航道外水域沉没,船体部分露出水面,船上5人转移至"永全188"上,其中1人不慎摔倒手部轻伤送医,沉船无泄漏,不碍航。

(2)"鹏翔9"轮不当横越与"金泰618"轮相撞

事故经过:2010年2月8日1924时许,天津市××船务工程有限公司所属"鹏翔9"轮装载5000t石膏石从安徽马鞍山驶往河北京唐港,在长江福姜沙南水道54号黑浮下游约350m上行通航分道内与江苏省姜堰市俞垛镇个人所有"金泰618"轮(装载22312t煤炭从秦皇岛驶往张家港)发生碰撞,造成"鹏翔9"轮左舷中后部货舱位置破损进水沉没,船上14人全部落水,2人获救,11人死亡,1人失踪,"金泰618"轮船首局部凹陷有裂缝,构成重大内河交通事故。

责任认定:"鹏翔9"轮疏忽瞭望,不当横越,未采取最有助于避碰的行动,违背了《中华人民共和国内河避碰规则》第六条和第九条第一款、第二款、第四款第十二条第(一)项;"金泰618"轮疏忽瞭望,采取应急措施不当,违背了《中华人民共和国内河避碰规则》第六条的规定,碰撞后采取的应急措施不当,违背了船员通常做法和特殊情况下的戒备要求。

(3)"江夏展"轮与"阅江号"轮碰撞沉没事故

事故经过:2008年5月27日1125时许在长江仪征水道长江119号浮附近水域,上海××航运有限公司所属"江夏展"轮与南京××集团所属"阅江号"轮发生碰撞,"阅江号"轮沉没,船上9人死亡。

责任认定:

①事发当时"江夏展"轮正与多艘黄砂船并行,"阅江号"轮从"江夏展"轮和黄砂船之间追越选择追越时机不当,"阅江号"轮在追越"江夏展"轮前未按规定鸣放声号表示追越意图,在追越中也未主动避让被追越船舶,违背了《中华人民共和国内河避碰规则》第十一条"机动船追越"的有关规定。

②两轮进入紧迫局面后避让措施不当。"阅江号"轮打捞出水后发现其舵叶处于正中位置、车钟处于全速前进的位置,未有证据表明其采取了避让

措施。"江夏展"轮发现"阅江号"轮在追越时未保持高度警惕,未运用良好的驾驶技术及早采取有效的避让行动。当发现"阅江号"轮快速向左偏转,在当时其左舷并无他船的情况下未及时果断采用大角度左舵避让措施。两轮违背了《中华人民共和国内河避碰规则》第九条"避让原则"的有关规定。

(4)秭归"巴峡"轮与"航姆 668"轮碰撞事故

事故经过:2006 年 10 月 13 日约 2220 时,重庆万州个体船舶"巴峡"轮与湖北宜昌××航运有限责任公司"航姆 668"轮在长江上游衢溪口水域(长江上游航道里程 53.8km)发生碰撞。"巴峡"轮沉没,7 人落水失踪。

2. 干散货船火灾事故

事故经过:1999 年 3 月 16 日,长航集团某公司临时工刘某(男,35 岁)、丁某(女,39 岁)、张某(女,39 岁)三人在船台新造"502"集装箱船尾舱底分段内除锈时,误将氧气管视为空气管接入舱内通风,除锈中的火花引燃衣物引发火灾,致使三人死亡。

3. 干散货船爆炸事故

事故经过:2011 年 7 月 13 日 1730 时,"江海洋 986"下行至江心洲水道长江 172 号浮上 1000m 处,机舱内燃油管爆裂起火,1 船员烧伤。

4. 干散货船伤亡事故

①事故经过:1999 年 6 月 15 日,长航集团××船厂电焊工肖某某(男,34 岁)在新造"502"集装箱船厨房橱柜落脚定位施焊时,不慎触电死亡。

②事故经过:1999 年 6 月 18 日,长航集团重庆××轮船公司"甲 01153"驳在湖北蕲春港江面水域装黄砂,代驾长王某某(男,40 岁)在修整船围板时,跌入江中淹溺死亡。

5. 干散货船自沉事故

①事故经过:2017 年 6 月 19 日约 0735 时,周某个人所有"衡东 198"轮上行至史家湾水域船体断裂沉没,船尾沉没在沅市水道♯7—♯8 红浮连线靠航道一侧,船舶前半部分漂流至荆州海事局管辖段陈家湾水域沉没,船上 2 人落水,后被"睿豪 88"轮救起,无人员伤亡。

②事故经过:2014 年 3 月 17 日约 0610 时,贵州省赤水市××船务有限公司所有的"利航 777"轮(载河砂约 160t,在船人员 6 人,由四川合江驶往江津油溪)下行至长江干线沙沱水域(长江上游航道里程 777.3km)发生翻覆,船上 6 人落水,其中 2 人获救,3 人死亡,1 人失踪。

③事故经过:2011 年 8 月 14 日 1000 时,个体所有"鄂黄冈拖 2558"拖"安庆 702"驳在新五里水域砂码头卸货作业时,因卸载不均,造成"安庆 702"

驳船体倾斜后翻沉在华夏码头前沿（非卸载不均作业码头）航道外水域,不碍航,无人员伤亡。

④ 事故经过:2008 年 9 月 3 日约 0700 时,湖北省襄樊市个体船"鄂襄阳货 00211"轮在长江下游黄石水道西塞山水域（长江下游航道里程 904.5km）翻沉。船上 3 人死亡、失踪,货物全损。

6.散货船侧翻事故

事故经过:2011 年 10 月 21 日 1110 时,散货船"慧源 9"在长江上游木关沱水域装砂作业过程中发生侧翻,其中 2 人跳到另一艘吸砂船上,5 人落水,救起 3 人,2 人失踪。

7.散货船队触损事故

事故经过:2010 年 9 月 10 日 2135 时,重庆××货运有限责任公司"万港 698"轮拖带驳船"万港甲 1006",共载矿石（巴西粗粉）2516t,上行至三峡船闸引航道里程 4.22km（长江上游航道里程约 44.0km）处,触碰北线船闸导航墙,导致驳船和拖带船舶先后倾覆,船队 11 名船员全部落水,其中 6 人获救,5 人死亡,所载矿石全部倾入江中。

2.3.5 集装箱船舶事故

1.集装箱船侧倾事故

事故经过:2009 年 8 月 10 日 2320 时许,重庆丰都××船务有限公司所属"航龙 518"轮载 176 标箱,下行至石牌水域（长江上游航道里程 23.0km）发生船舶严重倾斜,62 个集装箱落入江中（其中危险品集装箱 12 个）。

2.集装箱船舶与普货船相撞事故

事故经过:2007 年 1 月 13 日约 0130 时,重庆涪陵××船务有限公司"涪港 862"轮与河南省×××航运公司"豫信阳货 0426"轮、"豫信阳货 0490"轮在长江下游搁排矶水道掀棚咀水域（长江下游航道里程约 861km）先后发生碰撞,"豫信阳货 0490"轮沉没,1 人死亡,"涪港 862"和"豫信阳货 0426"两轮不同程度受损。

3.集装箱船舶装卸过程中倾斜事故

事故经过:2011 年 7 月 28 日 2050 时,"湘潭货 0082"在新港集装箱码头装船作业,在吊装最后一箱时船体发生倾斜,1 人落水失踪,26 个大箱滑入水中,不碍航。

3 长江水运安全事故风险辨识与致因分析

3.1 主要事故风险识别及致因分析

本章节在长江干线水上运输事故统计分析和长江水路运输典型事故案例整理的基础上，综合考虑事故频发航段、频发事故类型、不同航段风险因素等，识别出长江水运安全事故主要风险并开展致因分析。

3.1.1 危险货物港口液体化工品和油品泄漏事故

液体化工品和油品泄漏事故与其蒸气扩散、火灾爆炸及中毒等事故是紧密联系在一起的。在装卸液体化工品和油品的过程中一旦发生泄漏事故，泄漏的液体化工品和油品将在环境条件下不断蒸发并向周围扩散，对作业人员的健康产生不利影响，浓度较高时还可能造成人员急性中毒；另一方面，当油气浓度达到爆炸极限时，若遇点火源，将发生爆炸燃烧事故。因此，对液体化工品和油品泄漏事故应给予高度重视。

1. 可能发生的事故类型分析

港区的储运设备、设施构成复杂，从同类港区运营情况来看，生产过程发生泄漏事故的可能性较大。港区发生泄漏事故可能有以下几种类型：

①在装卸过程中，输油臂、软管等部位发生的泄漏。

②管线系统的管道、阀门等部位发生的泄漏。

③储罐因穿孔、破损或其他原因而发生的泄漏。

2. 可能的事故原因分析

人的不安全行为、设备设施的质量缺陷或故障以及其他因素的不利影响，是造成泄漏事故的三个主要原因。

（1）人的不安全行为

港口生产具有复杂性、多样性的特点，意外因素出现概率较大，违章作业也经常发生，这些都是引发事故发生的因素。从国内同类码头运营情况和国内外长期的事故统计数据表明，70%左右的事故原因是"人为因素"。

人的不安全行为主要包括两个方面：违章作业和安全管理不善。

作业人员（包括输油臂操作工、库区泵操作工及船员等）违章作业具体表现为：

①违章指挥、违章操作或误操作；

②不熟悉操作规程或不严格按操作规程作业；

③各作业环节之间，如船舶和码头之间，码头和储罐之间，一程船、二程船及公司三方之间，在缺乏有效联络和衔接的情况下擅自操作；

④思想麻痹、粗心大意等。

安全管理不善主要是指以下几种情况：

①未能制定严格、完整的安全管理规章制度，或管理力度不够；

②对储运货物的理化性质、危险特性以及储运安全知识缺乏了解；

③对储运生产设备设施及工艺流程的安全可靠性缺乏认真的检验分析和评估；

④对生产设备设施存在的质量缺陷或事故隐患，没有及时检查和治理。

违章作业常常是造成泄漏的最直接原因。而违章作业也是安全管理不善所造成的。安全管理工作对于液体化工品和油品储运生产企业尤为重要。这类企业如果安全管理不善，随时可能发生火灾爆炸等重大事故。

（2）设备设施的质量缺陷或故障

设备设施的质量缺陷可能产生于设备设施的设计、选材、制造及现场安装等各个阶段，设备设施故障则是出现在投产运营之后。对液体化工品和油品储运设备来讲，较为严重的、典型的质量缺陷或故障主要有：

①储罐、船舱或管道等设备焊接质量差，有气孔或未焊透，承受温度、压力变化的能力较差，易导致设备破裂。

②部分关键设备和附件的性能不合乎生产的要求，如阀门内漏，法兰缝密封不良等；或者是设备设施运行一段时间之后，出现损坏、失效等情况，如呼吸阀堵塞，仪表误动作，安全监测及保护装置失灵，等等。

③由于设计上的失误，一些和设备配套的、必要的安全技术措施，如保温、隔热、泄压等措施，没有被采用或失去作用等。

④由于磨损、疲劳等原因，造成储罐、管道、泵及阀门等设备设施受损。

设备设施质量缺陷很容易演变成故障，是引发泄漏及火灾爆炸等事故的重要隐患。

（3）其他因素的不利影响

其他因素的不利影响主要是指以下几种情况：

①码头和罐区发生的交通事故，如船舶撞击码头、机动车辆相撞或撞击

储运设备设施等,易导致大规模泄漏事故甚至火灾爆炸事故;

②雷击、台风等自然灾害,也有可能引起设备设施泄漏、火灾爆炸等事故,虽然可能性很小,但事故一旦发生,后果往往相当严重;

③若到港船舶、车辆的状况不符合安全要求,过驳船舶因操作不当或水文气象条件不良等原因造成船舶之间相撞或分离,可能造成泄漏,甚至造成火灾爆炸事故。

3.1.2 危险货物港口液体化工品和油品火灾爆炸事故

港区内装卸储运作业的大部分货种(如汽油、甲醇等)属于甲类火灾危险物质,闪点很低,爆炸范围较宽[如甲醇的爆炸极限为5.5%~44.0%(体积分数),汽油的爆炸极限为1.3%~6.0%(体积分数)],其泄漏后挥发的蒸气与空气混合形成爆炸性混合气体,当其浓度处于爆炸极限范围内时,若遇到超过最小点火能量的静电放电、雷击、电火花和电弧、动火作业等产生的火花等点火源时,便会燃烧或爆炸。

1.可能发生的事故类型分析

港区内装卸储运作业过程中可能发生的火灾爆炸事故主要有:

①码头、储罐区危险货物泄漏后遇点火源形成池火;

②码头、储罐区危险货物泄漏发生蒸气云爆炸事故。

2.可能的事故原因分析

分析火灾爆炸事故发生原因的关键,是弄清点火源的来源或产生途径及其产生的影响。可能出现的点火源主要有:

(1)焊接、切割动火作业

动火作业是设备设施安装、检修过程中常见的作业方式,若违章动火或防护措施不当,易引发火灾爆炸事故。

常见违章动火作业有以下几种:

①对焊接部件的内部结构和性质未了解清楚,盲目动火;

②未办理动火许可证,就急于动火;

③动火前,未采取有效安全措施;

④动火前,未采样分析和测爆;

⑤动火后,现场留有火种。

动火作业在生产过程中是不可避免的,但事故却是可以避免的,关键在于要严格遵守安全用火管理制度。

(2)作业现场吸烟

在"防火防爆十大禁令"中,烟火被列为第一位。因吸烟引发火灾爆炸事故的例子有不少。

外来人员(如外来施工人员及参观人员等)中的一部分人,由于安全意识较差,在罐区或码头吸烟的现象是有可能出现的,应加强对外来人员的安全管理。

(3)船上明火

来港液体化工品或油品船舶或码头附近水域的其他船舶(尤其是过往渔船)上生活设施用火不当,或排烟口夹带火焰,都有可能引发火灾爆炸事故。

(4)机动车辆排烟喷火

机动车辆大都是以汽油或柴油作燃料。有时,在排出的尾气中夹带火星、火焰,这种火星、火焰有可能引起易燃易爆物质的燃烧或爆炸。因此,未配戴阻火器的机动车辆在罐区、码头及附近禁火区内行驶是很危险的。

(5)电气设备产生的点火源

电气设备系统由供配电系统和仪器仪表控制系统两部分组成。电气设备产生火源的情况主要有以下几种:

①由于设计、选型工作的失误,造成部分电气设备选用不当,不满足防火防爆的要求,在投产使用过程,可能产生电火花、电弧,进而引起火灾爆炸事故;

②电气设备在安装、调试或检修过程中,因安装不当或操作不慎,有可能造成过载、短路而出现高温表面或产生电火花,或者发生电气火灾,进一步引发火灾爆炸事故;

③电气设备在运行过程中,由于元器件锈蚀、老化等设备原因,导致故障发生,生成点火源;

④作业人员违章操作、违章用电,以及其他原因(如小动物窜入开关室、中控室造成短路等),也会制造出电火花、电气火灾等火源;

⑤使用收录机等普通电器,和使用雷达、无线电发报机、电话、手机、广播喇叭等通信器材时,也有可能产生电火花。

因电气设备造成的火灾爆炸事故,往往来势凶猛,除可能造成人身伤亡和设备损坏外,还经常造成大范围、长时间停电,扩大经济损失。

(6)静电放电

来港船舶、储罐及管线等设备,在进行液体化工品和油品装卸、储运作业过程中有积聚静电荷的倾向,若防静电措施不落实或效果不佳,静电荷将得以积累,当积累到一定程度时,可能发生放电现象。如果放电能量大于可燃混合物的最小点燃能量,并且在放电的瞬间液体化工品和油品的蒸气和空气混合物正好处于爆炸极限范围时,将引起燃烧、爆炸事故。

另一方面,码头及船上作业人员人体的静电同样危险。当作业人员身着化纤衣服,同时脚穿胶鞋、塑料鞋之类的绝缘鞋时,由于行走、活动和工作产生摩擦,人体极易带上能引起火灾、爆炸事故的高电位的静电。静电放电在罐区或码头的各个场所都有可能发生,很难预料,其危害性较大。

(7)雷击及杂散电流

防雷设施不齐全,储罐、码头和其他建构筑物防雷接地措施执行不力等原因,有可能导致在雷暴天气发生火灾爆炸事故。

杂散电流窜入危险性场所,也是火灾爆炸事故发生的原因之一。

(8)机械摩擦和撞击火花

金属工属具、法兰盘、鞋钉等,若与码头面、船甲板或罐区地面发生摩擦或撞击,就有可能产生火花。

(9)自燃

港区装卸储运货种中的部分液体化工品(如苯乙烯、丙烯酸-2-乙基己酯等)在受热或暴露于空气中时,易发生聚合反应,并放出热量,当温度上升到一定程度时,可发生自燃现象。

此外,不能完全排除人为纵火等破坏行为的影响。

掌握了点火源产生的途径或规律,有助于采取针对性的安全对策与措施,来有效地控制火源,确保装卸储运生产安全进行。

3.1.3　危险货物港口集装箱包装破损及泄漏事故

装卸、堆存的危险货物集装箱,在作业过程中存在发生易燃易爆、有毒货物泄漏的可能性。一旦发生泄漏事故,将有可能发生火灾爆炸事故,还可能导致现场作业人员急性中毒事故,具有较大的危险性。

1. 发生泄漏事故的类型

(1)2类压缩气体集装箱及其包装破损或箱体受日光曝晒、烘烤,发生气体泄漏事故;

(2)3类、5类、6类易燃、可燃、氧化性及有毒液体的集装箱及其包装破损或箱体受烘烤,发生液体泄漏事故;

(3)易燃、可燃、有毒固体危险货物的集装箱及其包装破损,发生撒漏,处置不当造成事故。

2. 事故的原因

危险货物集装箱包装破损及泄漏事故危险因素可概括为人的不安全行为,物(装卸机械、车辆、货物及集装箱)的不安全状态,环境(道路、天气条件等)因素影响等,具体可归纳为以下几个方面。

(1)装卸设备设施原因

①装卸设备(主要指岸桥、正面吊)存在故障缺陷,导致装卸作业中出现故障,集装箱脱落,摔坏集装箱;

②水平运输车辆(主要指牵引平板车等)故障或缺陷(例如制动不良),导致与正在作业的其他车辆或设施发生碰撞,致箱体受损;

③水平运输车辆油路、电路故障,发生车辆自燃,危及货物安全;

④危险货物集装箱堆场的防风措施不力,或者存在缺陷,在突风或台风作用下,集装箱有可能被吹落摔坏,造成泄漏事故。

(2)货物自身原因

①包装问题。集装箱或箱内货物包装不符合要求,导致运输装卸中包装破损,危险货物散落,与箱体碰撞摩擦;

②集装箱箱体强度不足,有破损等,可能导致其在起吊或运输途中损坏、跌落。

(3)人的不安全行为

①拖车司机违章作业或者误操作,撞击危险货物集装箱,造成箱体或罐体破损,也有可能发生泄漏事故;

②作业人员未认真执行设备定期检修维护等安全管理规章制度,未能及时发现事故隐患并加以解决;

③集装箱拖车司机违章驾驶,急转弯时造成车辆侧翻或落箱破损。

(4)道路和场地设施原因

①照明照度不够,夜间作业人员视线不清楚导致车辆与机械、堆码集装箱发生碰撞;

②防雷设施不良,如接地电阻阻值超标,雷雨时可造成雷击;

③箱区地基不均匀下沉,堆场道路、堆场不平整,或因路滑,缺少必要的道路交通信号、标志,导致车辆颠簸、急转弯等,使车上危险货物集装箱在行驶中摔落;

④场内道路宽度不足,防撞措施不到位,机械作业时与堆码集装箱发生碰撞;

⑤消防设施不到位或性能不满足要求,在初起火灾时无法有效起到扑救

作用。

（5）不良自然条件

台风及突发性强阵风、大雨、大雾等都可能引起集装箱包装破损及泄漏事故。台风对码头危险货物集装箱堆场作业产生的影响主要体现在两个方面：一是堆码的集装箱重心高，受风面大，抗风能力较弱，由于突发性强阵风难以准确预测，且到来很快，可能造成其倾翻；二是大风不利于火灾事故时的救援。降雨对作业的影响主要表现在以下几个方面：作业人员在上下船时滑落摔倒；各类机械和车辆在作业时打滑，增大了发生交通事故的可能；大雨影响司机的观察视线，可造成操作失误；因排水不畅，造成危险货物集装箱堆场地面因降雨积水，对堆场内的 4 类危险货物集装箱影响较大，因此，在发生较大降雨时，应将 4 类危险货物集装箱堆放在二层。大雾对其影响较小，但大雾会使作业场所能见度降低，使船舶靠离泊、装卸作业、水平车辆运输安全受到一定影响，增加事故发生的可能性。

3.1.4　危险货物港口集装箱火灾爆炸事故

危险货物集装箱在装卸、堆存、水平运输过程中发生火灾爆炸事故的原因或条件有两个：一是存在易于发生火灾爆炸的物品，如可燃性或爆炸性蒸气-空气混合气体等；二是具有足够引发火灾爆炸的能量，如点火源、高温等。

装卸及堆存的危险货物，大多具有易燃易爆性，还有些货种具有助燃性，能够加剧事故。正常情况下，一般不会发生火灾爆炸事故，但是，在条件成熟时，火灾爆炸事故就会发生。

一般而言，港区危险货物集装箱堆场发生火灾爆炸事故的主要原因有以下几种情况：

（1）点火源控制不严

点火源来自多个方面，通常可归纳为：现场吸烟、机动车辆排烟带火、电火花和电弧、雷击、杂散电流、高温热表面、金属碰撞、各种人为破坏、自然灾害、自燃及动火作业、静电放电等。

在进行危险货物集装箱装卸、堆存、中转运输等港口作业过程中，必须加强技术和管理手段，对可能存在的火源进行严格控制，以防火灾爆炸事故发生。

（2）产品质量问题

产品自身如果存在问题，如理化性质不稳定等，可能导致在正常环境条件下发生分解、放热反应，甚至导致火灾爆炸。

　　从国内港口危险货物集装箱堆场作业发生的事故来看，由于集装箱内的危险货物产品质量问题导致的事故占了大多数。

　　（3）包装损坏或不符合要求

　　危险货物集装箱在装卸、堆存、运输过程中，如果发生箱损事故，或者集装箱内的货物本身包装就不符合要求，可能发生撒漏甚至导致火灾爆炸事故。例如货物为甲醇时，如果集装箱在装卸过程中发生箱损事故，使得甲醇蒸气挥发，遇点火源，则有可能发生火灾事故。

　　（4）性质相互抵触的物品混存

　　危险货物集装箱堆场所装卸堆存的危险货物中，存在着性质相互抵触、发生激烈化学反应的物质，如果货种堆存不当，则有可能相互反应，引发火灾爆炸事故。不同类别的货种间禁忌性举例见表3.1。

表 3.1　不同货种混合危险配伍举例

物质 A	物质 B	可能发生的某些现象
氧化剂	可燃物	生成爆炸性混合物
过氧化氢溶液	胺类 任何易燃液体、可燃物	爆炸 发生激烈反应
醚	空气	生成爆炸性的有机过氧化物
醋酸	含氢氧基的化合物、乙二醇、过氧化物	发生激烈反应
氢氟酸及氟化氢	氨或氨的水溶液	发生激烈反应
有机过氧化物	酸（有机或无机）	发生激烈反应

　　（5）养护管理不善

　　关于危险货物的养护，国家有相应的《易燃易爆性商品储藏养护技术条件》《腐蚀性商品储藏养护技术条件》和《毒害性商品储藏养护技术条件》等相关标准规范，应参照有关标准规范的要求执行。

　　如果养护管理不善，温度、湿度要求未控制好，就有可能发生火灾爆炸事故，例如危险货物集装箱堆场温度过高时，装有压缩气体等货物的集装箱就可能发生燃烧爆炸事故。

　　（6）货物撒漏并与禁忌物接触

　　危险货物集装箱装卸过程或堆存期间，如果货物由于包装不合格或箱体破损,导致发生撒漏,撒漏的危险货物接触(或撞击、摩擦)与之禁忌的货物则有可能发生激烈反应和着火,引发火灾爆炸事故。

(7)不良环境条件

如果环境条件不良,温度、湿度条件不良,遭遇雷击、台风等极端天气,会增大发生火灾爆炸事故的可能。因此,夏季高温天气炎热时,应对危险货物作业的种类及数量、装卸作业时间段进行控制。

(8)违反操作规程

作业人员在危险货物集装箱装卸作业过程中,违反操作规程,极有可能导致火灾爆炸事故发生。因此,危险货物集装箱在装卸作业过程中要小心谨慎,轻取轻放,严禁野蛮装卸作业。

违反操作规程是导致危险货物集装箱发生火灾爆炸事故的一个重要原因,应加强对危险货物作业人员的培训和教育,选拔责任心强、技术熟练的人员从事该项作业。

(9)初期火灾扑救不当

当危险货物集装箱发生初期火灾时,如果扑救手段不当,会造成火势蔓延,引发大规模的火灾爆炸事故。有鉴于此,要求现场作业人员必须经过MSDS(化学品安全技术说明书)培训和应急反应培训,了解危险货物的危险特性及相应的反应手段,以防在突发火灾事故面前手足无措,错过扑救的最佳时机。

3.1.5　危险货物港口中毒事故

操作人员因素:接管、检尺等操作失误,指挥错误,船岸库区衔接失误,健康状况异常,思想麻痹、粗心大意等心理异常,未穿戴个体防护装备,其他。

货物特性因素:货物可经口、皮肤、呼吸道进入人体,具有毒性等。

货物泄漏因素:操作人员因素,设备设施因素,载货车辆碰撞,船舶碰撞码头,不良地质、气象、水文因素,管理因素等。

设备设施因素:储罐、管线、泵、阀门缺陷,监控、保护设施缺陷,检查、检定、维修不到位,设计、选材因素,其他。

载货车辆碰撞:驾车司机原因、载货车辆状况、道路原因、交通疏导或交通标志、标线因素等。

船舶碰撞码头:船舶驾驶问题、引航原因、船舶状况不佳、未配靠泊仪、不利的风浪流等。

环境因素:大风、雷击、暴潮等。

自然灾害:地震、海啸。

企业管理因素:组织机构不健全、责任制未落实、管理规章制度不完善、安全投入不足、未建立安全生产标准化体系、制度未落实以及其他管理因素缺陷。

安全监管原因:制度不健全、监管职责不明确、缺乏监管技术手段、监管力量不足等。

应急反应体系原因:应急装备不足、应急队伍不足、应急指挥系统未建立等。

此外,还有恐怖袭击、人为破坏等。

3.1.6　港口锅炉、压力容器等物理性爆炸事故

(1)操作人员原因

操作失误、思想麻痹、粗心大意等心理异常及其他原因。

(2)设备设施原因

设备发生断裂、过量变形、材料性能退化等。

(3)管理原因

责任制未落实、管理规章制度不完善、制度未落实等。

3.1.7　船舶碰撞码头事故

船方原因:船舶操纵不当、引航不力、船舶制动功能不良、船舶维护不当等。

岸方原因:未设激光靠泊系统、泊位信号不良、未收回起重机械、港作拖船配备不足、橡胶护舷设计或配备不当、系船柱设计或配备不当等。

环境因素:不利的风、浪、流条件,周边已靠泊船舶影响,回旋水域不足等。

管理因素:船舶调度因素、船舶靠离泊制度不健全或执行不力等。

3.1.8　危险货物港口区域性火灾爆炸及中毒事故

初次事故因素:人员因素、货物因素、设备设施因素、载货车辆碰撞、船舶碰撞码头、环境因素、人为破坏。

设计因素:选址不当、设计间距不够、防护措施不当。

管理因素:组织、协调、管理不到位。

监管因素(安全监管不到位):未落实"三同时",未制定应急预案,应急措施不落实,指挥协调不力,预测、预警与应急救援的科技支撑不够。

法规、标准原因:缺乏相关法规、标准,法规、标准规定不合理等。

应急反应体系原因:应急装备不足、应急队伍不足、应急指挥系统未建立等。

体制、机制因素:职责交叉、职责不明确、其他体制机制原因。

3.1.9　客运、客渡、客滚、旅游船/游艇码头群死群伤事故

踩踏导致群死群伤往往是由于拥挤。具体原因可能是:人员拥挤、通道狭窄、个别人员摔倒、疏导不利、标志标识欠缺、缺乏管理制度或制度执行不力、缺乏应急预案或应急演练不力等。

火灾也可能造成群死群伤。夹带危险品引发火灾的具体原因可能是:未检查危险品、未查出危险品、危险品被点燃、消防不力、旅客未得到及时疏散、缺乏管理制度或制度执行不力、缺乏应急预案或应急演练不力。动火作业引发火灾的具体原因可能是:未做防火措施、消防不力、旅客未得到及时疏散、缺乏动火作业管理制度或制度执行不力等。

爆炸也可能造成群死群伤。夹带爆炸危险品引发爆炸的具体原因可能是:未检查爆炸危险品、未查出爆炸危险品、爆炸品被点燃爆炸、爆炸品遇冲击爆炸、缺乏管理制度或制度执行不力、缺乏应急预案或应急演练不力等。

蓄意破坏这类恐怖事件也可能造成群死群伤。具体原因可能是:破坏分子蓄谋、敌对分子蓄谋、蓄谋未被发现、破坏未被阻止、旅客未得到及时有效的保护、缺乏应对措施或演练不力等。

3.1.10　干散杂货、集装箱码头等交通事故

驾驶人因素:驾驶技能、执业资格、驾驶行为、驾驶状态。

车辆缺陷:车辆性能、故障维修、维护保养、突发故障。

车辆管理:超载、夹带违禁货物,未设专门管理机构或人员,擅自改装。

道路因素:道路设计不合理、道路维护不及时、道路交通标志标识缺陷。

交通管理因素:人、车、路、交通组织不力,制度不健全,培训教育不到位等。

3.1.11　干散杂货、集装箱码头等伤亡事故

操作人员因素:人员素质不高、安全意识淡薄、负荷超限、健康状况异常、思想麻痹或过度紧张等心理异常、操作失误、指挥错误、配合不当、通信联络不当。

设备设施因素:起重设备、工属具缺陷,防护缺陷。

装卸工艺:机械化、自动化程度不高,人-机、人-货接触频繁,货类复杂。

作业环境:人-机-货动态交叉,空间狭窄,高处作业,存在窒息危险环境、光线不足,地面高低不平,存在粉尘、噪声。

自然环境:风、雨、雾、雷击、风暴潮。

管理因素:组织机构不健全;责任制未落实;管理规章制度不完善、操作规程不规范、培训制度不完善;安全投入不足;未建立安全生产标准化体系;制度未落实;其他管理因素缺陷。

3.1.12　散粮码头爆炸事故

人员因素:人员素质不高、安全意识淡薄、思想麻痹或过度紧张等心理异常、操作失误、指挥错误、配合不当、通信联络不当。

货物因素:散粮粉尘的可燃、可爆性,粉尘浓度达到爆炸极限。

点火源:明火作业、热表面、自燃、机械火花、电气火花、静电火花。

密闭空间:筒仓、卸车坑、输送机、除尘器、管道等。

设备因素:设计不合理,卸爆口设置不合理,维修保养不到位。

管理因素:组织机构不健全;责任制未落实;管理规章制度不完善、操作规程不规范、培训制度不完善;安全投入不足;未建立安全生产标准化体系;制度未落实;其他管理因素缺陷。

3.1.13　港口皮带机火灾事故

人员因素:人员素质不高、安全意识淡薄、巡视不到位、操作失误、指挥错误、配合不当、通信联络不当。

货物因素:煤炭等可燃物质。

皮带机故障:物料跑偏,托辊发热,维修、保养不到位。

点火源:机械摩擦发热、电器热表面、电气火花、静电火花、金属碰撞火花、焊接切割火花、自燃等明火。

管理因素:组织机构不健全;责任制未落实;管理规章制度不完善、操作规程不规范、培训制度不完善;安全投入不足;未建立安全生产标准化体系;制度未落实;其他管理因素缺陷。

3.1.14　船舶碰撞事故

船舶碰撞事故是长江水上交通安全事故中发生率最高的,造成了严重的人命财产损失和环境污染损害。考虑事故原因时,必须综合分析有关船舶航行安全的"人-船-环境-管理"系统,始终贯彻谋求本质化安全的指导思想。

在导致事故的人、船、环境、管理四方面因素中,人为因素已引起国际航运界的广泛关注。1995 年 IMO 通过了《ISM 规则》,在其大会决议中明确指出:水上发生的事故,80% 与人为因素有关。船舶碰撞是各类水上交通事故中最易受到人为因素影响的一类事故。研究表明,船舶碰撞事故涉及人的因素的比例远远高于其他种类的水上交通事故,超过 90% 的船舶碰撞与人的因素有关,其中 60% 与人的因素有直接关系,其余 30% 与人的因素有间接关系。许多研究指出,在船舶碰撞事故中,除极少数双方无过失碰撞外,绝大多数碰撞事故是由于人为失误所造成的。

船员操作因素:船员驾驶技能不熟练(培训不到位、船员自身驾驶操作能力低、船员证书名不副实);船员证书等级与船舶不符(船舶配员监管问题);船员身体原因;操作失误(误操作、违章操作、疏忽大意);心理异常等。

通航管理因素:航道狭窄、船舶密度大;航行规则不完善(如限制性航道未实行定线制);航标设置不当;天气、海况因素(大风/台风、大雨/暴雨、大雾、大浪)。

船舶技术状况:主机故障、其他设备故障。

船舶通信设施:未配备、配置不当或故障。

3.1.15　船舶搁浅事故

船员操作不当:船员驾驶技能不熟练(培训不到位、船员自身驾驶操作能力低、船员证书"名不副实");船员证书等级与船舶不符(船舶配员监管问题);船员身体原因;操作失误(误操作、违章操作、疏忽大意);心理异常。

通航设施不完善:航道航标设置不当,航标灯器故障。

通航管理因素:船舶获取内河航道水位变化信息不及时;枯水期,监管部门对运输船舶管理不当(如对船舶吃水、减载的管控)。

船舶技术状况因素:船舶通信设施未配备、配置不当或故障;主机故障;其他设备故障。

3.1.16　船舶火灾爆炸事故

船舶技术状况因素:船舶设计缺陷、船舶建造缺陷、船舶检验因素、船舶设计与建造规范不完善、船主或船员私自改造船舶结构与布置、船舶设备维护保养不当或缺失、船上消防器材不完备。

船员操作不当:违规使用明火(违规作业、违规使用);违规处置所装货物;不具备相关危险货物专业知识导致误操作;疏忽大意;心理异常。

货物装载不当:对装载货物的特性及相关专业知识未掌握或掌握不够;装载操作失误;装载设备故障;对船员、码头操作人员的安全教育和培训不够。

安全监管问题:安全管理相关法律法规不完善;安全管理组织机构和人员配置不健全;安全法律法规执行力不够;安全管理组织机构不健全,安全管理人员配备不到位。

企业安全管理问题:安全管理规章制度不完善(操作规程、培训制度等);安全管理制度执行不力,责任制未落实;企业安全投入不足;未建立安全管理体系;其他管理因素。

恐怖袭击:恐怖分子安放爆炸装置,并引爆;恐怖分子蓄意破坏船上设施。

3.1.17 船舶倾覆/翻沉、人员落水及伤亡事故

船舶技术状况因素:船舶设计缺陷;船舶建造缺陷;船舶检验因素;船舶设计与建造规范不完善;船主或船员私自改造船舶结构与布置;船舶设备维护保养不当或缺失。

积载问题:船员或码头装卸人员专业知识缺乏;船员或码头装卸人员疏忽大意。

船舶超载:故意为之、误操作。

船员操作不当:船员驾驶技能不熟练(培训不到位、船员自身驾驶操作能力低、船员证书"名不副实");船员证书等级与船舶不符(船舶配员监管问题);船员身体原因;疏忽大意;心理异常。

天气、海况因素:大风/台风、大雨/暴雨、大雾、大浪。

船舶适航性:船舶建造规范问题、船舶检验因素、船舶被改造等。

安全管理不到位:船公司代而不管;对船员及旅客的安全教育培训不到位;超载;应急救援人员不足;船员及旅客应急反应能力差等。

碰撞、火灾/爆炸等事故引起原因:见碰撞、火灾爆炸等事故致因。

水上搜救能力不够:搜救装备问题(性能不够、配备数量不足、不能及时抵达出事地点);搜救技术、技能不够;搜救组织指挥不力。

恐怖袭击:海盗、恐怖分子蓄意破坏等。

3.1.18　危险货物泄漏、环境污染和生态破坏事故

船舶技术状况因素：船舶检验因素等。

碰撞、搁浅、火灾/爆炸等事故引起原因：见碰撞、搁浅、火灾爆炸等事故致因等。

货物装载不当：操作原因等。

恐怖袭击：恐怖分子蓄意破坏。

3.1.19　船舶风损、浪损事故

天气、海况因素：大风/台风、大雨/暴雨、大雾、大浪。

船舶适航性：船舶建造规范问题、船舶检验因素、船舶被改造等。

船员操作不当：船员驾驶技能不熟练等。

安全管理因素（不能通航）：管理制度执行不力等。

3.2　长江水运安全风险因素分类辨识方法

在现状分析和主要风险事故致因分析的基础上，从人员、货物、船舶、通航环境、港口、监督管理等六个方面分类辨识影响长江水运安全的风险因素，研究建立长江水运安全风险四级分类辨识框架，奠定安全风险分类基础。

3.2.1　风险分类辨识框架

通过长江水运主要事故风险识别及致因分析，可以将长江水运安全风险归纳为人员、货物、船舶、通航环境、港口和监督管理等六个方面（图 3.1），通过具体分析每类风险的事故风险特征和主要风险因素，进而建立长江水运安全风险四级分类辨识框架（表 3.2），并给出总计 237 个风险辨识示例，以指导风险分类辨识。需要说明的是，本研究的风险辨识对象是由海事管理机构认定的可供船舶航行的江、河等水域（不包含人工水道、江河入海口水域）内的人员、货物、船舶、通航环境、港口等领域的水路交通运输安全风险的辨识，以及区域性总体水运安全风险的辨识。

人员类风险因素，主要涉及船员、港口作业人员等，本研究提供了 74 个风险致因因素辨识示例。其中，船员 23 个，港口作业人员 51 个。

货物类风险因素，主要涉及货物本身、货物包装、货物配载、船舶货物系固、作业货种发生变化等五个方面风险，本研究提供了 5 个风险致因因素辨识

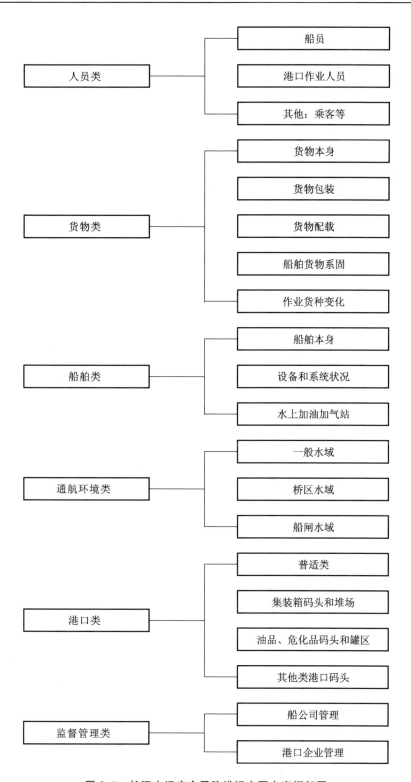

图 3.1 长江水运安全风险辨识主要内容框架图

示例。

船舶类风险因素,主要涉及船舶本身、设备和系统状况及水上加油加气站这三类风险,本研究提供了 39 个风险致因因素辨识示例。其中,船舶本身 9 个,设备设施 30 个。

通航环境类风险因素,主要涉及一般水域、桥区水域、船闸水域三个方面风险,本研究提供了 56 个风险致因因素辨识示例。其中,一般水域 16 个、桥区水域 16 个、船闸水域 24 个。

港口类风险因素,主要涉及普适类,集装箱码头和堆场,油品、危化品码头和罐区及其他类港口码头等风险,本研究提供了 63 个风险致因因素辨识示例。其中,普适类 30 个,散杂货码头 2 个,客运码头 2 个,集装箱码头和堆场 7 个,油品、危化品码头和罐区 22 个。

监督管理类风险因素,主要涉及船公司管理、港口企业管理。

表 3.2　长江水运安全风险四级分类辨识框架

序号	一级分类	二级分类	三级分类	四级分类
1	人员	船员	自身能力素质类	
2			操船行为失误类	行动判断阶段
3				行动决策阶段
4				行动实施阶段
5			其他类	
6		港口作业人员	自身能力素质类	
7			作业行为失误类	思想麻痹
8				违反劳动纪律
9				违章指挥或指挥失误
10				违章操作、误操作
11			作业岗位类	集装箱装卸储运
12				散杂货码头装卸储运
13				油品及危化品装卸储运
14				其他
15		其他人员		

序号	一级分类	二级分类	三级分类	四级分类
16	货物			货物本身危险特性
17				货物包装
18				货物配载
19				船舶货物系固
20				作业货种变化
21	船舶		船舶本身类	船舶属性
22				船舶安全状况
23			系统和设备类	一般船舶
24				客船
25				油品和危化品船
26				砂石船
27				其他船舶
28				水上加油加气站
29	通航环境	一般水域		航道本身
30				设备设施
31				碍航因素
32				交通流
33				自然环境
34		桥区水域		桥梁布局
35				桥梁本身
36				设备设施
37				其他
38		船闸水域	设备设施	人字门风险
39				液压系统或启闭机类
40				集控室风险
41				闸室风险
42				消防系统风险

续表 3.2

序号	一级分类	二级分类	三级分类	四级分类
43	港口类	普适类		港口布局
44			设备设施	设备、设施、工具、附件缺陷
45				防护缺陷
46				电伤害
47			港口环境类	作业环境不良
48				自然环境不良
49		集装箱码头和堆场	设备设施	设备、设施、工具、附件缺陷
50				防护缺陷
51			港口环境类	作业环境
52				交通环境
53		油品、危化品码头和罐区		港口布局
54				工程技术
55			设备设施	设备、设施、工具、附件缺陷
56				防护缺陷
57			其他类港口码头	
58	监督管理类		船公司管理	
59			港口企业管理	

3.2.2 人员类主要风险因素辨识

长江水运安全的人员类风险因素,主要涉及船员、港口作业人员等,应重点针对船员和港口作业人员分别开展风险因素辨识。需要指出的是,长江水运安全的人员类风险不仅限于上述两类人群,例如,船上游客安全意识低,未在指定地点吸烟,出入船上重要场所触碰设备等也属于人员类风险因素,虽未列入本研究主要风险因素辨识的范围内,但仍应当引起充分重视。

3.2.2.1 船员

船员的风险因素主要涉及自身能力素质类、操船行为失误类和其他三个方面。其中,自身能力素质类是船员自身固有的能力和素质,是船员发生操船行为失误等风险的深层次致因因素,包括技能水平、生理素质和心理素质三个方面;操船行为失误类是船员在操船过程中存在的直接风险因素,可进一步细分为"行动判断—行动决策—行动实施"三个阶段。下文将具体阐述各类风险。

1.自身能力素质类风险因素

在内河领域,船舶驾驶员的自身能力素质薄弱是导致行驶过程中行动判断、决策和实施阶段发生事故风险的根本原因。自身能力素质可归纳为技能水平、生理素质和心理素质三个方面。

技能水平包括船员的年龄结构、文化程度及船员培训、持证、船员属性等情况,这些情况都直接影响船员的行为,对事故起决定性作用。

生理素质指疲劳度、体力智力下降程度方面。

心理素质,指人际关系、责任心、安全意识等,也包括情绪影响,如情绪低迷可能影响判断。

除了有经验的船长和引航员之外,从事内河船舶驾引技术的主要是航运中专毕业生。由于大部分航运学校的毕业生主要转向海运领域,导致专门培养内河高级船员的航运学校基本没有。部分从业于内河船舶驾驶、技术经验丰富的驾驶员也转向海船,高素质的内河船员数量大幅度下降。目前,大量地方船舶、个体船舶聘用一些未受过足够专业训练的劳务工,由于缺乏必要的理论知识且水上服务时间较短,这些驾引人员对桥区流态的正确分析、航行规则等方面的掌握存在缺陷。

2.操船行为失误类风险因素

在船舶驾驶过程中,船员实际上是在不断重复一种判断、决策和实施的行动过程。

①行动判断阶段:依靠视觉、听觉、雷达/APRA 等瞭望手段判断他船及周边环境等外界情况;

②行动决策阶段:根据判断结果做出决策,决定是否采取改向、变速等操纵措施;

③行动实施阶段:实行操纵行动。

这三个阶段是相互联系,相互影响的。每一阶段发生人为失误势必会直接或间接地导致下一阶段发生相应的人为失误,最终由于一连串失误行为,而导致事故的发生。

一方面,随着江海直达船舶的增加,从事这类船舶的驾引人员,从宽阔的大海进入航道相对狭窄的长江干线水域一时难以适应;对于长江大桥的桥区规定、通航桥孔的不同季节流态特征更是陌生。另一方面,一些船舶的所有人过分追求经济效益,为了缩短生产周期而违背大桥通航规定冒雾航行造成碰桥事故。许多个体户船舶为了节约成本,下水采取淌航节油的方法,这种做法导致船舶操纵性下降。因此,近年小型地方船舶及江海船舶碰擦大桥事故增加。

表 3.3 列出常见的船员风险致因因素,可作为开展船员风险辨识的参考。

表 3.3 船员风险辨识示例表

序号	风险分类		风险致因因素	具体描述
1	自身能力素质类		技能水平	水上服务时间和受教育程度
2			生理素质	疲劳驾驶、体力智力下降
3			心理素质	人际关系、责任心、安全意识等,如情绪低迷可能影响判断
4	操船行为失误类	行动判断阶段	值班不当	疏于瞭望、打瞌睡等瞭望不充分行为,易引发碰撞、搁浅、触礁、触损等风险
5			瞭望不当	未能保持正规瞭望的行为,包括视觉和听觉,易引发碰撞、搁浅、触礁、触损等风险
6			雷达/APRA 使用不当	没能充分发挥雷达/APRA 的作用,易引发碰撞、搁浅、触礁、触损等风险
7			VHF/AIS 使用不当	过分依赖或误叫误答等
8			信号显示不当	号灯号型、声响和灯光信号等信号使用不当
9			航线定位、保持不当;或违反规则航行	易引发碰撞、搁浅、触礁、触损等风险
10			水域情况不明(包括浅滩礁石、水深等)	易引发碰撞、搁浅、触礁、触损等风险
11			对天气海况考虑不充分	易引发碰撞、搁浅、触礁、触损、风灾等风险
12		行动决策阶段	获取的有效信息不充分	判断事故是否发生的信息不足
13			对危险估计有误或判断失误	未对危险采取判断或采用不充分信息、未采取谨慎态度做出的错误判断行为
14			未及早发现来船	没有发现或发现太晚,错过最晚可以避碰的时机
15		行动实施阶段	未使用安全航速	在特定航行环境中没有采用可以被认为是安全的合理速度行驶
16			未及时采取行动	没有采取行动或者行动过迟
17			操纵不当	未全面评估以保障船舶在相应装载和天气条件下安全操纵

序号	风险分类	风险致因因素	具体描述
18	其他类	未主动向海事部门申报停靠泊许可	未得到航行或靠泊信息支持和许可
19		私自篡改航行计划	驶入陌生水域,增大碰撞、搁浅概率
20		离靠泊操作不当	造成船与码头或其他船舶相撞,甚至导致管线破损、油品危化品泄漏事故
21		不听从 VTS 建议	冒险航行
22		客船船员引导乘客应急逃生能力差	造成事故后果扩大
23		客船船员对旅客安全宣传不到位	疏忽大意、不及时、不到位

3.2.2.2 港口作业人员

港口作业人员的风险因素主要涉及自身能力素质类、作业行为失误类和作业岗位类三个方面。其中,自身能力素质类是港口作业人员自身固有的能力和素质,是港口作业人员发生行为失误类风险的深层次致因因素,包括技能水平、生理素质和心理素质三个方面;作业行为失误类是港口作业人员在作业过程中存在的直接风险因素,可进一步细分为思想麻痹、违反劳动纪律、违章指挥或指挥失误、违章操作等四方面;作业岗位类是在自身能力素质强、未发生行为失误的前提下,港口作业人员仍然面临的作业风险,也可以理解为是某些作业岗位存在的固有的作业风险。由于不同类型港口的作业岗位存在显著差异,应针对不同港口类型分别阐述作业岗位风险。下文将具体阐述各类风险。

1. 自身能力素质类风险因素

自身能力素质类风险致因因素包括技能水平、心理或生理性风险致因因素等。其中,技能水平风险致因因素是指欠缺科学知识,技术不熟练;心理性风险致因因素是指由于人的心理习惯所造成的不安全因素,包括责任心、安全意识、人际关系等,具体表现为急功近利、图省事、图方便、抢速度等;生理性风险致因因素是指由于劳动强度大,负荷超限,作业时间长,劳动条件差(噪声、高温、体力劳动强度危害严重)所造成的情绪异常、过度紧张等生理性不安全因素。

例如:在维修作业中,由于维修作业的作业条件较差,尤其高处作业,如果作业人员的配合协调不当,人的心理素质和安全意识不强等都可能造成人身伤亡事故。

2.作业行为失误类风险因素

事故的直接成因主要是人的行为中三个基本阶段所出现的失误,即观察失误、判断失误和操作失误。行为性风险致因因素主要可归纳为:思想麻痹、违反劳动纪律、违章指挥或指挥失误、违章操作。据资料统计,70%以上的事故是由于人的不安全行为引起的,因而控制和减少人的不安全行为是防止事故发生的有效途径。

(1)思想麻痹

作业人员在长期从事某一重复性劳动之后容易产生麻痹思想,工作疏忽,自我防护能力差,结果导致意外伤亡事故的发生。例如:高空落物;人员落江、人员高空坠落;撞箱或船上设施;吊具、集装箱卡槽;集装箱或舱盖板压人等。

(2)违反劳动纪律

违反劳动纪律极易造成伤亡事故。例如:作业人员配合不当或监护出现失误,很可能发生伤亡事故;未按规定穿戴劳保用品,特别是油品及危化品装卸储运过程中穿易产生静电的衣服,带钉、掌的鞋、靴,未穿戴口罩、防护服、防护靴、手套等防护用具;场内人员违章行走,导致堆场道路交通事故;现场吸烟,尤其在散发油气较多的装卸作业现场,易引发火灾爆炸;无关人员和车辆进入油品及危化品装卸储运区,发动机、尾气明火等引燃油品及危化品导致火灾爆炸事故。

(3)违章指挥或指挥失误

违章指挥或指挥失误会直接造成伤亡事故。指挥人员通常是通过哨声、手势和其他通信设备来指挥各作业岗位上人员和设备的动作。由于指挥失误(其中包括因通信联络信号不良造成的指挥错误)和违章指挥均有可能导致机损、货损及伤亡事故的发生。

(4)违章操作、误操作

因违章操作、误操作,或因操作技术知识缺乏而发生人员伤亡事故,在所有伤亡事故中也占有相当大的比例。例如,港口车辆行驶人员疲劳驾驶、超速驾驶、酒后上岗、违章驾驶等会引发车辆伤害和货损事故。

以油品及危化品装卸储运过程为例,港口作业人员未对所装危化品进行检查、核对,易导致错装错卸、混装混卸而引发事故;管线混油和跑(渗、漏)油和出现明火,易导致火灾爆炸事故;在汽车装卸油作业时作业人员违章操作、连接法兰未紧固好、装卸作业时管线滑脱或拉断、维修作业时进行操作作业、仪表出现故障等均可能造成冒跑事故;汽车装车频繁开关阀门,易发生误操作和跑料事故,遇明火引发火灾爆炸事故;在油气大量聚集的地方,铁器相互撞击,产生的火花、高能会引发火灾;维修作业时未测爆或忽视空舱违章动火,易导致火灾爆炸事故。

3. 作业岗位类风险因素

即使作业人员自身能力素质强,未发生行为失误,有些作业岗位也不可避免地存在作业风险,以集装箱、散杂货码头作业为例,如表 3.4 和表 3.5 所示。

表 3.4 集装箱码头作业岗位主要风险因素辨识

序号	作业岗位	主要危险因素	主要有害因素
1	船上拆加固作业	高处坠落、起重伤害、物体打击、机械伤害、淹溺、其他	噪声、高温、低温
2	码头前沿作业	起重伤害、物体打击、车辆伤害、机械伤害、其他	噪声、高温、低温
3	大型机械维修作业	机械伤害、高处坠落、火灾、触电、其他	噪声、高温、低温、辅助生产尘毒
4	甲板指挥作业	高处坠落、起重伤害、物体打击、淹溺、其他	噪声、高温、低温
5	水平运输作业	车辆伤害、其他	噪声、高温、低温
6	大型机械司机作业	物体打击、高处坠落、起重伤害、触电、机械伤害、其他	噪声、高温、低温
7	解系缆作业	淹溺、物体打击、机械伤害、其他	噪声、高温、低温

表 3.5 散杂货码头作业岗位主要风险因素辨识

序号	作业岗位	主要危险因素	主要有害因素
1	清舱作业	起重伤害、物体打击、高处坠落、机械伤害、坍塌、其他	粉尘、噪声、高温、强体力劳动
2	皮带机巡视作业	机械伤害、高处坠落、触电、物体打击、火灾、其他	粉尘、噪声、高温

续表 3.5

序号	作业岗位		主要危险因素	主要有害因素
3	解系缆作业		淹溺、物体打击、机械伤害、其他	粉尘、噪声、高温
4	单机司机	装/卸船机司机	高处坠落、机械伤害、触电、火灾	粉尘、噪声
		斗轮堆取料机司机	高处坠落、机械伤害、触电、火灾	粉尘、噪声
		清舱机司机	物体打击、起重伤害、高处坠落、坍塌	粉尘、噪声、高温
5	大型机械维修作业		车辆伤害、触电、机械伤害、高处坠落、其他	粉尘、噪声、高温、辅助生产尘毒
6	甲板指挥作业		高处坠落、起重伤害、物体打击、淹溺、其他	粉尘、噪声、高温
7	流动机械作业		车辆伤害、起重伤害、火灾、其他	粉尘、噪声、高温

表 3.6 列出港口作业人员常见的风险致因因素,可作为开展港口作业人员风险辨识的参考。

表 3.6 港口作业人员风险辨识示例表

序号	风险分类	风险致因因素	具体描述
1	自身能力素质类	技能水平	欠缺科学知识,技术不熟练
2		生理素质	由于劳动强度大、作业时间长、劳动条件差(如高温、粉尘、噪声等)带来人体负荷超限所造成的情绪异常、过度紧张等
3		心理素质	人际关系、责任心、安全意识等,如急功近利、图省事、图方便、抢速度等

序号	风险分类		风险致因因素	具体描述
4	作业行为失误类	思想麻痹	工作疏忽、自我防护能力差	易导致高空落物;人员落江、高空坠落;撞箱或船上设施;吊具、集装箱卡槽;集装箱或舱盖板压人等意外事故的发生
5		违反劳动纪律	配合不当或监护出现失误	易导致伤亡事故
6			未按规定穿戴劳保用品	特别是油品及危化品装卸储运过程中穿易产生静电的衣服、带钉、掌的鞋、靴,未戴口罩,未穿防护服、防护靴、手套等防护用具
7			场内人员违章行走	导致堆场道路交通事故
8			现场吸烟	尤其在散发油气较多的装卸作业现场易引发火灾爆炸
9			无关人员和车辆进入油品及危化品装卸储运区,发动机引燃油品及危化品	易导致火灾爆炸事故
10			机动车违章进入油品及危化品库区	尾气明火也可能引发事故
11		违章指挥或指挥失误	违章指挥或指挥失误	易导致机损、货损及伤亡事故的发生
12		违章操作、误操作(以油品及危化品为例)	油品及危化品装卸储运管线混油和跑(渗、漏)油	易导致火灾爆炸事故
13			油品及危化品装卸储运过程中出现明火	易导致火灾爆炸事故
14			未对所装危化品进行检查、核对	错装错卸、混装混卸引发事故
15			油品及危化品装卸储运时,汽车装卸过程中造成冒跑事故	在汽车装卸油作业时作业人员违章操作、连接法兰未紧固好、装卸作业时管线滑脱或拉断、维修作业时进行操作作业、仪表出现故障等均可能造成冒跑事故
16			油品及危化品装卸储运时,汽车装车频繁开关阀门	易发生误操作和跑料事故,遇明火引发火灾爆炸事故
17			在油气大量聚集的地方,铁器相互撞击	产生的火花、高能会引发火灾
18			车辆行驶人员疲劳驾驶	车辆伤害、货损事故
19			车辆行驶人员超速驾驶	车辆伤害、货损事故
20			车辆行驶人员酒后上岗	车辆伤害、货损事故
21			车辆行驶人员违章行驶	车辆伤害、货损事故
22			油品及危化品装卸储运维修作业时未测爆或忽视空舱违章动火	易导致火灾爆炸事故

续表 3.6

序号	风险分类		风险致因因素	具体描述
23	作业岗位类	集装箱装卸储运	船舶离靠泊作业	集装箱码头设计船型一般较大,由于船型大、吃水深、尺度大、惯性大、冲程大,受港区水域水流的影响,操纵较困难
24			解系缆作业	淹溺、物体打击、机械伤害、其他伤害
25			船上拆加固作业	高处坠落、起重伤害、物体打击、机械伤害、淹溺、其他伤害
26			甲板指挥作业	高处坠落、起重伤害、物体打击、淹溺及其他伤害
27			拆装连锁器作业	起重伤害、物体打击、高处坠落
28			码头带缆作业	解、系缆人员有发生伤亡事故甚至坠海的危险
29			码头前沿作业	起重伤害、物体打击、车辆伤害、机械伤害及其他伤害
30			大型机械维修及安装调试作业	机械伤害、高处坠落、火灾、触电及其他伤害
31			大型机械司机作业	物体打击、高处坠落、起重伤害、触电、机械伤害及其他伤害
32			水平运输作业	车辆伤害、作业区其他装卸机械的碰撞伤害以及掉箱造成的伤害
33			堆场指挥、理货作业	车辆伤害和机械伤害,此外起重伤害、物体打击及触电的可能性也存在
34		散杂货装卸储运(码头)	船舶集装箱装卸与箱区堆码作业	高处坠落和触电
35			拆装箱作业	机械伤害、物体打击、车辆伤害
36			清舱作业	起重伤害、物体打击、高处坠落、机械伤害、坍塌及其他伤害
37			皮带机巡视作业	机械伤害、高处坠落、触电、物体打击、火灾及其他伤害
38			解系缆作业	淹溺、物体打击、机械伤害、其他伤害
39			单机司机-装/卸船机司机	高处坠落、机械伤害、触电、火灾
40			单机司机-斗轮堆取料机司机	高处坠落、机械伤害、触电、火灾
41			单机司机-清舱机司机	物体打击、起重伤害、高处坠落、坍塌
42			大型机械维修作业	车辆伤害、触电、机械伤害、高处坠落及其他伤害
43			甲板指挥作业	高处坠落、起重伤害、物体打击、淹溺及其他伤害
44			流动机械作业	车辆伤害、起重伤害、火灾及其他伤害
45		油品及危化品装卸储运	锅炉房操作	操作人员存在灼烫事故危险
46			加油车加油	易引发火灾危险
47			收油、倒罐作业	如果油罐液位控制不好、仪表失灵或发生误操作都可能发生冒顶跑油事故
48			电气设备引发点火源	
49			储罐脱水过程	由于油水界面不清、操作失误或切水时脱离岗位都会发生跑油事故
50			储罐加热过程	如果发生超温会引起突沸,严重时可造成冒罐甚至油罐撕裂跑油事故
51			维修车间焊接、切割动火作业	作业本身具有危险性,违章动火作业更易引发火灾爆炸事故发生

3.2.3　货物类主要风险因素辨识

长江水运安全的货物类风险因素,主要涉及货物本身、货物包装、货物配载、船舶货物系固、作业货种发生变化等五个方面。以下将具体阐述上述五个方面风险。

3.2.3.1　货物本身

货物本身的风险因素是指货物本身具有的不安全性质,包括有毒、有害、易燃易爆等。危险货物固有危险特性是危险货物可能导致火灾、爆炸、中毒等事故的内在的、根本的原因。以下重点阐述各类危险货物的危险特性。

港口装卸、储存、运输、管理易燃易爆危险物品,必须严格执行国务院《危险化学品安全管理条例》以及交通运输部《港口危险货物安全管理规定》等有关法规,其入库、出库或是贮存都必须严格遵守相关规定,做到定品种、定数量、定库房、定人员保管和分间、分类、分堆贮存,各种物品之间应留有足够的消防通道,并且明确物品标识,否则一旦出现事故,后果将会十分严重,极易引发火灾、中毒、爆炸、触电等危险事故。

1.气体[第 2 类;根据《国际海运危险货物规则》(以下简称《国际危规》)]的分类的危险特性

气体主要具有受热膨胀、泄漏引发爆炸、毒害等危险特性。

(1)受热膨胀特性

压缩气体和液化气体的热胀冷缩比液体、固体大得多,其体积随温度升降而胀缩,受热膨胀,压力升高,能使容器爆裂。因此码头管道和储罐在装卸、储运过程中,要注意防火、防晒、隔热,若遇火、阳光曝晒、高热等,导致超温、超压,有可能造成泄漏,甚至造成爆炸事故。

(2)泄漏引发爆炸特性

易燃气体(第 2 类 2.1 项;根据《国际危规》的分类)的主要危险特性就是易燃易爆,处于燃烧浓度范围之内的易燃气体,遇点火源易发生着火或爆炸,有的甚至只需极微小能量就可燃爆。易燃气体与易燃液体、固体相比,更容易燃烧,且燃烧速度快,一燃即尽。简单成分组成的气体比复杂成分组成的气体易燃,燃速快,火焰温度高,着火爆炸危险性大。液化气体沸点低,极易气化,泄压时闪蒸且扩散,与空气混合形成易燃、易爆气体,火灾危险性极大。

易燃气体酿成火灾的严重后果不堪设想:人员受到直接辐射热或黏附可

燃性液化气体,就会烧伤或死亡,其他可燃物会受到大量辐射热,形成大面积火灾,而且灭火以后极有可能会发生二次燃爆危险。此外,易燃气体会发生空间燃爆。

（3）毒害性

氯乙烯等危险货物具有极度危害性,一旦泄漏易散发于作业场所的空气中,对作业人员的影响最大。在装卸储运过程中,其主要危害是由于有毒气体泄漏造成人体慢性中毒或由于管道阀门破损导致有毒气体外溢所引起的人体急性中毒。

有毒气体的毒性影响,与有毒气体的本身性质、侵入人体的途径及侵入数量、暴露接触时间长短、作业人员防护设施用品及身体素质等各种因素有关。

（4）窒息性

压缩气体和液化气体多具有一定的窒息性,尤其对于那些非易燃无毒气体(如二氧化碳等),其窒息性往往易被忽视。

2.易燃液体(第 3 类;根据《国际危规》的分类)的危险特性

易燃液体主要具有高度易燃性、蒸气易爆性、热膨胀性、流动性、静电性、毒害性等危险特性。

（1）高度易燃性

易燃液体的燃烧是通过其挥发的蒸气与空气形成可燃混合物,达到一定的浓度后遇火源点燃而实现的,实质上是易燃液体的蒸气与空气中的氧进行的剧烈反应。

对照《石油化工企业设计防火规范》(GB 50160—2008),装卸储运的主要货种中火灾危险性为甲B类的超过 30 种,乙类和丙类的均超过 10 种,在一定条件下,如撞击、摩擦、静电火花等都容易发生燃烧爆炸。

表 3.7 列举了部分易燃液体蒸气在空气中的最小引燃能量。从表中可以看出,多数易燃液体被引燃只需 0.5mJ 左右的能量。由于易燃液体的沸点都很低,故十分易于挥发出易燃蒸气,且液体表面的蒸气压较大,加之着火所需的能量极小,因此,易燃液体往往具有高度的易燃性。例如,汽油的闪点为 −50℃,最小引燃能量为 0.1~0.2mJ;甲醇的闪点为 11℃,最小引燃能量为 0.215mJ。

（2）蒸气易爆性

由于易燃液体具有挥发性,挥发出的蒸气易与空气形成爆炸性混合物,达到爆炸极限范围内时,遇明火、高热极易燃烧爆炸。一般易燃液体饱和蒸气

表 3.7 部分易燃液体蒸气在空气中的最小引燃能量

序号	名 称	最小引燃能量（mJ）	序号	名 称	最小引燃能量（mJ）
1	丙酮	1.157	6	甲苯	2.5
2	汽油	0.1～0.2	7	2-丁酮	0.27
3	1,2-环氧丙烷	0.19	8	甲醇	0.215
4	戊烷	0.56	9	异丙醇	0.65
5	苯	0.20	10	醋酸乙酯	0.46

压越大，其挥发性越强，越容易引起燃烧（满足燃烧所需的蒸气量）；且爆炸下限越低，爆炸极限范围越宽，爆炸危险性就越大。不同易燃液体的蒸发速度因温度、相对密度、饱和蒸气压力、流速、暴露面等的不同而发生变化。例如，甲醇的饱和蒸气压为 13.33kPa（21.2 ℃），爆炸极限范围为 5.5%～44.0%（体积分数）；1,2-环氧丙烷的饱和蒸气压为 75.86kPa（25℃），爆炸极限范围为2.8%～37%（体积分数），一旦泄漏极易发生爆炸。

在液体化工品装卸过程中，燃烧和爆炸经常同时出现，互相转化。因此，爆炸危险性与火灾危险性排序基本相同。

（3）热膨胀性

易燃液体和其他液体一样，也有受热膨胀性。储存于密闭容器中的易燃液体受热后，体积膨胀，蒸气压力增加，如若超过容器所能承受的压力限度，就会造成容器膨胀，以致爆裂。一般各种易燃液体的受热膨胀系数可以通过下式计算：

$$V_t = V_0(1 + \beta t) \tag{3-1}$$

式中　V_t——液体的体积，L；

V_0——液体在受热前的原体积，L；

β——液体在 0～100℃时的平均体积膨胀系数，见表 3.8；

t——液体受热的温度，℃。

从式(3-1)中可以看出，易燃液体受热后的体积除了与受热体积膨胀系数有关外，主要与易燃液体受热的温度有关，因此，为控制易燃液体的膨胀，夏季装卸作业应避免高温时段作业，以防软管等受热爆裂。表 3.8 列举了部分易燃液体的受热体积膨胀系数。

表 3.8　部分易燃液体的受热体积膨胀系数

序号	名　称	体积膨胀系数 β 值 ($10^{-3}/℃$)	序号	名　称	体积膨胀系数 β 值 ($10^{-3}/℃$)
1	丙酮	1.40	6	二甲苯	0.85
2	汽油	1.20	7	甲醇	1.40
3	戊烷	1.60	8	醋酸	1.40
4	苯	1.20	9	三氯甲烷(氯仿)	1.40
5	甲苯	1.10	10	苯酚	0.89

（4）流动性

易燃液体的黏度一般都很小，不仅本身极易流动，还因渗透、浸润及毛细现象等作用，即使容器只有极细微裂纹，也会渗出容器壁外，扩大其表面积，并源源不断地挥发，使空气中的易燃液体蒸气浓度增高，从而增加了燃烧爆炸的危险性。表 3.9 列举了部分易燃液体在 20℃ 时的黏度。

表 3.9　部分易燃液体在 20℃ 时的黏度

序号	名　称	黏度(mPa·s)	序号	名　称	黏度(mPa·s)
1	丙酮	0.322	6	甲醇	0.584
2	戊烷	0.229	7	甲酸	1.780
3	苯	0.650	8	醋酸	1.220
4	甲苯	0.586	9	丙酸	1.100
5	二甲苯	0.61～0.81	10	乙酸乙酯	0.449

由表 3.9 可看出，易燃液体的黏度往往较小，易于流淌扩散。一旦泄漏，容易向四周扩散，扩大危害区域。

此外，装卸储运的液体化工品的蒸气密度往往大于空气，如苯、甲苯、二甲苯(全部异构体)、苯乙烯、丙酮、丁酮、甲醇、汽油等，能在较低处顺风扩散到相当远的地方，容易滞留在地表、水沟及凹坑低洼处，并贴着地面沿下风向扩散，往往在预想不到的地方遇火源引起火灾爆炸。

（5）静电性

苯、甲苯、二甲苯(全部异构体)、苯乙烯、丙酮、2-丁酮、甲醇、丁醇、汽油、柴油等易燃液体在装卸过程中如果流速过快，容易产生和积聚静电，静电是引发火灾、爆炸事故的重要且常见原因。

电荷积聚速度与设备、物料、操作等因素有关,如管道的长度,管道内壁的粗糙度,管道进出口形状,装卸设备的导电性能,物料的流速、温度,杂质与水分的含量,装卸时物料的落差等。

(6)毒害性

易燃液体大多本身(或蒸气)具有毒害性,有的还有刺激性。不饱和芳香族碳氢化合物和易蒸发的石油产品比饱和的碳氢化合物、不易挥发的石油产品的毒性大。易燃液体对人体的毒害性主要表现在其蒸发气体上,一旦发生泄漏,它能通过人体的呼吸道、消化道、皮肤 3 个途径进入体内,造成中毒事故。中毒的程度与蒸气浓度、作用时间的长短有关,浓度小、时间短则轻,反之则重。装卸储运的苯、甲苯、二甲苯、汽油、丙酮等液体化工品的蒸气对人体有较大危害。

3.易燃固体、易于自燃的物质、遇水放出易燃气体的物质(第 4 类;根据《国际危规》的分类)的危险特性

第 4 类包括第 4.1 项易燃固体、4.2 项易于自燃的物质、4.3 项遇水放出易燃气体的物质。

(1)易燃固体(4.1 项)

易燃固体是指燃点低,对热、撞击、摩擦敏感,易被外部火源点燃,燃烧迅速,并可能散发出有毒烟雾或有毒气体的固体,但不包括已列入爆炸品的物质。

①燃点低,易点燃。

易燃固体的着火点都比较低,一般都在 300℃以下,在常温下只要有很小能量的着火源就能引起燃烧。有些易燃固体受到摩擦、撞击等外力作用时也能引起燃烧。

②遇酸、氧化剂易燃易爆。

绝大多数易燃固体与酸、氧化剂接触,尤其是与强氧化剂接触时,能够立即引起着火或爆炸。

③本身或燃烧产物有毒。

很多易燃固体本身具有毒害性,或燃烧后产生有毒的物质。

(2)易于自燃的物质(4.2 项)

自燃物品指自燃点低,在空气中易于发生氧化反应,放出热量,而自行燃烧的物品。

①遇空气自燃性。

自燃物品大部分非常活泼,具有极强的还原性,接触空气中的氧时会产生大量的热,达到自燃点而着火、爆炸。

②遇湿易燃易爆性。

有些自燃物品遇水或受潮后能分解引起自燃或爆炸。

(3)遇水放出易燃气体的物质(4.3项)

这类物质与水相互作用易于自燃或放出危险数量的易燃气体,常见有三氯硅烷和碳化钙。

①遇湿易燃性。

遇水或潮湿空气中的水分能发生剧烈化学反应,放出易燃气体和热量。即使当时不发生燃烧爆炸,但放出的易燃气体积聚在容器或集装箱内与空气亦会形成爆炸性混合物而导致危险。

②遇酸易爆性。

与酸反应比与水反应更加剧烈,极易引起燃烧爆炸。

③其他特性。

有些遇湿易燃物品本身易燃或放置在易燃的液体中(如金属钾、钠等均浸没在煤油中保存以隔绝空气),它们遇火种、热源也有很大的危险。此外,一些遇湿易燃物质还具有腐蚀性或毒性,应引起注意。

4.氧化性物质和有机过氧化物(第5类;根据《国际危规》的分类)的危险特性

(1)氧化性物质的危险特性

氧化剂是指处于高氧化态,具有强氧化性,易分解并放出氧和热量的物质。包括含有过氧基的无机物,其本身不一定可燃,但能导致可燃物燃烧,与松软的粉末状可燃物能组成爆炸性化合物,对热、震动或摩擦较敏感。

氧化剂的危险特性主要表现在8个方面:①强烈的氧化性;②受热撞击分解性;③可燃性;④与可燃物质作用的自燃性;⑤与酸作用的分解性;⑥与水作用的分解性;⑦强氧化剂与弱氧化剂作用的分解性;⑧腐蚀毒害性。

(2)有机过氧化物的危险特性

有机过氧化物是指分子组成中含有过氧基的有机物,其本身易燃易爆,极易分解,对热、震动或摩擦较敏感。

有机过氧化物具有分解爆炸性和易燃性。

5.毒性物质(第6类;根据《国际危规》的分类)的危险特性

港区储运危险货物中的毒性物质主要是第6.1项毒害品,主要包括苯胺、环氧氯丙烷、四氯乙烯等。大部分毒害品遇酸、受热分解都可放出有毒气体或烟雾,其中有机毒性物质具有可燃性,遇明火、热源与氧化剂会着火爆炸,同时放出有毒气体。液态毒性物质还易于挥发、渗漏和污染环境。

装卸储运的毒性物质均为中度以上毒性,其中,苯胺为高度危害。毒性物质的主要危险是毒害性,主要表现为对作业人员的伤害,引起人体中毒的主要途径是呼吸道、消化道和皮肤,造成呼吸中毒、消化中毒和皮肤中毒。长期接触有毒液体或吸入有毒气体,将对人体健康造成危害;短期吸入大量高浓度的有毒气体,则可能造成人员急性中毒。表3.10列举了部分有毒物质的短时间接触容许浓度值。

表3.10 有毒物质的短时间接触容许浓度

序号	名称	短时间接触容许浓度（mg/m³）	序号	名称	短时间接触容许浓度（mg/m³）
1	苯胺（皮）	3	13	磷酸	3
2	二氯甲烷	200	14	乙酸乙酯	300
3	三氯甲烷	20	15	乙酸丁酯	300
4	苯（皮）	10	16	甲基丙烯酸甲酯	100
5	苯乙烯（皮）	100	17	汽油	450
6	甲苯（皮）	100	18	丙酮	450
7	二甲苯（全部异构体）	100	19	丁酮	600
8	甲醇（皮）	50	20	乙二醇	40
9	乙醇胺	15	21	丁醇	100
10	甲酸	20	22	异丙醇	700
11	醋酸	20	23	戊烷（全部异构体）	1000
12	丙酸	30			

注:以上数据摘自《工作场所有害因素职业接触限值第1部分:化学有害因素》(GBZ 2.1—2007)。

可燃性毒害品的危险特性除了毒害性外,还具有火灾危险性。

6.腐蚀性物质(第8类;根据《国际危规》的分类)的危险特性

港区储运危险货物中的第8类腐蚀性物质包括第8.1项酸性腐蚀品(包括冰醋酸、盐酸、硫酸等)和第8.2项碱性腐蚀品(包括氢氧化钾、氢氧化钠、液碱等)。腐蚀性物质的主要危险特性是具有强烈的腐蚀性,腐蚀性物质接触人的皮肤、眼睛、肺部、食道等,会引起表皮细胞组织发生破坏,而造成灼伤,而且被腐蚀性物品灼伤的伤口不易愈合。内部器官被灼伤时,严重的会引起炎症,甚至会造成死亡。

　　作业过程中,作业人员如果不慎与泄漏的盐酸、硫酸等腐蚀性物质接触,而且处理不及时,则有可能会发生灼伤事故。此外,在某些不正常情况或事故中,一些普通管道或阀门,意外接触到盐酸、硫酸等腐蚀性物质,可能会出现腐蚀穿孔现象。因此,作业人员除了可能与腐蚀性物质接触造成烧伤外,还可能会遇到由于管道腐蚀穿孔而造成的意外伤害。

　　此外,腐蚀性物质挥发的蒸气,能刺激眼睛、黏膜,吸入会中毒;酸性腐蚀性物质一般具有较强的氧化性,碱性腐蚀性物质具有较强的还原性,有些还具有可燃和易燃性,有一部分能燃烧产生有害的毒性烟雾,如氢氧化钾等。

　　7.杂项物质(第 9 类;根据《国际危规》的分类)的危险特性

　　杂项物质的主要危害是环境危害性,若第 9 类物质发生严重意外泄漏,将会对码头附近水域造成污染,危害环境,并会对相邻的码头产生不良影响。

　　8.其他危险特性

　　(1)有禁忌物

　　装卸储运的货种大多存在禁忌物,与这些禁忌物接触,特别是在遇到强酸、氧化剂时会发生剧烈反应,甚至爆炸,如苯、甲苯、二甲苯(全部异构体)等苯系物,1,3-丁二烯等烯类,甲醇、正丁醇等醇类,醋酸乙酯、醋酸正丁酯等酯类,丙酮、丁酮等酮类物质,以及汽油、柴油等。

　　(2)相互反应

　　装卸储运的货种一旦泄漏,第 8.1 类的酸性物质和第 8.2 类的碱性物质接触会发生酸碱中和放热反应,并且第 3 类的易燃液体与第 8 类腐蚀性物质接触会发生反应,从而会增大火灾爆炸的危险。

　　(3)沸溢性

　　部分含水的燃料油等货种遇火燃烧时,可能发生沸溢现象,由容器内向外喷溅。一旦发生沸腾突溢,将会扩大灾情,给扑救工作带来较大的困难。

　　3.2.3.2　货物包装

　　货物包装存在缺陷,包括集装箱质量缺陷、容器强度不够、包装衬垫材料选择不当等,如有毒、有害危险货物的包装(或容器)破损,可能导致货物泄漏,直接作用于人体和环境,造成人员伤亡和环境破坏的不良后果。其他装卸货物的包装不合理,亦会在装卸、搬运、堆存的过程中发生意外散落,造成货物损坏或者伤及人体。

3.2.3.3 货物配载

货物配载不当,将性质相抵触的危险货物装载到同一艘船上,或者将灭火方法、抢救措施不同的物品混装在一起,一旦发生泄漏就有可能因为混装而引发更大的灾难。

3.2.3.4 船舶货物系固

对所载车辆和货物的合理配载和有效系固绑扎,是保障客滚船航行安全的关键环节。例如,"岁月"号沉没原因可能是开航前没有对舱内货物进行合适绑扎,使得在船舶大幅度转向引起横倾较大时,货物翻倒并滑向船舶一侧,超出船舶复原能力,导致船舶倾覆。特别是客滚船乘船车辆的合理装载和有效的绑扎系固是影响客滚船航行安全的重要因素。大量事实表明,由于车辆移动发生相互碰撞引发火灾,或车辆的移动致使船舶发生大角度的横倾,造成船舶稳性丧失而翻船,都与车辆的装载和系固有关。

3.2.3.5 作业货种发生变化

储运货种发生变化可引起安全事故,例如对于港口以前从未接触或不经常接触的货种,原有港口装卸工艺不相适应而造成安全事故。

表 3.11 列出货物类常见的风险致因因素,可作为开展货物类风险因素辨识的参考。

表 3.11 货物类风险辨识示例表

序号	风险致因因素	具体描述
1	货物本身危险特性	危险货物的危险特性
2	货物包装缺陷	可能导致货物泄漏,直接作用于人体和环境,造成人员伤亡和环境破坏的不良后果
3	货物配载不当	一旦发生泄漏就有可能因为混装而引发更大的灾难
4	船舶货物系固不当	容易导致货物伤人,甚至船舶倾覆
5	作业货种发生变化	原有港口装卸工艺不相适应而造成安全事故

3.2.4 船舶类主要风险因素辨识

长江水运安全的船舶类风险因素,主要涉及船舶本身和设备设施两大类风险。其中,船舶本身的风险是指船舶本身具有的不安全性质,可进一步分为船舶属性和船舶安全状况两类。设备类风险是指设备本身具有的不安全性质,由于不同类型船舶有通用设备和各自特有的设备,因此应首先辨识出通用设备风险,而后针对不同类型船舶列出设备存在的特有风险。下文将具体阐述各类风险。

3.2.4.1　船舶本身

1.船舶属性

可从船舶类型、船舶结构、船舶尺寸、船龄、额定容量等方面开展辨识。

(1)船舶类型

不同类型的船舶,运行方式不同,构造差异较大,事故造成的后果各有特点,评价标准也各具针对性。因此,不同类型船舶的风险性不同,应分开考虑。根据船舶的用途以及长江干线实际航行的船舶种类,可将船舶类型划分为客运船舶、普通货运船舶、危化品货运船舶、工程船和水上加油加气站等。不同的船舶由于其用途不同,建造与运营标准均有所差异,其主要风险因素亦存在区别。

客运船舶是指专门用于运送旅客及其可携带行李和邮件的船舶,其中部分客船兼运少量货物。在长江干线航行的客运船舶主要包括以下三类:①客渡船,指横跨长江往返两岸或往返于两岸和江心洲的客运船舶,通常船体轻巧,有宽大的舱室和甲板以及良好的操作性和稳性;②客滚船,指用牵引车牵引载有箱货或其他件货的半挂车或轮式托盘直接进出货舱装卸的同时兼运旅客的运输船舶,其货舱内不设横舱壁,舱内支柱也很少,因此,客滚船的结构强度和抗沉性较差;③旅游船,指供旅游者旅行游览的船舶,船上生活设施齐全,一般旅游船都具有良好的稳性,安全标准更加严格。

在长江干线航行的普通货运船舶主要包括以下四类:①砂石船,指长江上航行的运输砂石、煤炭等流态货物的船舶。由于砂石具有易流态特征,在船舶航行过程中,货载砂石会随着船舶的颠簸不断移动,使船舶稳心不断改变,船舶极易倾覆翻沉。②集装箱船,指主要运输集装箱的船舶。此类船没有内部甲板,机舱设在船尾,船体就是一座庞大的仓库,再用垂直导轨分为小舱,具有节约装卸劳动力、减少装卸费用、减少货物的损耗和损失、提高装卸效率的优势。③大件运输船舶,指从事超长、超大、超重货物运输的船舶,因其运输货物的特殊性,船舶外形多样,构造与其他货船也有差异。④滚装货船,指利用运货车辆来载运货物的专用船舶。滚装船用牵引车牵引载有箱货或其他件货的半挂车或轮式托盘直接进出货舱装卸的货运船舶,船上没有货舱口,也没有吊杆和起重设备,有多层甲板便于货运单元放置,上甲板为平整板面。

危化品货运船舶,指运输危险化学品的船舶,包括液化天然气船、液化石油气船、油船、运输危险品的件杂货船、集装箱船。目前国内部分从事危化品运输作业的船舶,在设计时为节约成本,没有按安全规范要求设计,在船体结构、舱室布置、防火结构、电气设备、消防、透气和通风系统等方面存在大量结构缺陷,同时,国内危化品船舶老龄化现象比较突出。

工程船,是指装有特种机械,在港区内或航道上从事修筑码头、疏通航道等工程所使用的专用船舶。在长江干线上从事水上作业的工程船包括以下四类:①起重船,又称浮吊船,用于水上起重、吊装作业,一般为非自航,需要拖轮进行拖拽航行。②打桩船,用于水上打桩作业,船体为钢箱型结构,在甲板的端部装有打桩架,可前俯后仰以适应施打斜桩的需要。打桩船也为非自航船,用推(拖)轮牵引就位。打桩船广泛应用于桥梁、码头、水利工程施工。③挖泥船,其任务是进行水下土石方的施工,包括挖深、加宽和清理现有的航道和港口,开挖新的航道、港口和运河,疏浚码头、船坞、船闸及其他水工建筑物的基槽以及将挖出的泥沙抛入深海或吹填于陆上洼地造田等,是吹沙填海的利器。挖泥船分为耙吸式、链斗式、绞吸式、抓斗式和斗轮式等。④泵船,又称浮船,水泵、动力机及其他设备均安放在船上的流动泵站,适用于水源水位变幅较大、建立固定泵站较困难或不经济的水库或河流上,具有较大的灵活性和适应性,可随水位的涨落而升降。

水上加油加气站,一般包括加油船和加油趸船。对于无法靠近趸船的大型船舶,一般借助加油船对其进行加油作业(加油船可直接驶到大型船舶附近),一般船舶需靠泊到加油趸船上进行加油作业。水上加油加气站作为一类特殊的船舶,其作业范围有限,趸船大多固定在水中,作业流程具有特殊性,因此将在 3.2.4.3 节单独介绍水上加油加气站的风险因素。

(2)船舶结构

船体结构改造不合理,会导致船舶安全性变差。例如,"岁月"轮事故发生原因之一是船东对"岁月"轮船体结构的不合理改造。与其他类型船舶相比较,客滚船的上层建筑通常比其他类型船舶要大,因此客滚船受风力和恶劣天气的影响也比其他类型船舶要大得多。另外,危化品泄漏会对水域环境造成严重污染,因此危化品船舶危化品泄漏的容易程度直接反映危化品货运船舶的风险性,往往通过危化品船舶的船壳结构来衡量危化品泄漏的容易程度。

(3)船舶尺寸

船舶尺度较大,易发生撞桥事故。

(4)船龄

众多研究表明,船舶在运营过程中,随着时间的延长,船舶的各项机能均会出现不可逆的损坏,从而对船舶的安全航行产生不利影响。交通部在 2006

年颁布的《老旧运输船舶管理规定》中对船龄的划分做了严格的界定。

（5）额定容量

客运船舶载运的乘客越多，对船舶的硬件要求就会越严格，乘客这一不可控因素对船舶安全的影响也会相应增大，进而导致船舶发生风险的可能性增大，事故一旦发生造成的人员伤亡、财产损失巨大。《国际海上人命安全公约》对载客 36 人以上的客船消防等级要求更高，且对载客 400 人以上的客船有特殊设计要求；不同总吨的危化品船船体、构造、设备、性能和布置等有特殊要求，因此危化品船舶的装载量对危化品船舶事故发生的概率以及事故造成的损失程度有重大影响，必须加以考虑。客运船舶的额定容量是额定载客量，危化品货运船舶的额定容量是装载量。

超重超载会增大事故发生的概率。为了避免船舶在限制水域操纵时发生事故，应防止货物超高、超宽。货物装载和系固措施不安全会威胁船舶及船员的安全。当货物积载不当时，不仅浪费装卸货时间，还影响船舶穿越桥区水域时的安全性。

2. 船舶安全状况

（1）消防等级

《国际海上人命安全公约》中规定了船舶内各舱室需要满足的消防等级，当船舶消防等级达不到规定要求时，将会大大削弱船舶抵抗火灾等危害事件的能力，一旦发生火灾事件，灾情不能及时得到有效控制。船舶消防等级根据国际海上人命安全公约（SOLAS）2009 年中文版规定的船舶结构防火等级标准进行判定。此风险因素涉及客运船舶、普通货运船舶、危化品货运船舶、工程船。

（2）抗沉性

船舶抗沉性指船舶在一个舱或几个舱进水的情况下，仍能保持不至于沉没和倾覆的能力，故船舶的抗沉性在船舶安全航行中起重要的作用。此风险因素涉及客运船舶、普通货运船舶、危化品货运船舶。

（3）耐波性

船舶耐波性指船舶在风浪等外力作用下，产生摇荡运动以及砰击、上浪、失速等现象时仍具有足够的稳性和船体结构强度，并能保持一定的航速安全航行的性能。当船舶耐波性不足时，船舶存在重大隐患，在风浪较大时极易出现船舶失速、船舶失衡等突发事件，增大船舶航行的风险。此风险因素涉及客运船舶、普通货运船舶、危化品货运船舶。

（4）稳性

货运船舶所装载的货物会对船舶稳性造成很大影响，若货物装载不均匀,会导致船舶倾斜甚至倾覆。例如,客滚船汽车舱没有或者缺少横向舱壁,稳性差会导致船舶倾斜。《内河船舶法定检验规则》及船级社规范规定均对货运船舶稳性做出相关要求,包括初稳性高度要求、原复力臂曲线要求、风压稳性衡准要求和不同船型的特殊稳性要求。此风险因素涉及普通货运船舶。

(5)船体强度

根据 IACS、船级社规范要求,船舶应满足最低强度标准,若船舶的船体强度不足,在遭遇风浪或装载不均匀时可能造成船体断裂,导致重大事故。此风险因素涉及普通货运船舶、危化品货运船舶、工程船。

3.2.4.2 系统和设备状况

船舶具有冗余关键系统以及良好的关键设备是船舶正常航行的保障,一旦船舶的关键设备出现故障,船舶可能失去动力、转向等关键功能,造成重大交通事故。船舶关键系统包括动力、操纵、电力、转向等系统,单备或双备均视为有冗余系统;船舶关键设备包括锚设备与系泊设备、舵设备与操舵装置、发电机、救生设备(救生衣、救生筏及其收放装置)、消防设备(探火和灭火设备与系统)、船内外通信设备(船内电话、无线电台)、信号设备、导航设备等。

针对客船,由于船上乘客数量较多,尤其应该考察船舷、通道、栏杆、扶手等旅客登乘设备的保养,以及救生设备是否充足,上述设备存在危险隐患,会扩大客运事故后果。

针对集装箱船,尤其应该考察绞缆机、泵管设施,以及货舱内的照明系统、消防系统、堵隔设备、排水系统、箱隔导轨系统、系固设备等。

针对油品和危化品船,考虑到运输货物的特殊性,尤其应该考察:①装卸货物、压载和洗舱的静电,避免静电火花、火灾或爆炸;②通风透气管系设备,保证通畅性,出口、高度和装置的规范性;③消防安全系统状况,包括水柱射程、水柱数量、CO_2 管系等;④防雷设施安全状况,应设置全避雷针头,防爆灯不涂漆;⑤电气防爆使用情况,包括灯具选择安装、电缆敷设和监测电阻等。

针对客滚船,尤其是车辆舱,应考察三超现象,隔堵、打卡设备状况,桥板情况,地铃状况,车辆上系固点情况等。

针对工程船,由于其工作性质的不同,还需考察特种作业装置是否满足相关要求。

3.2.4.3 水上加油加气站

(1)油气存储量

对水上加油加气站来说,其油气存储量越大,发生事故造成的后果越严重,因此风险性也越高。

(2)码头模式

水上加油加气站的码头模式有机动船、浮式码头和固定式码头三种。机动船和浮式码头漂浮在水中,易受风浪影响,尤其能见度差时被船舶碰撞容易倾覆,固定式码头则风险性较小。

(3)设备

水上加油加气站的运行设备系统包括储油设施、管线、加油泵、止回阀、闸阀、过滤器、流量计、球阀、加油枪等,设备的完好率与生产作业的安全性直接相关。

(4)安全保障设备

水上加油加气站上的消防设备、救生设备、防污染设备应处于良好的技术状态,若是这些安全保障设备存在缺陷、故障,或应急物资维护保养不当,存在隐患,很可能导致无法及时应对出现的灾情,风险性更大。

表 3.12 列出船舶类常见的风险致因因素,可作为开展船舶类风险辨识的参考。

表 3.12　船舶类风险辨识示例表

序号	风险分类		风险致因因素	具体描述
1	船舶本身类	船舶属性	船体结构不合理	结构改造不合理导致风险增大了航行风险,危化品船船壳结构不合理易造成泄漏
2			船舶尺度较大	易发生撞桥事故
3			船龄长	腐蚀和氧化严重,船体结构强度降低
4			额定容量	超重超载易导致事故
5		船舶安全状况	消防等级达不到规定要求	将会大大削弱船舶抵抗火灾等危害事件的能力
6			抗沉性差	降低抵抗沉没和倾覆的能力
7			耐波性不足	船舶在风浪较大时极易出现船舶失速、船舶失衡等突发事件,增大船舶航行的风险
8			稳性差	货物装载不均匀,会导致船舶倾斜甚至倾覆
9			船体强度不足	在遭遇风浪或装载不均匀时可能造成船体断裂,造成重大事故

序号	风险分类		风险致因因素	具体描述
10	系统和设备类	通用设备	主机、辅机、舵机故障或失灵	
11			船舶关键系统故障或失灵	包括动力、操纵、电力、转向等系统存在隐患
12			发电机和电气设备故障或失灵	
13			锚设备与系泊设备故障或失灵	
14			通信、导航、信号显示等设备未安装、故障或失灵	未安装 AIS、GPS 和 GMDSS 设备,或设备损坏不可用
15			货物系固设备保养不当	大件货物或汽车绑扎件存在安全隐患
16			绞缆机故障或失灵	
17			消防设备不完备	烟雾探测、火灾报警、水雾 CO_2 等探火和灭火设备与系统隐患
18			救生设备不完备	救生衣、救生筏及其收放装置等救生设备存在安全隐患
19			照明系统不完备	尤其是货舱内
20			排水系统不完备	尤其是集装箱船或危险品船货仓或客滚船车辆舱
21			船内外通信设备、信号设备或导航设备不完备	存在安全隐患
22		客船	旅客登船设备保养不当	船舷、通道、栏杆、扶手等存在安全隐患,客运船舶尤为重要
23			救生设备不充足	救生设备存在安全隐患,客运事故后果更严重
24		集装箱船	泵管设施	
25			堵隔设备	
26			箱隔导轨系统	
27			系固设备	
28		油品和危化品船	装卸货物、压载和洗舱的静电	静电火花、火灾或爆炸
29			通风透气管系设备	通畅性,出口、高度和装置的规范性
30			消防安全系统状况	水柱射程、水柱数量、CO_2 管系
31			防雷设施安全状况	设置全避雷针头和防爆灯不涂漆
32			电气防爆使用情况	灯具选择安装、电缆敷设和监测电阻
33			阀门管线设备	泄漏,甚至引发火灾爆炸
34		客滚船	车辆舱三超现象	
35			车辆舱隔堵	
36			车辆舱打卡设备	
37			车辆舱桥板情况	
38			车辆舱地铃状况	
39			车辆舱车辆上系固点情况	

3.2.5 通航环境类主要风险因素辨识

长江一般水域的通航环境类风险因素涉及航道本身、设备设施、碍航因素、交通流和自然环境等五个方面。考虑到桥区、船闸等特殊水域安全风险的独特性,应在一般水域风险因素辨识的基础上针对其特殊性开展进一步风险辨识研究。其中,桥区水域风险涉及桥梁布局、桥梁本身的安全性、设备设施等多个方面;船闸水域风险的独特性主要体现在其设备设施方面。下文将具体阐述各类风险。

3.2.5.1 一般水域

航道要保证船舶安全方便地航行作业,必须有足够的深度和宽度,适当的位置、方向和弯道曲率半径,避免强烈的横风、横流和严重淤积,同时,尽可能地减少航道的交叉和碍航物的存在,以保证船舶的可航范围。为此,长江一般水域的通航环境类风险因素涉及航道本身、设备设施、碍航因素、交通流和自然环境等五个方面。其中,航道本身包括航道尺度(航道宽度、航道水深、弯曲角状况)、航道交叉状况、滩险情况等;设备设施主要指助航设备设施;碍航因素包括碍航物,涉航设施影响,航道施工作业区域影响,采砂船、工程船、渔船影响等;交通流包括船舶流量和密度;自然环境包括能见度、风、流等。

1. 航道本身

(1)航道尺度不足

长江航道尺度风险因素指航道的水深、宽度、弯曲半径等。航道水深限制船舶吃水,航道宽度限制船舶转弯回旋尺度,航道弯曲度决定了船舶的转舵次数,考验着船员的操船水平。航道尺度的风险性主要体现在航道水深、弯曲度、宽度不足而导致的船舶搁浅、触礁、岸吸等风险。

(2)航道交叉状况

交叉状况是指长江干线航道中存在的多个航道交汇的情况,存在这种情况的水域通常有遮蔽物遮蔽,不仅如此,船舶在视野较开阔的交汇水域行驶时,船舶间彼此遮挡瞭望,在夜间,船舶号灯、信号灯、助航设施灯光彼此交映形成一片凌乱的灯光区,对瞭望干扰极大;存在交叉状况的航道水域船舶流混乱且密集,极易造成交通冲突,不少助航设施分布在水域中,导航雷达屏幕显得十分杂乱,对船舶避让极其不利,大大增加了航行风险。同时,存在交叉状况的水域在受强风影响时,水域流态复杂,水流流速差异大,给船舶操纵带来了极大难度,容易造成船舶偏航、碰撞等事故。

(3)滩险情况

　　长江干线上的滩险主要指急、险、浅滩等碍航段。长江(干流)跨越11省(自治区、直辖市),各航段由于所处地势的不同或者季节的变化,航行条件也大有不同。浅滩的出现使水深下降,航道变窄,船舶通航尺度受到极大限制,通航环境得不到保障;险、急滩则使水流流量大,流态紊乱且水流湍急,富余水深小,而发生浮标异常或漂离和航船搁浅、触礁失控等事故。

　　2.助航设备设施

　　助航设备设施缺失或配备不当。长江上常见的助航设施有浮筒、浮标、导标等,其主要功能是标示航道的方向、界限和障碍物,揭示有关航道信息,指挥船舶通过单向行驶控制河段通行的顺序,提高航道的通过能力。助航设备设施的存在与配置对船舶航行安全极其重要,当出现助航设施缺失或配备不当的情况时,易导致船舶偏航、搁浅、触礁、触损等事故发生。此风险因素主要涉及桥区航道、进出港航道。

　　3.碍航因素

　　(1)碍航物

　　碍航物指存在于内河中具有碍航特性的物体,如两岸的礁石、沉船以及各种工程遗留物。碍航物的形状、周围水域尺度、占据的位置等均会对船舶航行、停泊、避让、施工、装卸作业等行为的安全产生不良影响,限制船舶的活动空间,特别是处于通航密集区或附近的碍航物会使本来就显狭小、拥挤的水域更显狭小、拥挤,导致船舶碰撞、触礁等风险。其次,碍航物会造成航道水文条件的变化,从而导致航道变迁、锚地淤积等,容易造成安全事故。碍航物的风险性还体现在其对导标的遮挡,以及其照明光使航行者误解导标或助航标志灯光含义或者将照明光误解为导标或助航标志灯光而导致事故,碍航物对雷达波的遮蔽也可能导致船舶不能及时发现被碍航物遮挡的船只,从而导致紧迫局面或水上交通事故。

　　(2)涉航设施对主航道的影响

　　长江干线航道类风险源的涉航设施对主航道的影响度风险因素主要指涉航设施的存在与布置对主航道通航的影响度。当航道中存在涉航设施时,主航道的通航尺度不免减小,尤其当其侵占了主航道,会大大影响主航道的船舶通航,加大航道的拥挤程度,极易发生事故。其次,涉航设施的不同布置形式因为有着不同程度的稳定性,从而在遭遇船舶撞击的时候,设施和船舶有着不同的损伤程度。另外,规模越大的涉航设施涉及的操作越复杂,一旦发生事故其损失和影响也越大,如水上加油加气站的储油量越大,一旦发生火灾爆炸事故,造成的人员伤亡数量和水域污染程度越严重。

4. 交通流

长江干线航道交通流风险因素主要指通航船舶构成、船舶流量等。

通航船舶构成也即常称的船舶交通构成复杂度。长江干线航道是船舶通航的主通道,通过的船货类型复杂,船舶根据各自的目的地航行,其行为具有不确定性,个体船舶的行为与整体交通态势互相影响,呈现出复杂的动态行为特征和复杂的交通态势,不安全因素多,管理监控难度大,一旦发生风险事故损失极大,影响甚广。对长江干线航道通航安全影响较大的船舶类型有大型船舶、集装箱船、大客船、危化品船四种,当这些船舶的交通组成比较大时,特别是在船舶流量本来就很密集的航道上,容易产生大型船舶搁浅,大型船舶、集装箱船与其他船舶碰撞,或者由危化品船火灾爆炸导致的客船群死群伤等二次事故。

船舶流量反映了船舶交通的密集程度,当航道宽度和船舶平均航速一定时,船舶流量越大,航道交通越拥挤,危险程度越高。船舶流量约束着船舶的可航范围,同时也会造成操船者的心理负担。

船舶流量的风险性体现在流量越大,该航段越繁忙,极易造成船舶堵塞、积压,影响船舶旅客、货物运输的时效性,带来经济损失;船舶密集,则船间距缩小,船舶转向避让操作难度增大,比如在船舶通航尺度本就有限的桥区航道,极易发生船间碰撞风险。

5. 自然环境

环境因素是指航道上船舶进行运输、停泊、装卸货,或者船闸运行等过程中,处于不同的水文气象条件时,由于其不确定且具有一定的危害性,会对航运安全生产造成不同程度的影响,进而可能导致事故的自然类风险因素。船舶航行安全主要受水流、风、能见度的影响,这些因素较少成为事故的直接原因,但常常是造成人为失误的主要诱导因素。

(1) 能见度

能见度是指雨、雪、雾灯等对船员值班瞭望造成视线障碍从而使操船产生困难的因素。能见度不良将会给船员、引航员等的视觉瞭望带来困难,特别是在雷达等设备故障的情况下,它威胁着航道上的航运安全生产。对于桥区航道和进出港航道,能见度不良时对船舶的交通安全和交通效率的影响很大。当能见度低于一定程度时,航道的交通会完全停止。不良的能见度限制了船舶驾驶员的视觉观察范围,从而使驾驶员得到的信息量大为减少,给操船决策带来极大的困难。

(2) 风

风能影响船舶稳性,加大船舶操纵的难度;风掀起的浪花拍打船体,可造成船舶进水、船损、机损、走锚、失控,造成船舶财产损失,影响航行安全。内河船舶具有吃水浅、稳性差、抗风能力差的特点,风的影响不容忽视。

(3)流

流是指水流、浪等通过水的流动对水线下船体产生水动力而影响船舶运动和控制的因素。长江干线水流流量和流速的大小,会随季节、季候、航段的不同而有所不同,如洪水期水流量和流速均会大幅增加。水流会影响船舶的稳定性,加大操船难度,而水文因素主要有水流流速和水位变幅,由于流的存在使船舶操纵困难,在回水变动区、紊流区,流加速了逆流船的船侧及船底水流的相对速度,从而使船舶发生岸壁效应、船体下坐,还会影响船舶之间的相互作用等。而在近坝等水位变幅较大较频繁的河段,船舶无法预估实际水位,易发生船舶搁浅、触礁等事故。

3.2.5.2 桥区水域

长江桥区水域的通航环境类风险因素在一般水域的基础上还包括桥梁布局、桥梁本身、设备设施和其他因素。

1.桥梁布局

桥梁选址不合理,选择复杂河段如弯道、不稳定河床、分汇流口及险滩作为建设地址。《内河通航标准》等技术规范明确指出,当桥梁作为通航建筑物时应选择具有稳定的河床、良好的水流条件和充裕的航道水深的平顺河段建设,杜绝建设在变化无常的洲滩。桥梁选择复杂河段如弯道、不稳定河床、分汇流口及险滩作为建设地址,一方面可能因为穿越桥梁航向方向与船舶航向线夹角过大,造成船舶转向困难不宜操作,稍不注意容易发生船撞桥事故;另一方面可能因为河流的变化导致通航桥区条件恶化,特别是主航道桥孔不能通航的情况下,副通航桥孔却能航行,在通过时操作难度增加,发生船撞桥事故可能性也会增加。

桥梁规划不全面,桥梁设计在处理桥梁与航道关系、桥梁与锚地的关系、桥梁与附近水域产业布局时没有得到充分论证;桥梁穿越或位于通航密集水域,如重要航路、港区、锚地等,客观上进一步影响了船舶碰撞桥梁风险;桥区水域前直航航道长度较小也会增加船撞桥的风险;桥区水域分布着码头、作业点,船舶靠离码头时需要在桥区附近水域掉头、穿越通航分道,汽渡频繁划江,都给通过桥区水域、正常顺航道行驶的船舶安全航行带来困难;船舶在大桥水域频繁靠离泊、作业必然会形成与其他船舶的交汇、相遇,加剧了通航交通秩序的混乱,无疑增加了船舶碰撞大桥的风险。同时,一旦这些靠离码头的船舶和汽渡发生机械故障、船舶失控,极有可能造成撞击桥梁事故。桥区水域桥墩和附近水工设施的布置,改变了附近水域的流向,流速异常;同时通航桥礅的设置,使得可通航水域变得狭窄;通常桥区水域附近航道较多、航向交叉,船舶频繁交会;狭窄的可通航桥孔,使得该水域的船舶流量急剧增加,船舶与桥梁碰撞的风险概率大幅增加。

2. 桥梁本身

桥梁通航尺度较小,船舶航行困难。桥梁通航孔净空高度和宽度组成桥梁通航尺度。桥梁通航孔跨径的大小考验船员的操纵技能和心理素质,通航孔跨径越小对船员操作技能和心理素质的要求越高,船舶在穿越通航孔时未及时摆正船首向,调整过程中稍有不慎会引发船撞桥事故。据不完全统计,桥梁通航跨径在 150m 以内发生船撞桥事故的概率为 75%。桥梁通航尺度较小、桥墩过多过密都会提高船撞桥事故的发生率。

受各个时代经济发展因素的影响,早期建设的桥梁桥墩设计的防碰撞撞击力偏小,没有跟上船舶大型化的快速发展。例如南京二桥建桥时,设计通航船型的撞击力就远远超过其设计的防碰撞撞击力,目前通过二桥航行、超过其设计通航船型吨位的船舶越来越多,船舶尺度越来越大,使桥梁的设计防碰撞能力跟不上船舶的大型化发展。

3. 设备设施

防撞设施是指设置于桥墩上,在船舶撞击桥墩时避免桥梁被破坏或者减小桥梁的破坏程度的一种设施。目前桥梁防撞设施主要分两种型式,一种是刚性防撞设施,例如人工岛,直接避免了船舶撞击桥墩;另一种是柔性防撞装置,例如通过防撞系统自身结构和材料的塑性变形来削弱和减小船舶撞击能量,从而达到保护桥梁安全的目的。桥墩的防撞设施缺乏,无应急反应措施,会增大事故风险。

桥梁的非通航桥孔桥墩在设计时没有考虑防碰撞能力,如果非通航桥孔禁航标志没有设置或设置不规范,当上下水小型船舶盲目航行或雾天冒雾航行时,通过非通航桥孔,一旦操作不慎,与桥墩发生碰撞,后果不堪设想。

此外,某些老旧桥区禁航标志没有设置或者设置不规范,无界限标、警示牌,未整体规划桥区水域助航标志的设计、桥上的背景灯光与助航标志夜间灯光两者的关系,桥涵灯失常、灯柱着色不规范等,均会引发船撞桥事故。

4. 其他

船队过桥。随着综合国力的提升,我国大力发展内河航运,进入内河航道的船舶吨位越来越大。船队的数量越多,受到桥的影响越大,船与桥发生碰撞的概率也越大。船队的尺度比单船尺度大,操作性能较单船更差,航行至桥区时船撞桥的风险必然增大。特别是船舶被顶推时系缆绳突然断裂,船撞桥事故必然发生。船队由于操纵能力受限,尤其是大型船队下水时,顺流而下,船速较快,如果不能正确估算桥区的风流压,则很可能偏移航道,撞击桥墩。据有关统计资料表明,船队与桥相撞比单船与桥相撞更加容易发生,船队与桥相撞的事故数占总事故数的86%。在南京长江大桥28次碰撞事故中,船队碰撞25次,约占事故总数的90%。

大型船舶过桥。小型船舶能轻松安全地穿过桥孔,大型船舶穿越时则需要高度集中,一不小心就会导致船撞桥事故的发生。

桥区水域水工设施较多,改变了水流的流向,同时桥梁桥墩的存在使可通航水域减小;上下行船舶通航桥孔变化易引发风险,特别是下游桥区。

3.2.5.3 船闸水域

1. 系统运行设备设施

船闸运行时需要配置相应的运行设备,其中船闸的主要运行设备系统包含人字门、液压系统或启闭机、集控室、闸室(船闸控制系统、船闸系统、闸门、启闭门、阀门、升船机、启闭机械电力拖动与控制设备)等。

(1)人字门风险成因

人字门风险有:人字门运行严重卡阻、因设备检查不够造成的人字门运行隐患、因维护保养不够及备件不足造成的系统故障、闸室内清漂、清障工作不足,以及对间室内漂浮物或障碍物的清除手段效率不高。

(2)液压系统或启闭机类风险成因

液压系统或启闭机类风险有:电控、线路设备故障,因维护保养不够及备件不足造成的系统故障。

(3)集控室风险成因

集控室风险有:计算机监控系统服务器故障、总控制器等故障、计算机监控系统线路故障、系统线路故障、供配电系统线路故障。

(4)闸室风险成因

闸室风险有:系船柱及防撞装置等控制或线路设备缺陷,因设备"三检"制度执行不力、设备检修不够造成的闸室内设备隐患,上游蓄水、过闸船舶以及船舶事故产生的漂浮物、悬浮物、障碍物等进入闸室。

运行设备各项功能正常,处于良好的技术状态,能够防止和杜绝事故的发生,服务长江水运安全。其风险性主要体现在由于设备老化、操作失灵无法正常运行而导致航道安全生产停滞,如船舶积压,甚至是出现火灾、爆炸、油品污染等事故,以及出现火灾事故而无法有效控制,不仅使航道无法进行安全生产,甚至对船闸本身及其附近的船舶、人员造成安全威胁,对水域造成污染等。

2.安全保障设备设施

安全保障设备包括消防设备、救生设备、防污染设备等。安全保障设备的风险性主要表现为设备未配置或配置不足,设备本质不安全,存在设计、制造等方面的缺陷或设备正常损耗发生故障,缺乏有效的维护保养,从而导致在发生火灾、污染、人员落水等事故险情时无法快速正常地发挥作用,致使二次事故发生。例如消防系统事故风险成因是消防设备设施配备不足,因设备"三检"制度执行不力、设备检修不够造成的消防系统隐患,消防应急预案等管理制度建设与执行缺失。

表 3.13 列出通航环境常见的风险致因因素,可作为开展通航环境类风险辨识的参考依据。

表 3.13　通航环境类风险辨识示例表

序号	风险分类		风险致因因素	具体描述
1	一般水域	航道本身	航道尺度不足	航道的深度、宽度、弯曲度等不足而导致船舶发生搁浅、触礁、岸吸等事故
2			航道交叉状况	增加船舶会遇机会,船舶流复杂密集,船员瞭望易受影响,强风下水域流态复杂,易引发船舶碰撞、偏航等事故
3			航道地势条件差,存在滩险	海图和航行通告缺失,急、险、浅滩等碍航段容易发生船舶搁浅、触礁失控等事故
4		助航设备设施	助航设施缺失或配备不当	浮筒、浮标、导标等助航设施缺失或配备不当时,易导致船舶偏航、搁浅、触礁、触损等事故
5		碍航因素	碍航物	限制船舶活动空间,造成水文条件变化,遮挡扰乱雷达波和导标或助航标志,引发碰撞、触礁、搁浅等事故
6			涉航设施对主航道的影响	侵占主航道,加大航道拥挤程度,极易发生船舶事故
7			航道施工作业区域	增大碰撞、搁浅概率
8			采砂船、工程船	影响船舶通航
9			鱼汛期渔船密集作业	影响船舶通航
10		交通流	船舶构成复杂	增加碰撞或搁浅事故概率
11			船舶流量大	增加碰撞或搁浅事故概率
12		自然环境	能见度	会给船员、引航员等的视觉瞭望带来困难,特别是在雷达等设备故障的情况下,它威胁着航道上的航运安全生产
13			大风	风能影响船舶稳性,加大船舶操纵的难度
14			大浪	浪花拍打船体,可造成船舶进水、船损、机损、走锚、失控,造成船舶财产损失,影响航行安全
15			水位变幅较大河段	船舶无法预估实际水位,易发生船舶搁浅、触礁等事故
16			船闸周边暗礁、搬迁遗址	形成突咀、独石碍航,导致触礁、搁浅

续表 3.13

序号	风险分类		风险致因因素	具体描述
17	桥区水域	桥梁布局	桥梁选址不合理	桥梁选择复杂河段如弯道、不稳定河床、分汇流口及险滩作为建设地址
18			桥梁位于通航密集水域	桥梁穿越或位于重要航路、港区、锚地等通航密集水域,船舶碰撞桥梁风险增大
19			桥区水域分布码头和作业点	桥区水域分布着码头、作业点,船舶在大桥水域频繁靠离泊、作业必然会形成与其他船舶的交汇、相遇,加剧了通航交通秩序的混乱
20			桥区水域前直航航道长度较小	下游桥区多见
21			桥梁规划不全面	未充分论证桥梁与航道关系、桥梁与锚地的关系、桥梁与附近水域产业布局的关系
22		桥梁本身	桥梁设计不合理	桥梁通航尺度小、桥墩过多过密
23			桥梁老旧、防撞能力弱	桥梁的设计防撞能力跟不上船舶的大型化发展
24		设备设施	某些老旧桥区禁航标志没有设置或者设置不规范;无界限标、警示牌	上游桥区多见
25			桥墩的防撞设施缺乏,无应急反应措施	上游桥区多见
26			非通航孔无防撞设施	若小型船舶走非通航桥孔,易发生船撞桥事故
27			桥上背景灯光干扰	未整体规划桥上的背景灯光与助航标志夜间灯光两者的关系
28			桥涵灯失常、灯柱着色不规范	下游桥区多见
29		其他	桥区可通航水域减小、桥区船舶通航秩序复杂	桥区水域水工设施较多,改变了水流的流向,同时桥梁桥墩的存在,使可通航水域减小
30			上下行船舶通航桥孔变化	下游桥区多见
31			船队通过桥区	船队的尺度比单船尺度大,操作性能较单船更差,撞桥事件更易发生
32			大型船舶通过桥区	易导致船撞桥事故的发生

续表 3. 13

序号	风险分类		风险致因因素	具体描述
33	船闸水域	系统运行设备设施	人字门风险	人字门 AB 杆故障或断裂
34				人字门强拉门
35				人字门金属结构开裂变形
36				人字门发生撞击或运动剧烈
37				人字门不明障碍物卡阻
38			液压系统或启闭机类	底枢抱死移位
39				液压系统故障
40				启闭机系统故障
41			集控室风险	保护及自动控制系统故障
42				系统线路故障
43				计算机监控系统服务器故障
44				通航信号系统故障
45				广播指挥系统故障
46				工业电视监视系统故障
47				供配电系统故障
48			闸室风险	浮式系船柱故障
49				防撞警戒装置故障
50				船闸水工建筑裂缝
51				船闸结构缝隙出物
52		安全保障设备设施	消防设备	探测器、报警装置等失灵
53				水系统失灵
54				气体灭火系统失灵
55			救生设备	未配置或配置不足,设备本质不安全,存在设计、制造等方面的缺陷或设备正常损耗发生故障,缺乏有效的维护保养等
56			防污染设备	未配置或配置不足,设备本质不安全,存在设计、制造等方面的缺陷或设备正常损耗发生故障,缺乏有效的维护保养等

3.2.6　港口类主要风险因素辨识

港口陆域上有进港陆上通道、码头前方装卸作业区和港口后方区。前方装卸作业区供分配货物,布置码头前沿铁路、道路、装卸机械设备和快速周转货物的仓库或堆场(前方库场)及候船大厅等之用。港口后方区供布置港内铁路、道路、较长时间堆存货物的仓库或堆场(后方库场)、港口附属设施(车库、停车场、机具修理车间、工具房、变电站、消防站等)以及行政、服务房屋等。

长江水运安全的港口类风险因素,主要涉及港口布局、设备设施和港口环境共三类风险。其中,港口布局类风险包括码头、罐区、堆场等布局不合理;设备设施类风险包括设备、设施、工具、附件缺陷,防护缺陷和电伤害三类;港口环境类风险包括作业环境和自然环境两类。由于不同港口的布局特点、设备设施和作业环境等存在显著差别,本研究首先列出了通用港口类风险,而后针对不同类型港口的特殊性,分别列出了在布局特点、设备设施或作业环境等方面存在的特有风险。下文将具体阐述各类风险。

3.2.6.1　港口布局

港口(码头)选址不佳,如客运码头靠近危险品内河大型货车码头等;港口布局不合理,如增加船舶交汇概率和靠离码头风险、安全距离等;锚地建设与港口的集疏运现状不符,影响整个港口的集疏运效率,从而引发船舶积压、船员矛盾等情况。

3.2.6.2　设备设施

1.设备、设施、工具、附件缺陷

(1)装卸机械设计、制造及安装缺陷

设备设施缺陷是指设备、设施由于设计缺陷或制造工艺和安装问题而造成的风险,如:强度不够(钢丝绳、缆绳折断);轻度不达要求;结构功能不达标,焊接质量差;稳定性差(移动式大型机械抗倾覆、抗位移能力不够);应力集中;制动器缺陷;制造质量差,设备表面出现不应有的利棱;运动部件外露,安装连接不当不合理等。

(2)设备运行缺陷故障

设备保养与维护不充分,正常损耗发生故障而导致事故。

装卸设备、设施在长期运行过程中,由于磨损、锈蚀、变形,局部损坏破裂等原因,将会产生事故隐患。如:起重钢丝绳断丝、磨损、锈蚀和变形;滑轮组磨损、裂纹或边缘破碎;制动器制动轮缺陷、裂纹,制动带厚度磨损;金属构件出现裂纹、脱焊、塑性变形、锈蚀;转向行驶系统、液压系统失灵;重要连接和固定部位螺栓松动,或有裂纹等。如果设备设施没有进行定期的检测检验或没有进行经常性的检查、维护、保养及检修,就会导致机损及作业人员伤亡事故的发生。

设备更新不到位,设备陈旧,零部件老化,未能及时更换,很容易出现安全事故。

(3)配套工属具缺陷或不完善

工属具在设计、制造、安装等过程中存在强度不够、稳定性差、虚焊、吊索具缺陷、防护设施不完善或在使用中维修保养不良、超期服役、工属具保险系数不够等问题,会导致工属具在作业过程中出现性能不稳定、误动作甚至发生钢丝绳断裂等事故。

工属具的完善配套是提高装卸效率和安全作业的一项不可忽视的工作,有利于减少人与物的直接接触。在同类工程中由于没有配套的工属具或配件不足,或遇到一些意外情况而冒险用手代替工属具,或因为工属具的缺陷造成的伤亡事故也常有发生。

2.防护缺陷

装卸机械设备均要配置相应的安全防护装置。

集装箱码头的岸边集装箱装卸桥、轮胎场桥必须安装超载保护装置、起升高度限制器、行程限位装置、缓冲器、防风安全装置、防雷接地装置。其中,起升高度限制器,能够保证装卸桥的起升,下降范围符合规范要求;超载保护装置可限制超载起重,防止超载机损事故;行程限位装置可保证装卸桥在行进至轨道末端或与同一轨道上其他起重机相距小于安全距离时能制动停;缓冲器可保证当装卸桥与轨道末端挡架相撞或与其他起重机相撞时,能平衡地停止而不产生猛烈冲击等。

散杂货码头的装船机、桥式抓斗卸船机必须安装超载保护装置、起升高度限制器、缓冲器、防雷接地装置。

客运码头引桥和趸船等护栏高度不够、焊接不牢靠、设置位置不合理等,将会导致人员发生淹溺事故。码头前沿救生设备不足,人员一旦落水,缺乏有效的救生手段,也会导致溺水人员身亡的事故。

上述安全防护装置如有缺陷,将会引发重大机损以及人身伤害事故。例如,皮带机运行过程中,因皮带机端部滚筒部位缺少防护装置或损坏,在进行清扫或排故工作时,操作失误易发生机械伤害类事故。

此外,有的设备设计时缺少防护设施,或虽有防护设施,但其安全性、可靠性差或已锈蚀、失效,导致伤亡事故。例如,若扶梯、平台、防护栏杆不齐全或损坏,维修作业没有足够的空间等都可能发生司机和维修人员的高处坠落事故;上船通道的跳板没有防护栏杆或未安装安全网,易造成作业人员从跳板上摔入水中,从而发生淹溺事故。

[案例一]　某集装箱装卸公司,由于堆场龙门吊行轮缺少防护装置致使一名拖车司机左腿被压成重伤。

[案例二]　某港安监员李某在43号泊位"先锋"轮进行装卸作业前进行安全检查工作。发现该轮未拉安全网、船梯破旧、船梯底端缺两根栏杆,并且离码头边沿距离太大,当即上船与船方交涉。当李某准备上岸时,由于船梯离码头过宽,一脚踏空落入江中,致使淹溺死亡。

3.电伤害

港口作业环境特殊,具有潮湿、高温、金属设施多等特点,容易造成电气设备与线路的损坏,从同类工程来看,变配电系统事故时有发生,主要有火灾和触电事故。

事故原因主要有:设计装机容量不足,电缆线路敷设不周,电气线路未安装漏电、过载、短路等保护装置,防雷措施不全或失效,线路维修保养不良,作业人员(包括在作业场所的电气工作人员和非电气工作人员)未能认真按照电气工作安全规程进行操作,超负荷用电和违章用电等。

此外,港口装卸机械电气保护装置通常配备短路保护装置、热保护装置、缺相保护装置、失压保护装置、零励磁保护装置、过电流和过电压保护装置、限位开关装置等。港口机械电动机控制线路中,多数采用熔断器和自动控制开关进行短路保护,采用热继电器防止电动机长期超载,采用热继电器和零磁电压继电器做缺相保护,采用零电压继电器做失压保护,采用限位开关保证设备运行在安全工作状态。上述电气保护装置中的主要元器件如各类继电器出现缺陷,有可能烧毁电动机绕组,使装置失去控制,导致机损、货损及作业人员伤亡事故。

[案例三]　湛江某码头由于供电设施质量差,保护电缆的铁管生锈烂透,用于绝缘保护的电线胶皮也老化脱落,当靠泊船舶从码头电箱电源接电用于船上照明时,引起电流短路,造成引桥段电缆管爆炸起火,电缆被烧断,整个码头生产用电全部中断,其直接经济损失达20多万元。

3.2.6.3　港口环境

环境不良因素包括:室内作业场所环境不良、室外作业场地环境不良、地下(含水下)作业环境不良、其他作业环境不良等,主要表现为室外作业场地环境不良,其中包括:

(1)作业环境不良

①作业场地和交通设施湿滑。

码头前沿地面、堆场、道路、上下大型机械的梯子湿滑等。

②作业场地狭窄。

场地狭窄,轮胎场桥、岸边集装箱装卸桥平台窄小,堆场通道不畅通,道路不平或道路上乱设障碍物等原因都可能导致伤亡事故的发生。

③作业场地光照不良。

照明缺陷或失修,夜间作业时,若采光强度不能满足要求,或照明有死角,易发生伤亡事故。

舱内空间狭窄,光线不足,作业面高低不平,货物间常有一些空挡位,作业人员为躲避掉物,不慎时可能坠落,造成高处坠落事故。

④作业场地杂乱。

船甲板上舱盖板放置不规整,道路上乱设障碍物等。

(2)不良自然条件

不良自然条件主要有:风速 15m/s 及以上的阵风、龙卷风、热带风暴、台风;暴雨、大雾、特大风暴潮、50 年一遇超历史最高水位;雷暴天气等。

①风。

风对港口安全生产的影响主要表现在台风及突发性强阵风对轮胎场桥和岸边集装箱装卸桥等港口大型机械设备和船舶稳泊条件的影响。大型机械设备体积大,重心高,受风面大,抗风能力较弱,尤其是突发性强阵风对其威胁更大,由于突发性强阵风难于准确预测,且到来很快,有可能造成大型机械设备倾翻、滑移碰撞等事故。

因大风及其引起的涌浪还会对装卸作业、船舶稳泊及靠离泊等造成一定的威胁;大风也会增大码头前沿及船上作业人员发生落水淹溺事故的可能。台风或风暴潮壅水可能淹没设备,使变配电室进水,发生电器设施事故等。

②雨。

降雨对作业的影响主要表现在:各类机械和车辆在作业时打滑;作业人员在上下扶梯作业时滑落摔倒;影响作业人员的观察等。因下雨造成的事故时有发生。此外,码头面降雨积水对露天变配电设施安全也会构成一定的威胁。

③雾。

大雾会使作业场所能见度降低,人员观察距离受到限制,从而使船舶进出港、大型装卸机械、水平运输机械作业受到影响,增加发生事故的危险。

④雷电。

雷电直接威胁加油站、码头等建(构)筑物、装卸桥、高杆灯等的安全,雷电可能导致火灾发生,因此完善防雷设施十分重要。港口类工程的所有防雷设施应满足《建筑物防雷设计规范》(GB 50057—2010)、《港口防雷与接地技术要求》(JT 556—2004)等标准的要求。工程投入使用前,建构筑物的防雷接地系统必须经过具备资质的防雷检测机构检测,在码头运营过程中,也应按规定定期进行防雷检测。

⑤地质。

地质条件对码头结构强度、稳定性等有重要影响,对港口类工程而言,装卸桥轨道基础、码头结构的强度与稳定性等直接关系装卸机械和车辆的安全运行,如因地质条件不良或未对地基采取充分的加固处理措施,投产后未能及时有效监测码头水工结构沉降位移及采取针对措施,可能导致码头结构及设备受损、人员伤亡等,造成严重事故。

上述不良自然条件不仅易造成人员意外伤害事故,且对大型机械设备、地面建(构)筑物和其他设施的安全也构成威胁。

表 3.14 列出港口类常见的风险致因因素,可作为开展港口类风险辨识的参考。

表 3.14 港口类风险辨识示例表

序号	港口类型	风险分类	风险致因因素	具体描述
1	通用港口类	港口布局	码头选址不佳	客运码头靠近危险品内河大型货车码头等
2			码头布局不合理	增加船舶交汇概率和靠离码头风险
3			罐区、堆场布局不合理	安全间距不足等

续表 3.14

序号	港口类型	风险分类		风险致因因素	具体描述
4	通用港口类	设备设施	设备、设施、工具、附件缺陷	装卸机械设计、制造及安装缺陷	如强度不足,结构功能、轻度不达要求,制造质量差,安装连接不当不合理
5				保养与维护不充分	正常损耗发生故障而导致风险
6				检测与检验不到位	机械设备在长期运行过程中,会逐渐出现磨损、变形、锈蚀等现象,可能导致作业安全事故
7				设备更新不到位	设备陈旧,零部件老化,未能及时更换,很容易出现安全事故
8				配套工属具缺陷或不完善	导致工属具在作业过程中出现性能不稳定、误动作甚至发生钢丝绳断裂等事故
9				消防设施不配套	
10				维修车间的乙炔发生器以及氧气瓶泄漏	存在发生火灾爆炸危险
11			防护缺陷	未配备防护装置或防护装置安全性、可靠性差或已锈蚀、失效	易引发机损、货损和人员伤亡
12			电伤害	设计装机容量不足	火灾和触电事故
13				电气设备设施质量缺陷	选用不当,不满足防火防爆要求,不具备本质安全性
14				电缆线路敷设不周	火灾和触电事故
15				电气线路未安装漏电、过载、短路等保护装置	火灾和触电事故
16				防雷措施不全或失效	火灾和触电事故
17				港口装卸机械电气保护装置缺陷	有可能烧毁电动机绕组,机械失去控制,导致机损、货损及作业人员伤亡事故
18				港口机械电动机控制线路的电气保护装置缺陷	有可能烧毁电动机绕组,机械失去控制,导致机损、货损及作业人员伤亡事故
19				电气设备设施故障	在运行过程中可能造成电气设备过热或产生电火花,甚至引发电气火灾事故,进而引起油品码头的火灾爆炸事故
20				线路维修保养不良	电气老化、绝缘破损、短路、违反电气安全规程用电等,易引发火灾和触电事故
21				电气线路故障	电气线路由于短路等原因可能引起电气火灾事故

序号	港口类型	风险分类	风险致因因素	具体描述
22	通用港口类	港口环境类	作业场地和交通设施湿滑	码头前沿地面、堆场、道路、上下大型机械的梯子湿滑等
23			作业场地狭窄	场地狭窄,道路不平或道路上乱设障碍物等
24			作业场地光照不良	夜间作业、舱内作业易发生危险
25			作业场地杂乱	船甲板上舱盖板放置不规整,道路上乱设障碍物等
26			能见度	当出现降雨、雾、霾、沙尘暴等天气过程时,将会严重影响港口安全生产工作人员的正常工作等
27			大风、大雾、降雨等天气条件	增加断缆伤人、人员被缆绳抽打、货物伤人、人员坠河、人员触电、危险货物泄漏等危险,导致大型装卸作业机具、供电线路、建筑物、集装箱码头的机械设备倒塌甚至倾翻事故,油品危化品码头输油臂、输油管道和船舶的破坏
28			台风、雷暴天气、特大暴雨等恶劣天气	增加装卸作业中各类伤亡事故发生的可能性
29			不良的地质条件	造成地基沉降,威胁轨道式机械设备的安全,进而可能引发伤亡事故;导致管道、罐体破裂,油品和危化品泄漏
30			雷雨闪电、酷暑等恶劣天气环境	油品危化品港口火灾爆炸
31	散杂货码头	设备设施	防护缺陷	装船机、桥式抓斗卸船机防护设施缺陷	装船机、桥式抓斗卸船机必须安装超载保护装置、起升高度限制器、缓冲器、防雷接地装置,如有防护缺陷将会引发重大机损以及人身伤害事故
32				皮带机防护设施缺陷	在清扫或排故工作时,操作失误易发生机械伤害类事故
33	客运码头	设备设施	防护缺陷	客运码头引桥和趸船等存在安全隐患	护栏高度不够、焊接不牢靠、设置位置不合理等,将会导致人员发生淹溺事故
34				码头前沿救生设备不足	人员一旦落水,缺乏有效的救生手段,也会导致溺水人员身亡的事故

续表 3.14

序号	港口类型	风险分类		风险致因因素	具体描述
35	集装箱码头和堆场	设备设施	设备、设施、工具、附件缺陷	集装箱吊具故障	易引发集装箱坠落事故、集装箱砸人等安全事故
36			防护缺陷	集装箱码头安全防护装置缺陷	岸边集装箱装卸桥、轮胎场桥必须安装超载保护装置、起升高度限制器、行程限位装置、缓冲器、防风安全装置、防雷接地装置,如有缺陷,将会引发重大机损以及人身伤害事故
37		港口环境类	作业环境	警示标志不足,作业区域未隔离	包括作业场地没有遮阳设施,违章放置物品
38			交通环境	港区道路、道口安全设施缺失	如标志、标线、照明、反光镜、信号设施配置不全,或路面防滑设施不当均可导致道路、道口交通事故
39				港区交叉路口多,进出堆场道路转弯半径较小	易发生车辆碰撞事故
40				港区各种流动机械多,车流密度较大,装卸作业频繁	堆场作业的流动机械与进港车辆易发生碰撞事故
41				道路两侧集装箱堆码使得司机驾驶室视野相对狭窄、视距不良	作业人员在场内流动时易发生交通事故
42	油品、危化品码头和罐区	港口布局		建构筑物的布局不尽合理,防火间距不够	—
43				泵舱和泵房布置	气密防爆填料湿润、传动轴不过机舱
44		工程技术		建构筑物的防火等级达不到要求	—

序号	港口类型	风险分类	风险致因因素	具体描述
45	油品、危化品码头和罐区	设备设施	输油臂、管道、阀门等质量缺陷	设备选型不当或产品质量不符合设计要求
46			输油泵火灾	油泵空转造成泵壳高热,引燃油气;使用非防爆电机及电气设备;静电接地不合格引起静电放电明火;违章作业、动火、安装质量差、材质缺陷以及振动、腐蚀等也会造成介质泄漏而引发火灾、爆炸和中毒
47			管道焊接质量差	存在气孔或未焊透
48			储运设备附件和安全装置质量缺陷或故障	如阀门、法兰、安全阀、呼吸阀、检测仪表、遥控装置劣化引起内漏,输油臂接头变形、渗漏等
49			管道系统质量缺陷或故障	因腐蚀、磨损而造成管壁减薄穿孔或管道因疲劳而导致裂缝增长
50			罐体发生脆性破裂	罐内货物瞬时泄出,致使防火堤被冲毁
51			罐体腐蚀穿孔、裂纹、砂眼	泄漏不但造成油品损失,而且对储罐防腐很不利,影响油罐的寿命
52			储罐吸瘪	轻则引起储罐的变形,重则引起油罐严重凹瘪,不能继续使用
53			储罐翘底、胀裂	造成油品的大量泄漏,处理不当甚至会引起火灾、爆炸事故
54			浮顶罐"沉船"事故	—
55			油罐中沉积 FeS	自燃引发火灾、爆炸
56			收油、倒罐作业时储罐液位控制仪表失灵、误操作	冒顶事故
57			码头装卸工艺的检测、控制系统发生故障	导致误动作、控制失灵等
58			通风设施不完善	—
59			自控仪表系统故障	可能导致抽空、超温失控、设备损坏、物料溢出等后果,进而引起火灾爆炸
60		防护缺陷	机动车辆未配备阻火器	机动车排烟喷火导致火灾爆炸
61			防静电措施不落实或效果不佳	净电荷积聚易引发火灾爆炸
62			储罐等建构筑物防雷设施不齐备或接地措施不力	阴雨天因雷击导致火灾爆炸
63			可燃气体报警器失灵	导致泄漏的可燃气体聚积而不易发现和处理,进一步引发火灾爆炸事故

注:设备、设施、工具、附件缺陷为序号45-59的风险分类。

3.2.7　监督管理类主要风险因素辨识

长江水运安全的监督管理类风险因素,主要涉及船公司管理和港口企业管理。下文将具体阐述各类风险。

3.2.7.1　船公司

(1)船舶船员培训达标率

船员的驾驶熟练度反映了船员驾驶船舶安全航行的能力,船舶船员培训达标率可以反映船员的驾驶能力,故需要考虑本指标对长江水运安全的影响。此风险因素涉及客运船舶、普通货运船舶、危化品货运船舶。

(2)船舶安全水平

船舶安全水平主要考虑船舶是否属于诚信船舶,是否有不良航行记录。此风险因素涉及客运船舶、普通货运船舶、危化品货运船舶。

(3)船公司日常管理落实情况

船公司日常管理落实情况主要考察船公司对船舶的监管能力,能够反映航行船舶是否处于公司监管之下,是否符合船公司的检查要求。此风险因素涉及客运船舶、普通货运船舶、危化品货运船舶、工程船。

(4)船舶规范程度

船舶规范程度体现在船舶证件是否齐全,是否按时进行安全检查。船舶的证件齐全性反映了船舶设备的完好性,表明船舶抵抗风险的能力。此风险因素涉及普通货运船舶、危化品货运船舶、工程船。

(5)是否安装远程视频安全监控终端

危化品自身的危险性使其不同于普通货物运输,因此在危化品运输方面的监管力度强于普通货物运输,通过在危化品船舶上安装远程视频安全监控终端,海事部门能够及时监控危化品船舶的行驶路径,提前对危化品船舶可能遇到的危险进行预警,并及时发现出现事故的危化品船舶,尽早采取措施减少损失,从而大大降低危化品船舶的风险性。此风险因素涉及危化品货运船舶。

(6)工程操作人员规范性

工程船上除了配备驾驶人员,还应配备必要的特种设备操作人员,操作人员的规范性直接影响工程作业的安全性,因此工程人员的规范性也应作为一项考察指标。此风险因素涉及工程船。

3.2.7.2　港口企业

安全管理主要是运用现代安全管理原理、方法和手段,分析和研究各种不安全因素,从技术上、组织上和管理上采取有力的措施,解决和消除各种不安全因素,防止事故的发生,其风险源主要来自于人员管理及应急预案管理、管理不善因素三个方面。

(1)人员管理

人是港口安全生产的主体,也是港口生产安全与否的重要风险因素。人员因素引起的风险事故主要来自四个方面:个性心理、个性生理、个人技能水平、个人控制力。人员管理涉及范围广,但从其事故结果的严重性来看,主要是来源于危险品货物存储管理工作人员,任何违章或是不当的操作,或是工作落实不到位,均可能引发货损、机损等,甚至引发危险化学品中毒事件等。另一方面,港口是多种运输方式换乘枢纽,船舶与港口码头或船舶之间碰撞、车辆伤害、火车与其他设施的碰撞以及火车伤人等事故常有发生,必须配有相关执法人员,否则易引起治安管理混乱,出现纠纷等。

(2)应急预案管理

应急预案指面对突发事件如自然灾害、重特大事故、环境公害及人为破坏的应急管理、指挥、救援计划等。它一般应建立在综合防灾规划上,针对各级各类可能发生的事故和所有危险源制定专项应急预案和现场处置方案,并明确事前、事发、事中、事后的各个过程中相关部门和有关人员的职责。

在港口安全生产过程中,经常会出现各种各样的事故,且具有一定的不可预见性,若此时没有完备的应急预案,在事件发生后,人们往往措手不及,难以应对,整个工作、生活秩序混乱,严重影响整个港口安全生产的稳定性,存在较大的安全隐患。为此,应急预案管理的主要风险因素来源于预警信息系统的有效性、预案的完备性等方面。

(3)管理不善因素

管理不善因素包括:未建立安全组织机构或不健全;安全生产责任制不健全或未落实;安全管理规章制度不完善(包括建设项目"三同时"制度未落实、安全操作规程不完善或不规范、事故应急预案及响应有缺陷、培训制度不完善及隐患管理、事故调查处理等制度不健全);安全投入不足;职业健康体检及其档案管理等不完善;安全教育培训不够,劳动组织安排不合理,设备的技术管理制度不健全或执行不力造成的不安全因素。

4　长江水运安全风险源分级评估方法

4.1　研究方法的分析与选择

4.1.1　风险评价的现有理论方法

风险估计需要对危险事件的可能原因及频率进行分析,其目标包括:

①建立危险事件与基本原因之间的联系。

②通过对基本原因和因果序列的仔细检查,确定危险事件频率。

③确定每一个原因对于危险事件频率的影响程度。

根据在风险性评价中是否对评价指标进行量化处理来分类,风险性评价方法可以分为定性评价方法、定量评价方法。

1. 一般评价方法

(1)定性评价

定性评价是"估计"安全,定性评价方法主观性较大,受评价人员素质影响较多,易造成评价偏差,导致评价结果说服力较低,但操作较为方便,结果直观,被广泛应用。常用的定性评价方法主要有专家经验法、安全检查法、预先危险性分析(PHA)、危险和可操作性分析(HAZOP)以及故障模式及影响分析方法(FMEA)等。

(2)定量评价

定量评价是"计算"风险性,定量评价方法主要的长处是评价技术客观性较强,依据计算结果,减少人为偏差。在定量评价方法中,按对风险性量化方式的不同,又分为概率风险性评价方法和指数评价方法。

①概率风险性评价方法(简称概率法)

概率法结合风险事件后果分析和实际运行中风险事件发生的可能性,确定系统发生风险事件的概率,然后将概率按风险源的等级划分标准划分为不同的等级,通过比较,得到风险源的风险性等级,如事件树(ETA)、故障树(FTA)等。

②指数评价方法(简称指数法)

指数法根据评价对象的具体情况,选定评价项目,并确定评价项目的评分标准,对评价项目评分,通过一定的运算方法得到风险源的安全总评分。指数法中同样可将风险源划分为不同的等级,如道化法,英国帝国化学公司(ICI)蒙德(MOMD)部火灾、爆炸、毒性指标评价法,日本劳动省六阶段法,单元风险性快速排序法,作业条件风险性分析(LEC),安全检查表评价法等。

2.其他评价方法

随着安全管理理论的进一步发展,在经济、环境领域已发展出许多风险性评价技术和方法,也可用来对风险源进行评价。主要有统计分析方法、运筹学安全评价方法、模拟方法以及人工神经网络方法等。

统计分析方法主要包括两类:回归分析模型和判别分析模型。回归分析模型主要有多元回归分析模型、Logistic回归分析模型等,其主要思想是对影响风险性的各个因素的值与企业风险性的结果之间运用适当的方法进行回归分析,找出影响因素与风险性结果之间的潜在联系。判别分析模型主要包括多元判别分析(MDA)、Fisher判别分析等,其主要思想是在给定样本数据集的基础上,判别新的样本点归属于样本中的哪一类。

运筹学安全评价方法主要有层次分析法(AHP)、模糊综合评判法(FCE),数据包络分析(DEA)以及情景分析法等。

模拟方法可通过对人的思维方式或对事情发展过程的模拟来达到评估风险性的目的,主要的方法是蒙特卡洛模拟,可在不确定的条件下,以概率分布的形式表示风险性评价结果。

人工神经网络方法(ANN)是从神经心理学和认识科学研究成果出发,应用数学方法发展起来的一种并行分布模式处理系统,具有高度的并行计算能力、自学能力和容错能力。

3.主要分析方法介绍

下面具体阐述几个主要分析方法:

(1)因果图

该方法最早起源于质量工程,可以用来识别危险事件的成因。这种方法易于使用,不需要对相关人员进行大量培训,但是它只能用于原因分析,不能提供定量结果。

(2)故障树分析

故障树分析是危险事件原因分析中最常用的一种方法。人们对这种方法已经进行了大量的研究,并把它应用到各种领域当中,故障树方法对于复杂系统的定性和定量分析都适用,但是不适合处理动态系统以及需要复杂维护活动的系统。有的时候这种方法对于应用还显得过于死板,因为它只使用二元分析和布尔逻辑。

（3）贝叶斯网络

贝叶斯网络正变得越来越普及,在很多领域它已成为故障树分析的良好替代方案。贝叶斯网络可以完全替换任何一个故障树,并且比后者更加灵活,贝叶斯网络的一个主要缺点就是相对复杂,并且需要大量的时间进行量化。

（4）马尔可夫方法

马尔可夫方法主要用来分析小型但是具有动态效果的复杂系统。因此,马尔可夫方法可以与故障树分析一样使用,并且弥补后者存在的某些不足。马尔可夫方法可以让分析人员深入地了解系统的属性和运行方式。

（5）佩特里网(Petri Net)

佩特里网可以对任何故障树进行定量分析。佩特里网非常灵活,可以针对任何类型的系统建模。

可以从前面的几种方法当中选择一种进行原因分析。在很多情况下,最合适的方法可能就是故障树分析或者是基于贝叶斯网络的分析,但是具体选择哪种方法,则要取决于研究团队相关的知识和经验,以及可以使用的有效计算机程序。

4.1.2　常用风险性评价方法的比较分析

风险源的风险性评价,目的是对系统中已识别的风险源风险性进行分级。对以上常用风险性评价方法的评价目标、方法特点进行比较,归纳可用于风险源风险性分级的评价方法如表 4.1 所示。

表 4.1　风险性评价方法对比分析

评价方法	评价目标	方法特点	航运风险源评价适用性
专家评议法	风险性等级	定性 主要依赖于人员主观因素	适用
规范对照法	危险临界量、风险性等级	定性 行业规范、国家标准、适用范围有限	适用于危险品、自然环境因素风险性评价
预先危险性分析(PHA)	危险有害因素分析、风险性等级	定性 简便易行、受人主观因素影响	适用于航道规划整治、新类型船舶使用前的初步评价

评价方法	评价目标	方法特点	航运风险源评价适用性
事件树评价法（ETA）	风险事件原因、风险事件概率、触发条件、风险性等级	定性、定量 综合考虑风险事件概率和后果、简便易行、受人主观因素影响	适用于人因、环境因素风险源评价
故障树评价法（FTA）	风险事件原因、风险事件概率、风险性等级	定性、定量 复杂、精确、工作量大、故障树编制有误易失真	适用于航运风险事件原因、概率评价
作业条件危险性评价法（LEC）	风险性等级	定性、定量 简便实用、受人主观因素影响	适用于人因、环境因素风险源评价
蒙德法（MOMD）	火灾爆炸毒物及系统整体风险性等级	定量 大量使用图表、参数取值宽、对系统整体宏观评价	
六阶段法	风险性等级	定性、定量 准确性高、工作量大	适用于易燃易爆有毒货物运输船舶风险性评价
道化法	火灾爆炸风险性等级、风险事件损失	大量使用图表、参数取值宽、对系统整体宏观评价	
易燃易爆有毒重大风险源评价法	风险性等级	定性、定量 较为准确、计算量较大	
综合评价	系统综合风险性、风险性等级	定量 需结合层次分析法使用、准确性较高、应用要求较高	适用于各大类风险源综合风险性评价

4.1.3　长江水运安全风险源分级评估方法的选择和确定

依据所构建的长江水运安全风险源等级评定指标体系中各指标性质与测算方法，基于长江水运安全的实际情况，在充分考虑实际可操作性及便捷性等要求的基础上，选取科学合理的风险源等级评估方法，是保障长江水运安全风险源等级划分结果客观、公正和准确的关键步骤。

对长江水运安全风险源等级的划分,是力求将反映长江水运安全各个风险源风险性的多指标转化为一个能够反映综合情况的数值以对各风险源的等级进行客观的划分。依据所构建的长江水运安全风险源等级评估指标体系,结合长江水运安全的实际情况,综合考虑数据采集、模型适用性和实际操作性等各方面问题,本书选择采用层次分析法和综合指数法相结合的一种综合评价模型来进行长江水运安全风险源等级的评定。具体步骤为:

1. 综合评价模型

本研究采用线性加权的方法来计算各个风险源的综合评价值,公式为:

$$R = f(\boldsymbol{\omega}, \boldsymbol{x}) \tag{4-1}$$

式中,$\boldsymbol{\omega}$ 为指标权重向量,$\boldsymbol{\omega} = [\omega_1 \ \omega_2 \ \cdots \ \omega_m]^{\mathrm{T}}$;$\boldsymbol{x}$ 为被评价对象(系统)的状态向量(评价指标值),$\boldsymbol{x} = [x_1 \ x_2 \ \cdots \ x_m]$。为便于实际工作中的操作和运用,将 R 值等比例扩大转化至 $0 \sim 100$ 区间内,R 值即为最终的长江水运安全风险源的综合评价值。

根据与规定的各等级分值区间相比较,即可确定被评价风险源所隶属的等级。

2. 评价指标及指标评价值的确定

管理系统的安全状况可用一系列评价指标表示,每个评价指标都从不同的侧面反映系统的安全状况。评价指标的筛选可通过专家调查法来进行。评价者可根据评价目标及评价对象的特征,在所设计的调查表中列出一系列的评价指标,分别征询专家对评价指标的意见,然后进行统计处理,并反馈咨询结果。经几轮咨询后,如果专家意见趋于统一,则由最后一次咨询确定出具体的评价指标体系。

基础指标为评价指标体系中不能再进一步分解的指标,基础指标评价值的确定可通过等级比重法、专家评分法、集值统计法来获得。在获得基础指标评价值后指标需进行归一化和无量纲化处理,一般可通过标准化法、极值法、功效系数法等方法来进行指标值的无量纲化处理。

3. 权重系数

对于管理因素危险性评价,评价指标之间的相对重要性是不同的。评价指标之间的这种相对重要性的大小,可用权重系数来描述。若 ω_j 是评价指标体系 $x_j (j = 1, 2, \cdots, m)$ 的权重系数。一般应有

$$\omega_j \geqslant 0 (j = 1, 2, \cdots, m)$$

$$\sum_{j=1}^{m} \omega_j = 1 \qquad (4\text{-}2)$$

权重系数确定的合理与否,关系到综合评价结果的可信程度,因此对权重系数的确定应特别谨慎。权重系数的确定方法主要有层次分析法(AHP)、熵权法、变异系数法等。结合风险源各指标的现实情况,采用层次分析法计算指标权重,具体步骤如下:

(1)构造判断矩阵

同一层次内 n 个指标相对重要性的判断由问卷样本统计获得。依据心理学研究得出的"人区分信息等级的极限能力为 7 ± 2"的结论,AHP 法在对指标的相对重要性进行评判时,引入了九分位的比例标度,如表 4.2 所示。判断矩阵 $\boldsymbol{P}$ 中各元素 p_{ij} 为 i 行指标相对 j 列指标进行重要性两两比较的值。显然,在判断矩阵 $\boldsymbol{P}$ 中,$p_{ij}>0$,$p_{ii}=1$,$p_{ji}=1/p_{ij}$(其中 $i,j=1,2,\cdots,n$)。因此,判断矩阵 $\boldsymbol{P}$ 是一个正交矩阵,左上至右下对角线位置上的元素为 1,其两侧对称位置上的元素互为倒数。每次判断时,只需要做 $n(n-1)/2$ 次比较即可。相对重要性的比例标度见表 4.2。

表 4.2 相对重要性的比例标度

甲指标比乙指标	极重要	很重要	重要	略重要	同等	略次要	次要	很次要	极次要
甲指标评价值	9	7	5	3	1	1/3	1/5	1/7	1/9
备注	取 8、6、4、2、1/2、1/4、1/6、1/8 为上述评价值的中间值								

(2)权重及一致性检验的计算

将判断矩阵 $\boldsymbol{P}$ 的各行向量进行几何平均,然后归一化,得到的行向量就是权重向量。设 $\boldsymbol{P}$ 的最大特征根为 $\lambda_{\max}$,其相应的特征向量为 $\boldsymbol{V}$,则 $\boldsymbol{PV}=\lambda_{\max}\boldsymbol{V}$。AHP 法计算的过程如下:

① $\lambda_{\max}$ 和 v_i 的方根法计算步骤

a.判断矩阵每一行元素的乘积 $M_i=\prod_{j=1}^{n}p_{ij}$,$i=1,2,\cdots,n$。

b.计算 M_i 的 n 次方根 $\overline{V}_i=\sqrt[n]{M_i}$。

c.对向量 $\boldsymbol{V}=[\overline{V}_1\ \overline{V}_2\ \cdots\ \overline{V}_n]^T$ 归一化,$v_i=\overline{V}_i/\sum_{i=1}^{n}\overline{W}_i$,$v_i$ 即为指标权重。

d.计算判断矩阵的最大特征根 $\lambda_{\max}=\dfrac{1}{n}\sum_{i=1}^{n}\dfrac{(\boldsymbol{PV})_i}{v_i}$。

②判断矩阵一致性检验

AHP法对人们的主观判断加以形式化的表达和处理,逐步剔除主观性,从而尽可能地转化成客观描述。其正确与成功,取决于客观成分能否达到足够合理的地步。由于客观事物的复杂性及决策者认识的主观性,对判断矩阵做一致性检验成为不可或缺的环节。一致性指标 CI 值 $= \dfrac{\lambda_{\max} - n}{n - 1}$。

为了度量不同阶数判断矩阵是否具有满意的一致性,需要引入判断矩阵的平均随机一致性指标 RI 值。1~15 阶判断矩阵的 RI 值如表 4.3 所示。当阶数大于 2,判断矩阵的一致性比率 CR 值=CI 值/RI 值<0.10 时,即认为判断矩阵具有满意的一致性,否则需要调整判断矩阵,以使之具有满意的一致性。

表 4.3　平均随机一致性指标 RI 值

n	1	2	3	4	5	6	7	8	9	10	11	12	13	14	15
RI 值	0	0	0.52	0.89	1.12	1.26	1.36	1.41	1.46	1.49	1.52	1.54	1.56	1.58	1.59

4.2　长江水运安全风险源等级综合评价分值标准

评价标准是对长江水运安全风险源风险性进行定性和定量化衡量的尺度,在评价模型构建后,需划分长江水运安全风险源综合评价值等级,确定风险源风险性的评价标准,以评判各风险源的实际风险性。结合评价指标体系,长江水运安全风险源等级评价标准需依据最终的风险源综合评价值划分等级。

一般以评价对象固有风险性大小作为风险源等级划分的依据,根据长江干线水运安全评价技术以及安全形势要求,以预防重大风险事件为目标,以一旦发生风险事件可能引起的人员伤亡、环境破坏,对航运秩序、航运能力、航运枢纽以及国民经济的影响程度为标准进行风险源的等级的划分。本研究在风险源、风险因素辨识和分析的基础上,参照《生产安全事故报告和调查处理条例》(国务院令第 493 号)中的有关要求,将风险源按风险性大小划分为重大、较大、一般、较小四个等级,并根据专家意见及综合指数评价模型评价标准的一般划分原则确定了各等级综合评价值,如表 4.4 所示。

表 4.4　安全等级评价划分

风险等级	计算分值 R
重大风险源（Ⅰ级）	综合得分 76 分及以上或单项类别风险中有 1 个及以上单项指标为 90 分以上者
较大风险（Ⅱ级）	综合得分 50～75 分者
一般风险（Ⅲ级）	综合得分 21～49 分者
较小风险（Ⅳ级）	综合得分 0～20 分者

注：本研究适用于长江干线水域，不包含人工水道、江河入海口水域。

4.3　长江水运安全风险源分级

长江水运交通系统主要由港口、通航环境（航道）和船舶三大要素组成，因此长江水运安全风险源的分析与评价也主要分为这三大类别进行（图 4.1）。

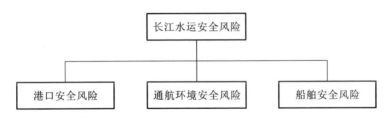

图 4.1　长江水运安全系统组成

4.4　船舶类风险源分级

船舶类风险源分为客运船舶、普通货运船舶、油船及液货危险品船、砂石船、水上加油加气站等 5 个二级指标，各风险源存在对应的主要风险因素。本书通过对主要风险因素的评价指标进行评估打分，得出各类风险源的评价总分，根据评价总分划分各风险源的风险级别。船舶类风险源指标分级标准如图 4.2 所示。

4.4.1　客运船舶

客运船舶类风险源评价指标共有 4 个三级风险指标，各指标的权重如表 4.5 所示。

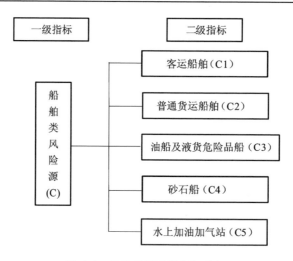

图 4.2　船舶类风险源指标分级

表 4.5　客运船舶风险等级评价指标权重

序号	三级指标名称	权重
1	船舶类型(C11)	20
2	船龄(C12)	30
3	额定载客量(C13)	25
4	船舶数量(C14)	25
总计		100

(1)船舶类型

不同种类的船舶航行中的风险性存在差异。客滚船由于载有车辆等危险货物,易发生火灾事故造成严重后果,同时,货物偏离货位会导致船舶失衡进而倾覆,故风险性最大;客渡船在航行过程中要穿越长江,与往来船只航线交叉的频率更高,故风险相对较大。在查阅资料的基础上咨询专家意见,本书得出本风险因素的标准划分结果见表 4.6。

(2)船龄

船龄越大,船舶关键设备的老化程度越大,船舶设备故障的概率也增大,极大地增大了航行过程中船舶的风险性。根据《老旧运输船舶管理规定》(2006 年交通部发布;根据 2009 年交通运输部《关于修改〈老旧运输船舶管理规定〉的决定》第 1 次修正;根据 2014 年交通运输部令第 14 号《关于修改〈老旧运输船舶管理规定〉的决定》第 2 次修正)对船舶船龄的划分,咨询专家意见,本书得出本风险因素的标准划分结果见表 4.7。

表 4.6 船舶类型风险因素分值标准(客运船舶)

三级指标	评估分级	评估分值	评估说明
船舶种类 (C11)20 分	客滚船	10~20	客滚船由于载有车辆等危险货物,易发生火灾事故造成严重后果,故分值最高;客渡船与旅游船运行模式不同,应分开考虑
	客渡船	10~20	
	旅游船	1~15	

表 4.7 船龄风险因素分值标准(客运船舶)

三级指标	评估分级	评估分值	评估说明
船龄 (C12) 30 分	四、五类船龄	20~30	根据我国交通运输部《老旧运输船舶管理规定》标准打分,随着船舶年龄的增加,设备老化会影响船舶安全
	一、二、三类船龄	10~20	

(3)额定载客量

客运船舶额定载客量越大,乘客活动对船舶航行的不利影响越大,一旦船舶发生危险,造成的人员伤亡和财产损失将更加严重。在查阅资料的基础上咨询专家意见,本书得出本风险因素的标准划分结果见表 4.8。

表 4.8 额定载客量风险因素分值标准(客运船舶)

三级指标	评估分级	评估分值	评估说明
额定载客量 (C13) 25 分	400 人以上	20~25	根据《国际海上人命安全公约》(2009 年中文版),载客 36 人以上的客船消防等级更高,且对载客 400 人以上的客船有特殊设计要求
	36~400 人	15~20	
	36 人以下	5~15	

(4)船舶数量

客运船舶数量越大,船舶发生事故的风险及风险后果越大,可能造成的人员伤亡和财产损失将更加严重。在查阅资料的基础上咨询专家意见,本书得出本风险因素的标准划分结果见表 4.9。

表 4.9 船舶数量风险因素分值标准(客运船舶)

三级指标	评估分级	评估分值	评估说明
船舶数量 (C14) 25 分	0.3 以上	20~25	评价航段内客船所占比例
	0.1~0.3	10~20	
	0.1 以下	0~10	

4.4.2　普通货运船舶

普通货运船舶包括散货船、滚装船(不含客滚船)、工程船,其相对的风险较小。该风险源评价指标共有 2 个,各指标的权重见表 4.10。

表 4.10　普通货运船舶风险等级评价指标权重

序号	三级指标名称	权重
1	船舶类型(C21)	40
2	船龄(C22)	60
总计		100

(1)船舶类型

不同类型的船舶其风险特征是不一样的,大件运输船舶由于其运输货物的特殊性,大件货物在装船、运输、卸船过程中均会发生风险,其风险性最大;滚装货船货舱内不设横舱壁,舱内支柱也很少,货物固定不牢易发生位移,进而导致船舶失衡;集装箱船所装货物单一,装箱、卸箱工艺成熟,但其受风面积相对较大。通过咨询专家意见,本书得出本风险因素的标准划分结果见表 4.11。

表 4.11　船舶类型风险因素分值标准(普通货运船舶)

三级指标	评估分级	评估分值	评估说明
船舶类型 (C21) 40 分	大件运输船舶	30~40	结合具体船舶的载货种类危险性及船舶的载重吨位给分。 普通货船如装有 LNG 罐,分值根据 LNG 罐容量相应改变
	滚装货船	20~30	
	集装箱船	10~20	
	普通散货船	0~10	

(2)船龄

船龄越大,船舶关键设备的老化程度越大,船舶设备故障的概率也增大,极大地增大了航行过程中船舶的风险性。根据《老旧运输船舶管理规定》对船舶船龄的划分,咨询专家意见,本书得出本风险因素的标准划分结果见表 4.12。

表 4.12 船龄风险因素分值标准（普通货运船舶）

三级指标	评估分级	评估分值	评估说明
船龄（C22）60 分	四、五类船龄	40～60	随着船龄的增长，船舶的各类缺陷随之出现，发生事故的可能性也越大。船龄类别根据《老旧运输船舶管理规定》划分
	一、二、三类船龄	10～30	

4.4.3 油船及液货危险品船

油船及液货危险品船风险源评价指标共有 5 个，各指标的权重见表 4.13。

表 4.13 油船及液货危险品船风险等级评价指标权重

序号	三级指标名称	权重
1	船舶类型（C31）	15
2	船龄（C32）	20
3	船舶数量（C33）	20
4	低标准船比率（C34）	25
5	装载量（C35）	20
	总计	100

（1）船舶类型

根据船舶装载的危化品的种类将危化品船舶分为两类，根据船舶装载危险品的危险性，各项的分值为一范围值，危化品危险性越大，其值越高。根据《危险化学品重大危险源辨识》（GB 18218—2018）和专家意见，本书得出本风险因素的标准划分结果见表 4.14。

表 4.14 船舶类型风险因素分值标准（油船及液货危险品船）

三级指标	评估分级	评估分值	评估说明
船舶类型（C31）15 分	一般危化品船舶	1～15	根据船舶装载的危化品的种类划分。需参照《危险化学品重大危险源辨识》（GB 18218—2018）中的分类，结合装载危险品的危险性酌情打分
	油气运输船舶	1～15	

(2)船龄

船龄越大,船舶关键设备的老化程度越大,船舶设备故障的概率也增大,极大地增大了航行过程中船舶的风险性。根据《老旧运输船舶管理规定》对船舶船龄的划分,咨询专家意见,本书得出本风险因素的标准划分结果见表4.15。

表 4.15 船龄风险因素分值标准(油船及液货危险品船)

三级指标	评估分级	评估分值	评估说明
船龄 (C32) 20分	四、五类船龄	15~20	随着船龄的增长,船舶的各类缺陷随之出现,发生事故的可能性也越大。船龄类别根据《老旧运输船舶管理规定》划分
	一、二、三类船龄	5~15	

(3)船舶数量

船舶数量越多,船舶发生事故的风险及风险后果越大,可能造成的人员伤亡和财产损失将更加严重。在查阅资料的基础上咨询专家意见,本书得出本风险因素的标准划分结果见表4.16。

表 4.16 船舶数量风险因素分值标准(油船及液货危险品船)

三级指标	评估分级	评估分值	评估说明
船舶数量 (C33) 20分	0.2以上	15~20	评价航段内油船及液货危险品船所占比例
	0.1~0.2	10~15	
	0.1以下	0~10	

(4)低标准船比率

低标准船是指船体、设备、机器或配员低于公约和法规要求的标准或不符合安全配员的船舶,在油船及液货危险品船舶中如单壳、单底的船舶都被称为低标准船,其往往可能在发生事故时带来更大的污染风险。在查阅资料的基础上咨询专家意见,本书得出本风险因素的标准划分结果见表4.17。

表 4.17 低标准船比率风险因素分值标准(油船及液货危险品船)

三级指标	评估分级	评估分值	评估说明
低标准船比率 (C34) 25分	0.2以上	20~25	评价航段内所有油船及液货危险品船舶中单壳、单底等低标准船在危险化学品运输船舶中所占比例
	0.1~0.2	10~20	
	0.1以下	0~9	

（5）装载量

船舶装载油品和危化品数量越多，发生事故时对水域环境造成的污染越大，经济损失越多，船舶风险性越大，船级社对不同总吨的化学品船船体、构造、设备、性能和布置等有严格要求。在查阅资料的基础上咨询专家意见，本书得出本风险因素的标准划分结果见表 4.18。

表 4.18　装载量风险因素分值标准（油船及液货危险品船）

三级指标	评估分级	评估分值	评估说明
装载量 （C35） 20分	总吨大于 3000t	15～20	根据 1974 年国际海上人命安全公约（SOLAS）、IACS 要求、船级社规范，不同总吨的化学品船船体、构造、设备、性能和布置等有特殊要求
	总吨 2000～3000t	10～15	
	总吨 1000～2000t	5～10	
	总吨 1000t 以下	1～5	

4.4.4　砂石船

砂石船风险源评价指标共有 3 个，各指标的权重见表 4.19。

表 4.19　砂石船风险等级评价指标权重

序号	三级指标名称	权重
1	船舶类型（C41）	30
2	船舶数量（C42）	35
3	船龄（C43）	35
总计		100

（1）船舶类型

不同种类的砂石船因作业类型不同，风险性不相同；不同吨位及作业能力的工程船，风险性也不同。在查阅资料的基础上咨询专家意见，本书得出本风险因素的标准划分结果见表 4.20。

表 4.20　船舶类型风险因素分值标准（砂石船）

三级指标	评估分级	评估分值	评估说明
船舶类型 （C41） 30分	采砂船	20～30	分值为一范围值，需考虑船舶吨位、作业能力酌情打分
	运砂船	10～20	

（2）船舶数量

砂石船的船舶数量越多，风险性越高。在查阅资料的基础上咨询专家意见，本书得出本风险因素的标准划分结果见表 4.21。

表 4.21　船舶数量风险因素分值标准（砂石船）

三级指标	评估分级	评估分值	评估说明
船舶数量 （C42） 35 分	0.2 以上	25～35	评价航段内砂石船舶所占比例，分值为一范围值
	0.1～0.2	15～25	
	0.1 以下	0～15	

（3）船龄

船龄越大，船舶关键设备的老化程度越大，船舶设备故障的概率也增大，极大地增大了航行过程中船舶的风险性。根据交通运输部《老旧运输船舶管理规定》对船舶船龄的划分，咨询专家意见，本书得出本风险因素的标准划分结果见表 4.22。

表 4.22　船龄风险因素分值标准（砂石船）

三级指标	评估分级	评估分值	评估说明
船龄 （C43） 35 分	四、五类船龄	20～35	随着船龄的增长，船舶的各类缺陷随之出现，发生事故的可能性也越大。船龄类别根据《老旧运输船舶管理规定》划分
	一、二、三类船龄	10～19	

4.4.5　水上加油加气站

水上加油加气站风险源 C5 的评价指标共有 5 个，各指标的权重见表 4.23。

表 4.23　水上加油加气站风险等级评定指标权重

序号	三级指标名称	权重
1	加注站数量（C51）	15
2	油气储存量（C52）	20
3	码头模式（C53）	15
4	系统运行设备（C54）	25
5	安全保障设备（C55）	25
	总计	100

（1）加注站数量

加注站数量是指辖区内水上加油和加气（LNG）站点的数量，一般加注站都是重大危险源，其数量越多其风险就越大。加注站数量评价指标分值标准见表 4.24。

表 4.24　加注站数量评价指标分值标准

三级指标	评估分级	评估分值	评估说明
加注站数量 （C51） 15 分	加注站数量	0~15	区域内每增加 1 座加注站，增加 3 分

（2）油气储存量

油气储存量越多，一旦发生油气泄漏或爆炸事故，损失越大，损失越广。此处油气储存量的临界值参照《危险化学品重大危险源辨识》（GB 18218—2018）临界值计算公式算出。油气储存量评价指标分值标准见表 4.25。

表 4.25　油气储存量评价指标分值标准

三级指标	评估分级	评估分值	评估说明
油气储存量 （C52） 20 分	$R>1$	20	油气储存量超过临界当量值。油气储存量 R 按照《危险化学品重大危险源辨识》（GB 18218—2018）临界值计算公式算出
	$0.8<R\leqslant1$	17	
	$0.6<R\leqslant0.8$	14	
	$0.4<R\leqslant0.6$	11	
	$0.2<R\leqslant0.4$	8	

（3）码头模式

水上加油加气站的码头模式有机动船、浮式码头、固定式码头三种，机动船和浮式码头漂浮在水中，易受风浪影响，尤其能见度差时被船舶碰撞容易倾覆，固定式码头则风险性较小。码头模式加油加气站评价指标分值标准见表 4.26。

表 4.26　码头模式评价指标分值标准

三级指标	评估分级	评估分值	评估说明
码头模式 （C53） 15 分	机动船	12~15	根据《水上加油站安全与防污染技术要求》（JT/T 660—2006）赋值
	浮式码头	6~9	
	固定式码头	0~3	

（4）系统运行设备

加油加气站的系统运行设备技术状况越差，如电气控制设备故障，更易引起各种风险事件，如起火等。此处用主要设备、系统年故障率大小评价。系统运行设备指标分值标准见表 4.27。

表 4.27　系统运行设备指标分值标准

三级指标	评估分级	评估分值	评估说明
系统运行设备（C54）25 分	主要设备、系统年故障率大于 5%	20～25	设备指主要趸船、加油机、管系、无线电及信号设备、电气控制设备等
	主要设备、系统年故障率介于 2%～5%	10～20	
	主要设备、系统年故障率介于 0～2%	0～10	

（5）安全保障设备

根据《水上加油站安全与防污染技术要求》（JT/T 660—2006）的规定，水上加油加气站上的消防设备、救生设备、防污染设备应处于良好的技术状态，若是这些安全保障设备存在缺陷、故障，或应急物资维护保养不当，存在问题，则在出现火灾、爆炸、人员落水、油品泄漏等风险时，无法迅速阻止事故蔓延和减少事故损失；若是其设置本就不符合现行国家规范、标准的要求，则很可能导致无法及时应对出现的灾情，风险性更大。安全保障设备评价指标分值标准见表 4.28。

表 4.28　安全保障设备评价指标分值标准

三级指标	评估分级	评估分值	评估说明
安全保障设备（C55）25 分	消防设备、救生设备、防污染设备设置不符合现行国家规范、标准的要求	20～25	消防设备、救生设备、防污染设备设置不符合现行的国家规范、标准要求，且存在问题的取值 25；消防设备、救生设备、防污染设备设置不符合现行的国家规范、标准要求，取值 20；依据《水上加油站安全与防污染技术要求》（JT/T 660—2006）
	消防设备、救生设备、防污染设备存在缺陷、故障；或应急物资维护保养不当，存在问题	15～20	消防设备、救生设备、防污染设备设置符合要求，但在运营中消防设备、救生设备、防污染设备存在缺陷、故障的视情况给分

4.5 通航环境类风险源分级

通航环境类风险源主要有 5 个二级风险指标,分别为航道、船闸、交通流、自然环境、水上水下施工。结合 4.2 节中的长江水运安全风险源等级评价划分,运用专家调查及数据调查分析确定各类风险源中不同指标的权重,再对风险源进行等级划分(图 4.3)。

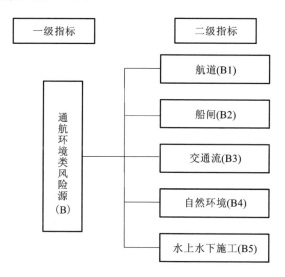

图 4.3 通航环境类风险源指标分级

4.5.1 航道

航道风险源 B1 的评价指标共有 6 个,各指标的权重见表 4.29。

表 4.29 航道风险等级评定指标权重

序号	三级指标名称	权重
1	航道等级(B11)	20
2	通航限制条件(B12)	10
3	交汇状况(B13)	10
4	主航道水深(B14)	10
5	碍航物(B15)	20
6	涉航设施对主航道的影响(B16)	30
总计		100

（1）航道等级

航道等级越高,通航船舶的交通流密度越大,通航船舶尺度也越大,发生事故及其可能的后果相对越大。各等级对应的分值见表4.30。各等级航道的尺度参照《内河通航标准》(GB 50139—2014)。

表4.30　航道等级评价指标分值标准

三级指标	评估分级	评估分值	评估说明
航道等级 （B11） 20分	一级	20	根据航段的航道等级打分,各等级航道的尺度参照《内河通航标准》(GB 50139—2014)
	二级	15	
	三级	10	
	其他等级	0~8	

（2）通航限制条件

航道限制性条件越多,其可能存在的水上交通安全风险越大。通航限制条件评价指标分值标准见表4.31。

表4.31　通航限制条件评价指标分值标准

三级指标	评估分级	评估分值	评估说明
通航限制条件 （B12）10分	限制性航道	10	根据航道实际运行过程中的限制性条件打分
	单向航道	5	

注:限制性航道是指因水面狭窄、航道断面系数小而对船舶航行有明显限制作用的航道,包括运河、通航渠道、狭窄的设闸航道、水网地区航道,以及具有前述特征的滩险航道。

（3）交汇状况

干流与支流的交叉角度越大,交汇水域各方向船舶的整体瞭望越困难,转弯操船难度越大,尤其随着船舶密度的增大,船舶在航道交叉处极容易出现紧迫局面,从而引发碰撞、搁浅等风险事件。该指标以干流与支流的最大交叉角度(度)作为交汇状况的评价指标。在查阅资料的基础上咨询了专家意见,得出本指标的标准划分结果见表4.32。

（4）主航道水深

长江干线各段流域均有最低水深维护标准,在浅滩水域,航道水深过浅,船舶在航行过程中极易触礁、搁浅,威胁船舶的正常航行。在查阅资料的基础上咨询了专家意见,得出本指标的标准划分结果见表4.33。

表 4.32 交汇状况评价指标分值标准

三级指标	评估分级	评估分值	评估说明
交汇状况 （B13） 10 分	>70°	10	根据干流与支流的最大交叉角度打分
	60°～70°	8	
	45°～60°	6	
	20°～45°	4	
	<20°	2	

表 4.33 主航道水深评价指标分值标准

三级指标	评估分级	评估分值	评估说明
主航道水深 （B14） 10 分	1 以下	10	自航道底工程面至平均枯水期水深 H/最大载重船舶满载吃水 h
	1～1.2	7	
	1.2～2	5	
	2～4	3	
	4 以上	1	

（5）碍航物

航道碍航物越多，船舶越有可能发生碰撞、搁浅、触礁、触损等风险事件。因而，以碍航物的数量作为评价指标。其评分标准见表 4.34。

表 4.34 碍航情况评价指标分值标准

三级指标	评估分级	评估分值	评估说明
碍航物 （B15） 20 分	碍航物数量（如两岸的礁石、水底的暗礁沉船、工程遗留物等碍航物）	0～20	航段内每多一处碍航物，加 2 分

（6）涉航设施对主航道影响

针对浅滩、交汇水域、通航密集区等航道而言，涉航设施对主航道影响的风险性可按涉航设施的布置、水上过河建筑物的数量、水下过河建筑物的数量、临河建筑物的数量分级。涉航设施对主航道的影响评价指标分值标准见

表4.35。

表4.35　涉航设施对主航道的影响评价指标分值标准

三级指标	评估分级	评估分值	评估说明
涉航设施对主航道的影响（B16）30分	涉航设施的布置	0～15	在较宽阔的水域,临河建筑物及其停泊、作业水域需占用部分通航水域时,应尽可能少占用通航水域[《内河通航标准》(GB 50139—2014)]。若占用了一处,则加2分
	水上过河建筑物	0～15	水上过河建筑物:桥梁、管道、缆线、隧道等。
	水下过河建筑物	0～5	临河建筑物:航道上是否有码头、船台滑道、取水口等。
	临河建筑物	0～5	每多一处水上过河建筑物,则加2分;航道上每多一处水下过河建筑物,则加1分;航段上每多一处临河建筑物,则加2分

4.5.2　船闸

船闸风险源B2的评价指标共有6个,各指标的权重见表4.36。

表4.36　船闸风险等级评定指标权重

序号	三级指标名称	权重
1	船闸级数(B21)	20
2	船闸线数(B22)	10
3	船闸级别(B23)	10
4	过闸船舶数量(B24)	20
5	系统运行设备(B25)	20
6	安全保障设备(B26)	20
	总计	100

（1）船闸级数

船闸级数越多,操作和机构越复杂,船舶在船闸中时间越长,风险性越高。船闸级数评价指标分值标准见表 4.37。

表 4.37 船闸级数评价指标分值标准

三级指标	评估分级	评估分值	评估说明
船闸级数 （B21） 20分	4 级以上船闸	20	根据船闸级数划分打分标准
	4 级船闸	15	
	3 级船闸	10	
	2 级船闸	5	

（2）船闸线数

船闸线数越多，船闸操作和机构越复杂，船舶在船闸中时间越长，风险性越高。船闸线数评价指标分值标准见表 4.38。

表 4.38 船闸线数评价指标分值标准

三级指标	评估分级	评估分值	评估说明
船闸线数 （B22） 10分	多线船闸	10	根据船闸线数划分打分标准
	双线船闸	8	
	单线船闸	5	

（3）船闸级别

船闸级别越高，相应的过闸船舶尺度越大，船型越复杂，闸室内风险越大。船闸级别评价指标分值标准见表 4.39。

表 4.39 船闸级别评价指标分值标准

三级指标	评估分级	评估分值	评估说明
船闸级别 （B23） 10分	Ⅰ 级船闸	10	根据船闸级别划分打分标准
	Ⅱ 级船闸	8	
	Ⅲ 级船闸	6	
	Ⅳ 级船闸	4	
	Ⅴ～Ⅶ 级船闸	2	

（4）过闸船舶数量

船闸的过闸量越大，船闸可能面临的风险越大。过闸船舶数量评价指标分值标准见表4.40。

表4.40 过闸船舶数量评价指标分值标准

三级指标	评估分级	评估分值	评估说明
过闸船舶数量 （B24） 20分	$R \geqslant 1.0$	20	过闸船舶数量 $R=$ 年平均通过船闸船舶总吨数/船闸设计通过能力
	$1.0 > R \geqslant 0.8$	15	
	$0.8 > R \geqslant 0.6$	10	
	$0.6 > R \geqslant 0.4$	5	
	$0.4 > R$	0	

（5）系统运行设备

船闸主要设备、系统各项功能正常，处于良好的技术状态，能够防止和杜绝故障的发生。反之，若船闸在运行时出现故障，则无法保证闸内船舶过闸安全，甚至使船闸停止运行，造成整个航线的瘫痪。此处用主要设备、系统年故障率作为系统、机械因素的评价指标，指标值取值越大，表示船闸的系统、机械越不稳定，船闸发生风险事件的概率越高。系统运行设备评价指标分值标准见表4.41。

表4.41 系统运行设备评价指标分值标准

三级指标	评估分级	评估分值	评估说明
系统运行设备 （B25） 20分	主要设备、系统年故障率大于5%	15～20	按主要设备、系统年故障率的大小打分。 主要设备、系统包含：船闸控制系统、船闸系统、闸门、启闭机、阀门、升船机、启闭机械电力拖动与控制设备等
	主要设备、系统年故障率为2%～5%	10～15	
	主要设备、系统年故障率为0～2%	5～10	

（6）安全保障设备

船闸的消防、救生、防污染设备处于良好的技术状态利于随时应对可能出现的火灾风险，并在船闸火灾事故初期及时扑灭。反之，其技术状况越差，或不符合相关标准、规定，一旦风险事件发生，损失越大。安全保障设备评价指标分值标准见表4.42。

表 4.42　安全保障设备评价指标分值标准

三级指标	评估分级	评估分值	评估说明
安全保障设备（B26）20 分	消防、救生、防污染设备不符合现行国家规范、标准的要求	15～20	消防、救生、防污染设备设置不符合现行的国家规范、标准要求，且存在问题的取值 20；消防、救生、防污染设备不符合现行的国家规范、标准要求，取值 15；《船闸总体设计规范》(JTJ 305—2001)
	消防、救生、防污染设备存在缺陷、故障；或应急物资维护保养不当，存在问题	10～15	消防、救生、防污染设备设置符合要求，但在运营中消防、救生、防污染设备存在缺陷、故障，取值 15 分

4.5.3　交通流

交通流 B3 是影响通航安全的重要因素，通过的船舶数量大于设计通过能力时，此航段常年处于超拥挤状态，船舶间无法保持理论安全距离，极大地增加了船舶碰撞、触损风险。交通流评价指标分值标准见表 4.43。

表 4.43　交通流评价指标分值标准

序号	二级指标名称	评估分级	评估分值	评估说明
1	交通流（B3）100 分	$R \geqslant 1$	100	交通流量 $R =$ 年平均通过航道船舶总艘次/航道设计通航能力
		$1 > R \geqslant 0.8$	80	
		$0.8 > R \geqslant 0.6$	60	
		$0.6 > R \geqslant 0.4$	40	
		$0.4 > R \geqslant 0.2$	20	

4.5.4　自然环境

水文气象对一般航道风险影响主要是体现在水流、风及能见度几个方面，对其风险性进行分析：水流——通常水流流速越大，流态越复杂，船舶越难操控，风险性越大；风——风对船舶会产生一定的作用力，风级越高，风险性越大;能见度——能见度会直接影响驾驶员及相关工作人员的视线,能见度越低,风险越大。因此,选取流速、能见度、风、波、高几项为水文气象的三级指标,为了量化分析,参照《港口与航道水文规范》(JTS 145—2015)等标准规范进行分级,见表 4.44。

表 4.44 自然环境评价指标分值标准

三级指标	评估分级	评估分值	评估说明
流速 (B41) 20 分	2m/s 以上	16~20	流速/最大流速(m/s)
	1.25~2m/s	12~16	
	0.75~1.25m/s	8~12	
	0.25~0.75m/s	4~8	
	0.25m/s 以下	0~4	
能见度 (B42) 30 分	50 天/年以上	30	年均能见度不良气候的天数(雾、暴雨、雪)(天/年)
	40~50 天/年	24~30	
	25~40 天/年	12~24	
	15~25 天/年	6~12	
	15 天/年以下	0~6	
风 (B43) 30 分	15 天/年以上	30	年均 7 级以上风(标准风)的天数(天/年) 标准风的天数=7 级年均风的天数+15×8 级以上年均风的天数
	10~15 天/年	24~30	
	6~10 天/年	12~24	
	3~6 天/年	6~12	
	3 天/年以下	0~6	
波高 (B44) 20 分	5m 以上	16~20	以当地水文观测资料为主要依据,一年内的平均最大波高高度(m) 参照《港口与航道水文规范》(JTS 145—2015)
	3~5m	12~16	
	1.5~3m	8~12	
	0.5~1.5m	4~8	
	0.5m 以下	0~4	

4.5.5 水上水下施工

近年来,随着长江干线航运船舶的大型化发展,水运工程逐步转移至深水,远离岸线区域,内河航运枢纽工程比例逐步上升,工程建设风险因素呈复杂化和多样化发展。水运工程建设是一个复杂的系统工程,通常情况下,水运工程建设较多地涉及水上作业和野外作业,工程施工具有较长的时间跨度,作业流动性大,位置变化多端,易受自然环境的干扰,较多地运用大型机械和设备,且面临与施工区域通航船舶的冲突。因此,应从施工涉及的人、机、环、法等要素出发,综合运用事故致因理论及事故后果分析方法,对水运项目施工过程中的高风险施工作业,作业水域的水文、地质及气象环境,施工工艺,施工设备,施工辅助设施,作业水域船舶通航状况等方面进行识别,以分析水运工程风险源的风险特性。

水上水下施工风险 B5 的评价指标共有 2 个,各指标的权重见表 4.45。

表 4.45 水上水下施工风险等级评定指标权重

序号	三级指标名称	权重
1	施工作业项目数(B51)	50
2	施工作业类型(B52)	50
总计		100

(1)施工作业项目数

水上存在水上水下施工作业,一方面将直接影响航道的宽度,另一方面将增加航道船舶数量,同时,作业本身也存在安全风险,从而会直接增加整个水运交通风险。施工作业项目数评价指标分值标准见表 4.46。

表 4.46 施工作业项目数评价指标分值标准

三级指标	评估分级	评估分值	评估说明
施工作业项目数 (B51) 50 分	作业数量	0~50	每增加一项施工作业,增加 5 分

(2)施工作业类型

不同类型的水上水下施工作业,其本身的风险程度不一样,发生事故的频率和事故后可能造成的后果也不一致。施工作业类型评价指标分值标准见表 4.47。

表 4.47　施工作业类型评价指标分值标准

三级指标	评估分级	评估分值	评估说明
施工作业类型 （B52） 50 分	作业类型	0～50	水上过河建筑物施工作业:桥梁、隧道等施工作业,每项加 10 分; 临河建筑物施工作业:码头修建等作业,每项加分 7 分; 水下施工作业:打捞、管道、缆线等作业,每项增加 5 分; 其他施工作业:水上拖带等,每项增加 3 分

4.6　港口类风险源分级

港口类风险源主要有三类:码头、锚地、罐区堆场及管线。结合 4.2 节中的长江水运安全风险源等级评价划分,运用专家调查及数据调查分析确定各类风险源中不同指标的权重,再对风险源进行等级划分(图 4.4)。

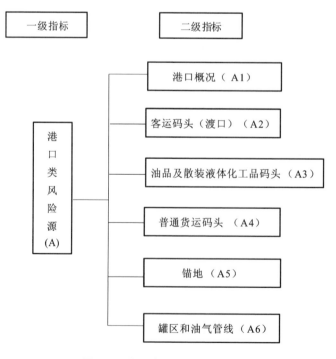

图 4.4　港口类风险源指标分级

4.6.1　港口概况

码头二级指标包含4个三级风险评价指标,根据相关研究及专家建议,各指标所占权重见表4.48。

表 4.48　码头风险等级评定指标权重

序号	三级指标名称	权重
1	码头数量(A11)	25
2	码头类型(A12)	25
3	码头吨级(A13)	25
4	锚地配套情况(A14)	25
	总计	100

(1)码头数量

码头是港口船舶安全装卸货物的实体设施,港口内码头数量越多,对通航环境的影响越大,船舶进出靠离泊越频繁,风险性越大。参照交通运输部《交通运输安全生产风险源等级划分规定(试行)》文件,将三级指标值按风险性由大到小划分等级(表4.49)。

表 4.49　码头数量风险因素分值标准

三级指标	评估分级	评估分值	评估说明
码头数量 (A11) 25分	$N \geqslant 0.9$	25	码头泊位布置密度 $N =$ 码头岸线长度/可供使用岸线的长度
	$0.9 > N \geqslant 0.75$	20	
	$0.75 > N \geqslant 0.6$	15	
	$0.6 > N \geqslant 0.4$	10	
	$0.4 > N$	5	

(2)码头类型

码头包括干散货码头、滚装码头、客运码头、油码头、液体危险货物码头,不同类型的码头其风险程度不同,其中油码头、危险货物码头的安全风险较大。参照交通运输部《交通运输安全生产风险源等级划分规定(试行)》文件,将三级指标值按风险性由大到小划分为五个等级(表4.50)。

表 4.50 码头类型风险因素分值标准

三级指标	评估分级	评估分值	评估说明
码头类型（A12）25分	0.9以上	25	根据客运码头、油品及液体危险货物码头的比率进行评价。油码头、危险货物码头所占比率越大，发生事故的危险性越大。（客运码头＋油品及液体危险货物码头）/辖区码头总数
	0.7～0.89	15～25	
	0.5～0.69	5～15	
	0.3～0.49	1～5	
	0.29以下	1	

（3）码头吨级

码头吨级越大，靠泊的船舶吨位越大，发生事故时可能产生的事故后果就越严重。参照交通运输部《交通运输安全生产风险源等级划分规定（试行）》及《内河通航标准》（GB 50139—2014），将三级指标值按风险性由大到小划分为五个等级（表4.51）。

表 4.51 码头吨级风险因素分值标准

三级指标	评估分级	评估分值	评估说明
码头吨级（A13）25分	$N \geq 10000t$	25	根据《内河通航标准》（GB 50139—2014）中河段代表船型吨级进行评价
	$10000t > N \geq 5000t$	20	
	$5000t > N \geq 3000万t$	15	
	$3000t > N \geq 1000t$	10	
	$1000t > N$	5	

（4）锚地配套情况

河港锚地是船舶待装、待卸、过境换拖中转及加水、加煤和供应物质的临时停靠的场所，按照船舶载货种类来分，可分为危险品锚地和一般货物锚地。锚地配套不足，会导致船舶在内河水域随意抛锚，从而影响航道航行船舶安全。因此，配套锚地的规模是否能满足港口生产的需要，在一定程度上影响港口的整体安全。根据《河港总体设计规范》，参照交通运输部《交通运输安全风险源等级划分规定（试行）》文件，将三级指标值按风险性由大到小划分等级（表4.52）。

表 4.52 锚地配套情况风险因素分值标准

三级指标	评估分级	评估分值	评估说明
锚地配套情况（A14）25分	0.5>N	21～25	锚地实际规模/港口所需锚地规模
	0.8>N≥0.5	15～20	
	1.0>N≥0.8	10～14	
	N≥1.0	0～9	

4.6.2 客运码头（渡口）

客运码头（渡口）风险源评价指标共有 4 个三级风险指标，各指标的权重见表 4.53。

表 4.53 客运码头（渡口）风险等级评定指标权重

序号	三级指标名称	权重
1	客运码头规模（A21）	20
2	安全设施完好性（A22）	30
3	码头设施防火等级（A23）	25
4	消防设施配置水平（A24）	25
	总计	100

（1）客运码头规模

客运码头是人员聚集的地方，发生安全事故易造成人员伤亡。《交通客运站建筑设计规范》(JGJ/T 60—2012)规定，港口客运站的建设规模根据设计旅客聚集量分为四级。参照交通运输部《交通运输安全生产风险源等级划分规定（试行）》及相关专家意见，将三级指标值按风险性由大到小划分等级（表 4.54）。

表 4.54 客运码头规模风险因素分值标准

三级指标	评估分级		评估分值	评估说明
客运码头规模（A21）20分	一级	≥3000 人/d	20	按《交通客运站建筑设计规范》(JGJ/T 60—2012)划分评估
	二级	2000～2999	14	
	三级	1000～1999	8	
	四级	≤999	2	

（2）安全设施完好性

客运码头（渡口）设备完整性主要指液压连接桥、客梯车、摆渡车、安检设施、供暖设备、通风设备、避雷设施、给排水设备完整性。这些设备的完好，对客运码头（渡口）的本质安全起着良好的支撑作用，如果这类设备存在缺陷，会影响到客运码头（渡口）的本质安全。根据《河港工程总体设计规范》（JTJ 212—2006），参照交通运输部《交通运输安全生产风险源等级划分规定（试行）》及相关专家意见，将三级指标值按风险性由大到小划分等级（表4.55）。

表4.55　安全设施完好性风险因素分值标准

三级指标	评估分级	评估分值	评估说明
安全设施完好性（A22）30分	不完好	30	从基础,结构,润滑、计量仪表,防护装置、设备精度和运行效能五方面分析,只要有一项出现不完好设备状况就评为不完好
	二级	15	
	一级	3	

（3）码头设施防火等级

在人员密集区，火灾是造成群死群伤事故的主要原因。根据《交通客运站建筑设计规范》（JGJ/T 60—2012），各级客运站的站房耐火等级均不应低于二级。《建筑设计防火规范》（GB 50016—2014,2018版）规定,建筑物的耐火等级根据建筑物功能及重要度的不同分为一、二、三、四级,一级为最高耐火等级。耐火等级越高,火灾事故的可能性及影响越小。根据《河港工程总体设计规范》（JTJ 212—2006），参照交通运输部《交通运输安全生产风险源等级划分规定（试行）》及相关专家意见，将三级指标值按风险性由大到小划分等级（表4.56）。

表4.56　码头设施防火等级风险因素分值标准

三级指标	评估分级	评估分值	评估说明
码头设施防火等级（A23）25分	四级	25	按码头站房耐火等级,根据《建筑设计防火规范》（GB 50016—2014,2018版）评估
	三级	17	
	二级	3	

（4）消防设施配置水平

客运码头最重要的安全设施就是消防设施,港口客运码头消防设施的配置水平可分为:室内外消火栓系统,火灾自动报警系统,火灾自动报警系统与自动喷水灭火系统联动,火灾自动报警系统与自动喷水灭火系统、防排烟系统联动等水平。消防设施的配置水平越高,一旦发生火灾事故后,事故的影响会降到越低的水平。根据《河港工程总体设计规范》(JTJ 212—2006),参照交通运输部《交通运输安全生产风险源等级划分规定(试行)》及相关专家意见,将三级指标值按风险性由大到小划分等级(表4.57)。

表4.57 消防设施配置水平风险因素分值标准

三级指标	评估分级	评估分值	评估说明
消防设施配置水平(A24) 25分	没有消防设施	25	按实际配备情况评估
	室内外消火栓系统	17	
	火灾自动报警系统	12	
	火灾自动报警系统与自动喷水灭火系统联动	7	
	火灾自动报警系统与自动喷水灭火系统、防排烟系统联动	3	

4.6.3 油品及散装液体化工品码头

油品及散装液体化工品码头风险源评价指标共有4个三级风险指标,各指标的权重见表4.58。

表4.58 油品及散装液体化工品码头风险等级评定指标权重

序号	三级指标名称	权重
1	危险化学品类别(A31)	30
2	码头设施状况(A32)	40
3	码头外可能接触人员数量(A33)	20
4	码头利用率(A34)	10
	总计	100

(1)危险化学品类别

根据《河港工程总体设计规范》(JTJ 212—2006),参照交通运输部《交通运输安全生产风险源等级划分规定(试行)》及相关专家意见,将三级指标值按风险性由大到小划分等级(表4.59)。

表 4.59　危险化学品类别风险因素分值标准

三级指标	评估分级	评估分值	评估说明
危险化学品 类别(A31) 30 分	X 类	27～30	根据码头装卸危险货物的类别不同,装卸多种货物的,以最危险货物类别评价
	Y 类	21～26	
	Z 类	12～20	
	OS 及其他	6～11	

(2)码头设施状况

油品和化学品码头设施对安全影响重大,其中码头装卸设备、安全监控设施和应急设施设备是其中最主要的,这些设备设施的技术状态及完备程度影响码头的安全水平。根据《河港工程总体设计规范》(JTJ 212—2006)、《港口码头水上污染事故应急防备能力要求》(JT/T 451—2017)等标准规范,综合相关专家意见,将三级指标值按风险性由大到小划分等级(表 4.60)。

表 4.60　码头设施状况风险因素分值标准

三级指标	评估分级	评估分值	评估说明
码头设施 状况(A32) 40 分	设备配备不齐全,主要设备、系统年故障率大于 5%	32～40	根据码头装卸设备、安全监控设施和应急设施设备等的完整性和运行情况评价
	设备配备达到标准要求,主要设备、系统年故障率介于 5%～2%	20～31	
	设备配备完备,主要设备、系统年故障率小于 2%	8～19	

(3)码头外可能接触人员量

根据码头边界向外扩展 500m 范围内常住人口数量,设定码头外可能接触人员数量。码头外可能接触人员越多,码头发生事故时可能影响的人员越多,造成的危害越大。根据《港口重大危险源分级方法》,参考相关专家意见,将三级指标值按风险性由大到小划分等级(表 4.61)。

(4)码头利用率

码头利用率是码头实际吞吐量与码头设计吞吐量的比值。如果码头设计吞吐量不合理,负荷过高,必然给港口的安全生产带来负面影响。根据《河港工程总体设计规范》(JTJ 212—2006),参照交通运输部《交通运输安全生产风险源等级划分规定(试行)》及相关专家意见,将三级指标值按风险性由大到小划分等级(表4.62)。

表4.61 码头外可能接触人员量风险因素分值标准

三级指标	评估分级	评估分值	评估说明
码头外可能接触人员量(A33) 20分	100人以上	16～20	码头边界向外扩展500m范围内常住人口数量
	50人～99人	12～15	
	30人～49人	6～11	
	0～29人	0～5	

表4.62 码头利用率风险因素分值标准

三级指标	评估分级	评估分值	评估说明
码头利用率(A34) 10分	超负荷:$A \geqslant 1.0$	10	码头实际吞吐量/码头设计吞吐量
	满负荷:$0.8 \leqslant A < 1.0$	7	
	一般负荷:$0.5 \leqslant A < 0.8$	4	
	较小负荷:$A < 0.5$	1	

4.6.4 普通货运码头

普通货运码头风险源评价指标共有5个三级风险指标,各指标的权重见表4.63。

表4.63 普通货运码头风险等级评定指标权重

序号	三级指标名称	权重
1	起重设备(A41)	25
2	码口设施完整性(A42)	25
3	装卸货物种类(A43)	20
4	码头利用率(A44)	20
5	夜间生产(A45)	10
	总计	100

(1)起重设备

从普通货运码头事故案例统计结果分析,事故主要发生在起重设备使用环节。根据《河港工程总体设计规范》(JTJ 212—2006),参照交通运输部《交通运输安全生产风险源等级划分规定(试行)》及相关专家意见,将三级指标值按风险性由大到小划分等级(表 4.64)。

表 4.64　起重设备风险因素分值标准

三级指标	评估分级	评估分值	评估说明
起重设备 (A41) 25 分	重大风险源	25	按照《交通运输安全生产风险源等级划分规定(试行)》中对特种设备的评价结果
	较大风险源	17	
	一般风险源	10	
	较小风险源	3	

(2)码头设施完整性

码口设施包括码头及其附属设施、仓库、堆场、港区道路等,这些设施设备的技术状态及完备程度影响码头的安全水平。根据《河港工程总体设计规范》(JTJ 212—2006),参照交通运输部《交通运输安全生产风险源等级划分规定(试行)》及相关专家意见,将三级指标值按风险性由大到小划分等级(表 4.65)。

表 4.65　码头设施完整性风险因素分值标准

三级指标	评估分级	评估分值	评估说明
码头设施完整性 (A42) 25 分	第四类:技术状态恶劣	25	码口设施包括码头及其附属设施、仓库、堆场、港区道路等主要结构严重损坏,属危险设施,不能使用
	第三类:技术状态不良	17	码口设施包括码头及其附属设施、仓库、堆场、港区道路等主要结构损坏,附属设施普遍损坏,不能按设计标准使用
	第二类:技术状态正常	10	码口设施包括码头及其附属设施、仓库、堆场、港区道路等主要结构基本完好,附属设施基本齐全,基本上能按设计标准使用
	第一类:技术状态良好	3	码口设施包括码头及其附属设施、仓库、堆场、港区道路等全部结构完好,附属设施齐全,能按设计标准使用,符合生产要求

（3）装卸货物种类

普通货运码头装卸货物种类较多,按照货物组态及作业风险划分可分为:件杂货、干散货(含散粮)、集装箱货、超重超大件货等。不同货类在装卸作业过程中,由于货物特性的不同,给装卸货物带来的风险也各不相同。参照交通运输部《交通运输安全生产风险源等级划分规定(试行)》及相关专家意见,选取了部分装卸货物种类,将三级指标值按风险性由大到小划分等级(表4.66)。

表 4.66　装卸货物种类风险因素分值标准

三级指标	评估分级	评估分值	评估说明
装卸货物种类(A43)20分	危险物(含易流态化货物)	20	注:该处危险物未在《危险化学品重大危险源辨识》(GB 18218—2018)目录范围内
	超重、超大件货	12	
	件杂货	8	
	普通散货	5	

（4）码头利用率

码头利用率是码头实际吞吐量与码头设计吞吐量的比值。如果码头不合理,负荷过高,必然给港口的安全生产带来负面影响。根据《河港工程总体设计规范》(JTJ 212—2006),参照交通运输部《交通运输安全生产风险源等级划分规定(试行)》及相关专家意见,将三级指标值按风险性由大到小划分等级(表4.67)。

表 4.67　码头利用率风险因素分值标准

三级指标	评估分级	评估分值	评估说明
码头利用率(A44)20分	超负荷:$A \geqslant 1.0$	20	码头实际吞吐量/码头设计吞吐量
	满负荷:$0.8 \leqslant A < 1.0$	14	
	一般负荷:$0.5 \leqslant A < 0.8$	8	
	较小负荷:$A < 0.5$	2	

（5）夜间生产

由于港口生产连续性的特点,港口装卸作业的工作时间为 24 小时连续"三班倒"作业、昼夜交替。从港口事故统计结果分析,夜间生产是事故发生的高峰时间段,因而对照白班生产,夜间生产的风险更高。夜间生产因素分值标准见表4.68。

表 4.68　夜间生产风险因素分值标准

三级指标	评估分级	评估分值	评估说明
夜间生产（A45）10 分	安排夜间生产	10	根据码头是否安排夜间生产评估,未安排取值为 0

4.6.5　锚地

锚地包含 5 个风险评定指标,各指标所占权重见表 4.69。

表 4.69　锚地风险等级评定指标权重

序号	三级指标名称	权重
1	锚地面积(A51)	20
2	锚地水深(A52)	20
3	碍航物(A53)	20
4	锚地底质(A54)	20
5	水文气象(A55)	20
	总计	100

（1）锚地面积

锚地是指港口中供船舶安全停泊、避风、检疫、装卸货物和进行过驳编组作业的水域,锚地面积与锚位数、单船锚泊所需的水域面积等因素密切相关,同"港池面积"指标项一样,按照排队论的思想,其服务效率为港口泊位数与锚地锚位数的比值,比值越小,即服务效率越低,风险性越大。因此,采用港口泊位数与锚地锚位数的比值作为锚地面积的分级评定指标,指标的值越小,风险性越大,参照交通运输部《交通运输安全生产风险源等级划分规定(试行)》文件,按风险性由大到小划分为五个等级:1/4 以下、1/4～1/2、1/2～1、1～2、2 以上(表 4.70)。

（2）锚地水深

锚地水深的风险性主要体现在低水位时是否能满足船舶吃水要求,因此,采用锚地水底工程面至平均低水位水深与最大载重船舶满载吃水的比值作为锚地水深的分级评定指标,指标的值越小,风险性越大,参照交通运输部《交通运输安全生产风险源等级划分规定(试行)》文件,将该三级指标值按风险性由大到小划分为五个等级:1 以下、1～1.2、1.2～2、2～4、4 以上(表 4.71)。

表 4.70 锚地面积风险因素分值标准

三级指标	评估分级	评估分值	评估说明
锚地面积 （A51） 20分	1/4 以下	20	港口泊位数/锚地锚位数
	1/4～1/2	15～20	
	1/2～1	10～15	
	1～2	5～10	
	2 以上	1～5	

表 4.71 锚地水深风险因素分值标准

三级指标	评估分级	评估分值	评估说明
锚地水深 （A52） 20分	1 以下	20	自锚地水底工程面至平均低水位水深/最大载重船舶满载吃水
	1～1.2	15～20	
	1.2～2	10～15	
	2～4	5～10	
	4 以上	1～5	

（3）碍航物

碍航物风险性主要体现在其在一定程度上缩小了航道的有效宽度,碍航物距离航道边缘越近,其风险性就越大,因此,采用碍航物与航道边缘的最近距离作为碍航物风险的评价,指标的值越小,风险性越大,参照交通运输部《交通运输安全生产风险源等级划分规定（试行）》文件,将指标值按风险性由大到小划分为五个等级:5m 以下、5～10m、10～15m、15～20m、20m 以上（表 4.72）。

表 4.72 碍航物风险因素分值标准

三级指标	评估分级	评估分值	评估说明
碍航物 （A53） 20分	5m 以下	20	碍航物与航道边缘的最近距离（m）
	5～10m	15～20	
	10～15m	10～15	
	15～20m	5～10	
	20m 以上	0～5	

（4）锚地底质

锚地底质直接影响了锚抓底后的抓力,锚地底质要适合抛锚船舶,须软硬适宜,能使锚爪深入水底足够吃力。若底质为软泥,锚爪吃力必定滑动;若是坚硬的礁石,则无法深入抓紧。所以,锚地最好的底质为黏土、砂夹土、砂夹卵石等。因此,软硬适度的泥底、砂底及黏土质泥底风险性最小,泥砂混合底风险性一般;硬质和软质泥底风险性较大;石底不易抛锚,风险性最大。因此,参照交通运输部《交通运输安全生产风险源等级划分规定(试行)》文件,将该指标值按风险性由大到小划分为四个等级:硬塑黏土、强同化岩;可塑黏土、密实黏土;软塑淤泥、松散砂土;流塑淤泥(表 4.73)。

表 4.73　锚地底质风险因素分值标准

三级指标	评估分级	评估分值	评估说明
锚地底质 (A54) 20分	硬塑黏土、强同化岩	20	根据典型锚地底质条件,选择流塑淤泥,软塑淤泥、松散砂土,可塑黏土、密实黏土,硬塑黏土、强同化岩等四个状态做标准描述
	可塑黏土、密实黏土	12	
	软塑淤泥、松散砂土	7	
	流塑淤泥	1	

（5）水文气象

选取流速、能见度、风、波高几项为水文气象的分级指标,参照交通运输部《交通运输安全生产风险源等级划分规定(试行)》文件,流速按风险性由大到小划分为五个等级:2m/s 以上、1.25～2m/s、0.75～1.25m/s、0.25～0.75m/s、0.25m/s 以下。能见度按风险性由大到小划分为五个等级:50m/s 以上、40～50m/s、25～40m/s、15～25m/s、15m/s 以下。风按风险性由大到小划分为五个等级:15 天/年以上、10～15 天/年、6～10 天/年、3～6 天/年、3 天/年以下。波高按风险性由大到小划分为五个等级:5m 以上、3～5m、1.5～3m、0.5～1.5m、0.5m 以下(表 4.74)。

4.6.6　罐区和油气管线

罐区和油气管线包含 4 个风险源等级评定指标,各指标所占权重见表 4.75。

表 4.74　水文气象风险因素分值标准

三级指标	评估分级		评估分值	评估说明
水文气象（A55）20分	流速6分	2m/s 以上	9~10	流速（最大流速）(m/s)
		1.25~2m/s	7~8	
		0.75~1.25m/s	5~6	
		0.25~0.75m/s	3~4	
		0.25m/s 以下	0~2	
	能见度6分	50 天/年以上	6	年均能见度不良气候的天数（雾、暴雨、雪）(天/年)
		40~50 天/年	4~6	
		25~40 天/年	2~4	
		15~25 天/年	1~2	
		15 天/年以下	0~1	
	风4分	15 天/年以上	4	年均 7 级以上风（标准风）的天数（天/年）标准风的天数＝7级年均风的天数＋15×8级以上年均风的天数
		10~15 天/年	3~4	
		6~10 天/年	2~3	
		3~6 天/年	1~2	
		3 天/年以下	0~1	
	波高4分	5m 以上	4	以当地水文观测资料为主要依据，一年内的平均最大波高高度(m) 参照《港口与航道水文规范》(JTS 145—2015)
		3~5m	3~4	
		1.5~3m	2~3	
		0.5~1.5m	1~2	
		0.5m 以下	0~1	

表 4.75　罐区和油气管线风险等级评定指标权重

三级指标	评估分级	评估分值
1	危险化学品类别(A61)	20
2	设备设施(A62)	20
3	安全管理(A63)	40
4	单元外可能接触人员数量(A64)	20
	总计	100

（1）危险化学品类别

依据《危险货物分类和品名编号》(GB 6944—2012)、《危险货物品名表》

（GB 12268—2012）、《常用危险化学品的分类及标志》（GB 13690—1992）及《危险化学品重大危险源辨识》（GB 18218—2018），采用毒性气体、爆炸品、易燃气体、其他危险货物四类危险化学品类别作为二级指标，参照交通运输部《交通运输安全生产风险源等级划分规定（试行）》文件，这几类危险化学品按风险性由大到小划分为四个等级：毒性气体、爆炸品、易燃气体、其他危险货物（表 4.76）。

表 4.76　危险化学品类别风险因素分值标准

三级指标	评估分级	评估分值	评估说明
危险化学品类别（A61）20 分	毒性气体	15～20	依据《危险化学品名录》（2017 版）、MARPOL 公约附则Ⅱ化学品污染危害性分类
	爆炸品	15～20	
	易燃气体	10～20	
	其他危险货物	0～20	

（2）设备设施

由于危险化学品具有易燃、易爆、易产生静电、易挥发、易渗漏和毒性等危险特性，一旦发生事故，不易控制，事故影响较大，其各种设施设备须严格遵照《危险化学品安全管理条例》（国务院令第 591 号）中的规定，包括相应的监测、监控、通风、防晒、调温、防火、灭火、防爆、泄压、防毒、中和、防潮、防雷、防静电、防腐、防泄漏以及防护围堤或者隔离操作等安全设施以及运输、储存等相关设备。任何设备、设施的故障都可能会引发事故，其年故障率越高，风险性就越大。因此，采用主要设备、设施年故障率作为设备设施的分级指标，参照交通运输部《交通运输安全生产风险源等级划分规定（试行）》文件，将指标按风险性由大到小划分为三个等级：主要设备、设施年故障率大于 5%；主要设备、设施年故障率 2%～5%；主要设备、设施年故障率 0～2%（表 4.77）。

表 4.77　设备设施风险因素分值标准

三级指标	评估分级	评估分值	评估说明
设备设施（A62）20 分	主要设备、设施年故障率大于 5%	20	主要设施、设备按照《危险化学品安全管理条例》规定
	主要设备、设施年故障率 2%～5%	8～20	
	主要设备、设施年故障率 0～2%	1～8	

（3）安全管理

罐区和油气管线安全管理主要是对危化品的安全管理，危化品仓储往往会发生例如火灾、机械事故以及人身伤亡等不确定事件,这些不确定事件给危化品仓储带来的损害往往是相当重大的,需对仓储过程中可能面临的风险进行预测分析和事前预防,同时加强人员管理,以减少事故损失。另外,火灾具有很大的危害性,尤其是危化品仓储火灾,能在短时间内毁灭大量物质财富,并威胁人们的生命安全,可见,危化品仓储的消防更具有重要意义。结合以上分析,罐区和油气管线安全管理的分级指标可以从人员、消防、应急预案的有效性及安全检查检测四个方面着手。

人员管理——人员违规或误操作频率,人员参加消防、防污培训或演练的次数等均会影响其安全水平,为了定量化分析人员管理指标项,采用年度岗位考核合格率作为指标值,合格率越低,风险性越高,因此,将该指标按风险性由大到小划分为三个等级:小于90%、90%~95%、95%~99%。

消防管理——依据《危险化学品安全管理条例》中的规定,消防设施设备等是危险化学品存储管理的重要环节,依据其重要设施设备建设及管理的规范性,参照《水上加油站安全与防污染技术要求》(JT/T 660—2006),将该指标按风险性由大到小划分为两个等级:主要消防设施、设备不符合现行国家规范、标准的要求;消防设施存在缺陷、故障或应急物资维护保养不当、存在问题。

应急预案的有效性——为了量化指标,采用预警信息发布合规率作为该指标值,参照《危险化学品安全管理条例》,将该指标按风险性由大到小划分为四个等级:75%以下、75%~80%、85%~90%、90%以上。

安全检查检测——参考《危险化学品安全管理条例》,储存危险化学品的单位应当对其铺设的危险化学品管道设置明显标志,并对危险化学品管道定期检查、检测。依据《在用工业管道定期检验规程》,根据实际情况,对于在线检验中发现存在严重问题或是发生过事故的管道应适当缩短检查周期等,因此,将该指标按风险性由大到小划分为四个等级:9年以上、6~9年、3~6年、0~3年(表4.78)。

(4)单元外可能接触人员数量

由于罐区和油气管线的危化品一旦发生事故,极易造成人员伤亡,往往损失严重,为了降低这种风险隐患所带来的损失,要严格控制罐区和油气管线周边的常住人员数量,参照《危险化学品重大危险源辨识》(GB 18218—2018),其常住人员数量以重大危险源单元边界向外扩展500m范围内常住人口数量计,按其风险性由大到小划分为四个等级:100人以上、50~99人、30~49人、0~29人(表4.79)。

表 4.78　安全管理风险因素分值标准

三级指标	评估分级		评估分值	评估说明
安全管理（A63）40 分	人员管理 10 分	小于 90%	8～10	人员年度岗位考核合格率
		90%～95%	4～7	
		95%～99%	0～3	
	消防管理 10 分	主要消防设施、设备不符合现行国家规范、标准的要求	7～10	主要消防设施设备设置不符合现行的国家规范、标准要求,且存在问题的,取值10;主要消防设施设备设置不符合现行的国家规范、标准要求的,取值7
		消防设施存在缺陷、故障,或应急物资维护保养不当、存在问题	4～6	消防设施设置符合要求,但在运营中主要消防设备存在缺陷、故障的,按情况给分
	预警信息发布合规率 10 分	75% 以下	10	参考《危险化学品安全管理条例》,水路运输企业应当针对所运输的危险化学品的危险特性,制定运输船舶危险化学品事故应急救援预案,并为运输船舶配备充足、有效的应急救援器材和设备
		75%～80%	8	
		85%～90%	5	
		90% 以上	1	
	安全检查、检测周期（全面检查）10 分	9 年以上	10	对于在线检验中发现存在严重问题或是发生过事故的管道应适当缩短检查周期,否则以 10 分计
		6～9 年	6～9	
		3～6 年	3～6	
		0～3 年	0～3	

表 4.79　单元外可能接触人员数量风险因素分值标准

三级指标	评估分级	评估分值	评估说明
单元外可能接触人员数量（A64）20 分	100 人以上	20	根据重大危险源单元边界向外扩展 500m 范围内常住人口数量
	50～99 人	15	
	30～49 人	10	
	0～29 人	5	

5 长江水运安全风险防控方法及对策

结合长江水运安全事故风险辨识与致因分析、风险分级评估研究成果，以及长江水运安全风险管理的实践，本章针对人员类风险、船舶类风险、港口类风险、通航环境类风险，分别研究提出相应的风险防控方法及对策。在此基础上，针对 11 种长江水运主要安全风险建立风险控制对策库，风险控制对策库内容见附录。

5.1 人员类风险防控方法及对策

本节主要根据人员类主要风险因素辨识内容成果，针对船员、港口作业人员两类主要人群提出相应风险防控方法和对策。

5.1.1 船员风险防控

5.1.1.1 船员适任管理

船员适任是海事安全的重要基础，加强对船员适任管理，是防控长江水上交通安全风险的一项基础性工作。根据《中华人民共和国船员条例》《中华人民共和国内河船舶船员适任考试和发证规则》等的要求，船长、驾驶员、轮机长、轮机员等船员应经主管机关举办的安全培训取得培训合格证，并按规定持有相应的职务适任证书，具备与其岗位职责相适应的指挥、驾引或对设施、设备进行实际操作和维护保养等能力。同时，船员的年龄、身体素质和心理素质等应符合有关规定，水上服务时间、受教育程度等也应符合相关要求。对于特殊类型船舶，有关管理部门还制定有更进一步的要求，例如根据《中华人民共和国高速客船安全管理规则》取得高速客船船员职务适任证书者，在正式任职前见习航行时间不少于 10 小时和 20 个单航次；高速客船男性船长、驾驶员的年龄不超过 60 周岁，女性船长、驾驶员的年龄不超过 55 周岁等。

5.1.1.2 船员安全素质和知识水平

与海运相比，当前长江内河船员的安全素质、操作能力、学历知识水平明显偏低，亟待提高。为适应长江水上安全管理法规逐步完善、船舶大型化、专业化及操作复杂化的需求，着力提高长江内河船员的安全素质、操作能力、知识和学历水平,逐步提高船员特别是服务于专业化大型船舶船员、高级船员的综合素质,有计划、分步骤地提高船员学历,可首先考虑对客运船舶、危险品运输船舶等的高级船员设置学历门槛,提出硬性要求:按照新人新办法、老人老办法的原则,新进的高级船员要有高级或中级职业教育学历,现有的客船、危险品船高级船员在一定时间内应完成学历教育。从而提高客船、危险品船高级船员的学历素质,在此基础上有计划地逐步推进,改善长江内河船员学历水平偏低、安全素质不足的情况。同时应完善船员职务晋升途径,形成看重资历更重视实际能力和职业道德的船员晋升模式。

5.1.1.3　船员培训和培训机构管理

优化调整船员培训内容和培训方式。建立应用型培训模式,强化船员实际操作能力培训,重点培训和考察船员实际操作使用船舶设备设施和紧急应变的能力。鼓励支持在岗培训教育,支持航运企业与培训机构加强合作,鼓励有规模、具备条件的航运企业申请和取得船员培训资质,开展内部船员培训和对外培训。

加大对内河船员教育培训的投入。采取由政府补贴、企业投资建造培训基地、船舶或设备设施,布置编制科学规范的培训教材和大纲,丰富培训课程与培训方式;加强船员培训机构师资队伍建设,完善教师管理制度。安排从事专业课程教学的教师上船任职,鼓励学校聘请航海实践经验丰富、综合素质好的船长、轮机长担任专、兼职教师。组织制订航海类专业教师培养计划,实现培训师资力量与高级船员的交流。

规范对船员培训机构的管理。严格实施对培训机构设备设施、场地、师资力量等的准入条件管理。制定针对船员培训机构的管理制度,实现培训机构的分级分类管理,以海事管理机构的日常监管、船员教育和培训质量管理体系审核作为分级管理、打分评分的依据;对培训机构进行评定评级,根据等级进行差异化管理,对等级高的机构,在办理培训业务、现场审核检查等方面给予相应的鼓励政策。建立相应的信用信息管理措施,并定期发布更新,从而促进培训机构加强自身约束管理,提高船员培训质量。对于场地、设备设施、教员、管理人员条件严重不足,培训管理制度不健全,质量控制体系不完善,信用记录差的培训机构,采取降级或淘汰措施。

5.1.1.4　船员考核发证

进一步完善船员考试标准和考核方式。根据市场需求,对应于船员培训内容的调整,提高实操能力在船员考核中所占比重,解决考试标准执行不一的问题等。长江船员考试存在发证机构多但部分机构考试把关不严,重发证、轻管理等现象,并存在船员理论考试抄袭、代考,甚至实操考试放水和轻易过关的情况,造成船员质量把关不严。因此,一方面要加强考试发证环节管理,严肃考试制度,另一方面需要逐步提升和调整考试标准,适当提高通过考试的难度,考核发证时严格把关。

5.1.1.5　船员信用管理

制定船员信用(信誉)管理有关制度,利用"互联网+"等信息技术手段,创建船员信用管理信息化平台,实现对船员职业信誉信息的采集、录入、使用和查询,重点关注船员安全违章、海事行政处罚等有关信息,或在此基础上实现择业准入或禁止的管理,从而促进增强船员安全守法、敬业和诚信的意识。

5.1.1.6　不安全行为的控制

(1)船员个人因素

一是在身体素质方面,严格人员从业的身体素质标准要求,避免出现感官能力不适应情况,如视力、听力、触觉、嗅觉等官能不良的情况;二是生理素质方面,做好船员体检,并通过制度措施严防出现疲劳驾驶及酒精与药物使用危及航行安全情况;三是心理因素方面,做好对船员注意力、交流沟通能力、信息处理能力、精神状态等的评测管理,合理分配船员的工作负荷,确保船员心理状况平稳正常;四是社会心理因素层面,对船员社会心理压力、船员间关系、家庭压力等有关方面加以必要的关注,并开展相关性研究。

(2)组织管理

严格船舶配员管理,避免配员不足造成船员工作压力过大危及安全;协调好劳资关系,防止出现劳资矛盾;船公司应加强安全监督管理和安全文化建设等,营造良好的安全氛围。

(3)技术与作业环境

完善船舶装备布置、设备维护,提高作业环节自动化程度,改善作业场所环境和职业卫生条件,加强人员个体防护、设备安全标志标识、信息提示等,提供良好的作业环境以降低不安全行为发生的频率。

5.1.2　港口作业人员风险防控

5.1.2.1　从业人员资格管理

港口生产以各类货物装卸储运为中心,多为劳动密集型或技术密集型生产活动,从业人员的安全素质和安全技能水平对生产安全起到关键作用,从业资格管理是确保港口作业人员素质和技能的重要手段。根据安全生产法规,港口从业人员中,企业主要负责人和安全生产管理人员必须具备与本单位所从事的生产经营活动相应的安全生产知识和管理能力;从事港口危险货物储存作业的企业的主要负责人和安全生产管理人员、危险化学品装卸管理人员以及申报员、集装箱装箱检查员,应根据《危险货物水路运输从业人员考核和从业资格管理规定》等,接受安全教育和培训,取得从业资格,未经安全生产教育和培训合格并取得从业资格不得上岗作业。特种设备作业人员、特种作业人员等,均应根据国家有关法规要求,取得上岗作业资格。

5.1.2.2　作业人员选拔与调配

随着长江沿线港口生产专业化、自动化程度的提高,作业效率提升,不仅要求作业人员在身体素质、专业技能、知识水平方面与之相适应,也对人员的安全意识、身心素质等方面提出更高的条件要求。这就需要采取科学合理的人员选拔、测评和岗位调配方法,为有关岗位尤其是关键作业岗位配用适用的人员,减少由于人员生理、心理条件形成的潜在风险因素。有关岗位的人员选拔聘用应经过必要的身体、心理素质考核,确保从业人员身心素质符合岗位要求,如港口大型机械司机等岗位,在高空驾驶室作业,工作岗位对操作的强度、精度均有较高要求,所以司机的身体素质(视听力)、判断力、心理承受能力等方面应满足岗位要求。

5.1.2.3　从业人员安全教育与培训

除纳入从业资格管理的岗位外,其他各类作业人员均应经过安全生产教育和培训,保证相关人员具备必要的安全生产知识,熟悉有关的安全生产规章制度和安全操作规程,掌握本岗位的安全操作技能,了解事故应急处理措施,知悉自身在安全生产方面的权利和义务。包括港口生产中使用劳务工、派遣工的,也应当将劳务工、派遣工纳入本单位从业人员统一管理,对此类人员进行岗位安全操作规程和安全操作技能的教育和培训。同时,向港口提供劳务输出单位也应当对劳务工、派遣工进行必要的安全生产教育和培训;接收学生实习的,应当对实习学生进行相应的安全生产教育和培训;采用新工艺、新技术、新材料或者使用新设备,必须了解、掌握其安全技术特性,采取有效的安全防护措施,并对从业人员进行专门的安全生产教育和培训。管理机构加强对培训考核工作的指导,建立培训教材大纲,充实培训内容,确保培训内容覆盖面;完善对考核工作监督管理,充实题库,并确保考核科学、公平公正。

5.1.2.4　从业人员信用管理

依据国家有关规定和《水路运输市场信用信息管理办法(试行)》等,建立对从业人员及相关单位的信用管理制度措施,对从业人员,特别是港口危险货物储存作业经营人、主要安全管理人员、对其直接负责的主管人员和其他责任人员、危险化学品港口经营人的装卸管理人员等,开展信用管理,制定守信激励措施和失信惩戒措施,促进从业人员重视安全生产,提高其安全守法和诚信意识。

5.1.2.5　不安全行为的控制

(1)严格现场安全管理

根据有关统计调查资料,人的不安全行为所导致的事故占事故总量70%以上。要减少事故发生、控制港口作业风险,控制人的不安全行为特别是作业人员的不安全行为是关键。对不安全行为的控制,直接措施就是加强现场安全管理。因此应重点控制生产过程中的"三违"行为,通过制定严格的作业规章制度、奖惩措施、作业监控、现场监督等手段,防范和及时发现、制止"三违",达到风险防控的目的。

(2)调节从业人员心理状态

根据从业人员的个性心理,例如动机、气质、性格等特点,进行有针对性的教育引导,调动安全生产积极性,并形成良好的安全生产习惯。提高员工对安全问题的认识,及时发现员工心理变化,协助排除心理障碍,使之保持良好的心态,把产生不安全行为的心理因素消灭在萌芽状态,减少工作失误,防止事故发生。

(3)提高应急反应能力

通过制定事故应急预案,开展必要的教育、培训和应急演练,让员工在实战中得到锻炼,提高应急处理能力。明确员工的职责,让员工明白在发生事故的时候,自己应该做什么。使之在紧急情况下,有意识甚至无意识地做出正确的安全行为,从而在事故初期起到控制事故规模、减少人员伤亡和财产损失的目的。

5.1.2.6　安全文化建设

企业应开展安全文化建设,形成严谨的制度化工作方法,营造有益于安全的工作氛围,培育重视安全的工作态度,引导员工树立正确的安全价值观。安全文化的核心是"以人为本",实现人的安全价值。企业在生产、经营、发展过程中,人起着主导的决定作用,员工思想观念、道德准则、文化素质、生活信念等都会影响自己的工作态度、行为、习惯、责任感。企业应将安全文化传递到相关方,并要求供应商、承包商等相关方提供相应的安全承诺。企业应确保拥有能够达到和维持安全绩效的管理系统,建立具有清晰界定的组织结构和安全职责体系,有效控制全体员工的行为等。

5.2　船舶类风险防控方法及对策

　　本节首先针对各类船舶风险的防控提出一般方法及对策,再结合各类船舶的作业特点,分别对客运船舶、油船及液货危险品船舶、砂石船等提出针对性风险防控方法及对策。

5.2.1　风险防控一般方法及对策

5.2.1.1　船型标准化与船舶建造

　　继续推进长江船型标准化,运用经济、技术政策等措施,支持和鼓励采用先进适用的水路运输船舶和技术。加快老旧船舶和落后船型淘汰,提高船舶总体安全技术水平。完善内河船舶建造检验有关标准,特别是客运船舶结构与装修材料防火、抗风等级相关标准。

5.2.1.2　船舶检验报废

　　完善船舶检验报废标准、船舶技术状况控制等方面规定。借鉴发达国家内河船舶检验管理的经验,严格执行船检标准,加大对船舶的检查力度,对技术状况存在问题的船舶采取严格的淘汰报废等措施。船舶检验机构应当确保检验的全面性、客观性、准确性和有效性,保证检验合格的船舶具备安全航行、安全作业的技术条件。

5.2.1.3　船舶运营管理

　　航运企业应履行船舶运输安全管理主体责任,建立、健全船舶安全制度,对船舶及其设备进行有效维护和保养,确保船舶处于良好状态,保障船舶安全,为船舶配备满足最低安全配员要求的适任船员。

　　航运企业应加强对船员教育培训,加大船员对船体结构的了解,提升船员对机器设备的操作技能,对操作规程、安全措施的熟悉程度,以及在真实操船环境下运用自身技能遵守航行避让规则,保证船舶航行安全的能力;严格对船长任职资格的考核,对船长的年龄、身心健康、知识水平,水上资历和工作经验,紧急应变能力,组织协调能力,决策能力,实际操作水平和技能提出严格要求;有计划地为岸基安全管理人员和船员提供有关船舶安全、危险识别及风险评估基本知识的培训,以便有效实施风险管理措施。

　　船舶应当建立开航前自查制度。船舶在离泊前应当对船舶安全技术状况和货物装载情况进行自查,填写船舶开航前安全自查清单并在开航前由船长签字确认。船舶在固定航线航行且单次航程不超过 2 小时的,一天内应当至少自查一次。

配备自动识别系统等通信、导助航设备的船舶应当始终保持相关设备处于正常工作状态,准确、完整显示本船信息,并及时更新抵港、离港名称和时间等相关信息。相关设备发生故障的,应当及时向抵达港海事管理机构报告。

船长应当妥善安排船舶值班,遵守船舶航行、停泊、作业安全规定;应当遵守港口所在地有关管理机构关于恶劣天气限制开航的规定,遵守海事管理机构发布的关于枯水季节通航限制的通告。

5.2.1.4 安全监管和应急救助

为降低船舶安全风险,从海事安全监管和应急救助角度,可采取的风险防控方法及对策主要包括以下内容。

完善覆盖长江干线水域的船舶交通管理系统,实现船舶动态监视、信息服务、预警和搜救协作、事件回放等管理功能。通过水上交通管理系统,整合监管设施资源,更好地维护船舶交通安全秩序。利用甚高频远程通信系统确保与船舶之间的安全通信。建设视频监控系统(CCTV)对弯曲河段、桥区和船舶密集区域实施视频监控。

解决沿江甚高频通信系统(VHF)设备老化、故障率高、覆盖盲区等问题,对现有船岸 VHF 系统进行更新改造,提高长江干线遇险安全通信的可靠性和时效性,更大程度地保障航行在长江干线各类机动船舶的安全,为辖区船舶提供更为安全的航行环境。

进一步完善船舶自动识别系统(AIS)岸基系统建设,逐步实现长江干线水域的覆盖,港区、桥区、船舶密集区和事故多发区实现雷达覆盖。加强对 AIS 上线率的整治检查,对航行或停泊在长江干线上的船舶进行常态化抽样检查,提高长江干线 AIS 上线率。进一步推动 GPS/北斗导航定位技术、地理信息技术(GIS)在长江海事的应用,为客运船舶和危险品船舶安装 GPS/北斗终端。

加强船舶交通行为的管理,通过对船舶停泊、横驶区与单向控制河段、安全距离、超通航带范围、船舶追越和并列行驶、非左舷、能见度、限速、水工区域、非停泊区停泊等方面设置预警门限,实施交通组织、提醒、管制,以及处理突发事件等。

建立完善长江水上气象预警信息系统,在海事执法趸船上或趸船近岸配置能见度、风速风向、雨量等气象设备,采集沿江气象信息,为制定通航警告等提供基础信息。

按照长江干线"巡航救助一体化"管理的总体要求,进一步加强水上搜救应急能力建设,设置应急救助站点,配备海巡艇和海事趸船,指定包括拖(推)轮、消防船等在内的社会搜救船舶,完善长江干线水上搜救应急反应系统的布局。

利用互联网、报刊、电视、广播和手机短信、微信、微博、电子显示屏等方式,广泛进行安全提示,宣传水上安全知识和险情应急处置、逃生自救等常识技能,督促警示公司、船舶、船员落实安全防范措施,切实提高安全意识和事故防范能力。

5.2.2 客运船舶风险防控

客运船舶可采取的风险防控方法和对策主要包括:

①客运船舶市场准入管理。严格执行客船强制报废标准,通过政策引导、政府推动、市场运作、标准落实等多方控制,共同促进老旧客船淘汰更新。结合船型标准化推进工作,积极引导不满足现行船检规范标准的老旧客船退出运输市场,鼓励建造符合高安全标准要求的客船。鼓励三峡成库前建造的不满足《内河船舶法定检验技术规则》要求的客船提前退出市场。

②完善内河客运船舶有关的标准规范。有针对性地开展有关法规、标准的立改废研究,提出和完善关于船舶改装、应急通道、船舶稳性等有关航行安全和人命安全的管理措施。组织开展长江气象水文条件对客船构造、稳性、载重线等方面影响的研究评估,适时修订长江客船稳性、消防、逃生等方面的安全技术标准和检验技术规程。

③严格客船检验管理。加强船图一致性等核查,对未经审图、私改滥建的客船不签发船舶检验证书;按照《交通运输部关于加强水上客运安全管理的意见》(交海发〔2014〕142号)的规定,禁止再对客运船舶开展重大改建,不得为重大改建的客运船舶签发检验证书;对于其他非重大改建客船,应按不低于初始建造检验核定的稳性、结构强度指标以及现行规范标准进行审图和检验发证。船舶检验机构在签发新建客船检验证书时应注明抗风等级。实行船舶检验质量终身负责制。限制重大改建船舶投入客滚船市场,对现有或已改建的客滚船,按规范严格船检,确保船舶适航。

④建立长江客运船舶动态监控体系。完善客运船舶预警预控信息化技术手段,实施对长江水域客运船舶的动态监控。海事、公安、港航、救捞等部门加强应急救援能力的建设,完善应急救援预案,建立应急救援联动机制,积极推动纳入各地政府建立的统一应急协调指挥机制,提高应急救援效率。

⑤加大安全宣传和教育。提高从业人员、乘船旅客的安全意识、自救能

力,做到遇险时能及时、科学、有效地采取自救措施。

⑥落实客运船舶公司安全管理体系要求,及时整改安全隐患,确保体系有效运行。严禁客船超载、超员、超速、超航区航行,遵守客船抗风等级要求和恶劣气象条件下限(禁)航规定,杜绝冒险开航。客船公司应配备符合规定要求的海务、机务专职管理人员,按照《中华人民共和国船舶安全营运和防止污染管理规则》及相关规定,建立安全管理体系,并加强岸基指导和检查,强化体系监控,确保体系有效运行。

⑦客船公司应按照《中华人民共和国安全生产法》有关规定推进安全生产标准化建设。企业应建立完善突发事件应急预案,有效开展应急演练,加强应急力量建设,按规定配备应急物资和装备。

⑧客船应建立消防安全责任制,全方位落实消防安全主体责任,提高消防安全风险防控能力。应加强应急设备和器材的维护保养,定期组织船员开展人员落水、船舶碰撞、消防灭火、应急逃生等各类应急演练,提高客船自救能力。船舶开航前或开航后对旅客进行救生和消防教育,认真讲解和演练救生衣穿戴、逃生路线识别、救生艇登船方法等,并记录好航海日志。必要时要求船舶进行消防、救生、弃船演练,及时发现问题和缺陷,及时整改。

⑨加强对客船停航期间的管理,停航靠港期间,应加强船舶维护保养,进行必要的维修。

⑩落实客渡船交通安全管理责任制,推进客渡船标准化建设。落实《内河渡口渡船安全管理规定》,建立完善客渡船安全检查制度和签单发航制度,确保客渡船配齐安全应急设施和消防救生设备。

⑪客滚船做好车辆系固绑扎和巡检工作。建立健全安保制度,做好随船安保人员的配备,提高安保事件的预防和应急处置能力。

5.2.3 油船及液货危险品船舶风险防控

液化气体船、成品油船和原油船、液体化学品船舶风险防控方法和措施主要包括:

①落实宏观调控,严格水路危险品运输企业和船舶准入,执行国务院办公厅《推进长江危险化学品运输安全保障体系建设工作方案》、《关于发布提前淘汰国内航行单壳油轮实施方案的公告》和《交通运输部办公厅关于内河单壳化学品船和单壳油船禁航有关事项的通知》规定。危险品船舶的所有人、经营人或管理人未按规定经海事部门审核并取得公司符合证明不得从事水路危险品运输。

②建立健全长江水运危险品运输企业信用等级管理和淘汰机制，对安全信用等级不良、事故频发、管理制度不健全、船舶技术条件不达标、从业人员配备不齐的企业，予以降低等级和淘汰。

③加强危险品船舶检验质量控制，严格危险品船舶适装和适航条件的检验，按照相应检验规范签发船舶适装证书和适航证书。确保船舶具备适装条件，航行、消防、防污等技术指标符合标准要求。禁止单壳化学品船、600载重吨以上的单壳油船进入长江水运航行。

④禁止违规改变船舶吨位，特别是船舶载重吨等船舶主要数据。严格查处进入长江航行的内河单壳化学品船、600载重吨以上的单壳油船。未取得相应散装危险品适装证书的油船不得载运散装危险品。海事部门在执法工作中发现船舶检验违规问题的，应当通报对涉事船舶检验机构有管辖权的直属海事局船舶检验管理处。

⑤按照《危险化学品安全管理条例》及《内河禁运危险化学品目录》要求，禁止通过内河运输《内河禁运危险化学品目录》中列出的危险化学品。研究提出《内河禁运危险化学品目录》的定期更新调整机制及其管理办法。

⑥危险品船舶应做好现场作业安全管理，确保货物适运、船舶适装和船员适任，做好船舶结构、人员防护、应急设备及设施的安全检查，对电气绝缘差、通风不良、应急设备损坏等影响船舶安全适装的隐患应整改合格后开航。应做好防火、防爆、防毒等事故预防，按照船舶应急计划开展应急演习、演练，严格遵守货物装卸、运输、过驳等环节安全操作流程。

⑦鼓励积极引进新产品、新技术、新标准，提升长江危险品运输船舶安全性能。

⑧严格执行关于禁止改建液货危险品船从事国内水路运输的有关规定，禁止将普通货船改建为液货危险品船（包括油船、沥青船、化学品船、液化气船）从事运输；禁止不同种类的液货危险品船之间改建后从事运输。禁止改建的国际航线液货危险品船从事运输；禁止从事非营业性运输的液货危险品船（如港内加油船、渔业加油船等）从事运输。

⑨加强水路危险货物运输安全监管信息化建设。按照"智慧海事"的统一部署和"海事系统船舶监管相关应用系统建设与改造工程""共享数据库建设工程"的要求，完成船舶载运危险货物监管信息系统升级改造，完善船舶载运危险货物数据库和长江危险化学品运输动态监控信息系统建设。

5.2.4　砂石船风险防控

砂石船可采取的风险防控方法和对策主要包括：

①船舶单位、船舶所有人和经营人应切实履行安全生产主体责任，贯彻落实安全生产的法律法规和规章制度，明确安全责任，落实安全措施。加强船舶安全管理，确保船舶适航，加强船舶设备设施维护保养，建立完善设备安全检查制度。船舶应合理积载，严禁超载作业。应根据装运货种制定安全操作规程及应急预案，建立定期演练制度，完善各项处置措施。在航行过程中，船舶应根据所载货物的特性和航行区域特点制订货舱定期巡查计划，并将巡查情况记入航日志。

②船舶经营人应加强对船员有关专业知识的培训和考核，使其熟悉货物的特性、操作规程和应急预案。船舶经营人还应结合电子巡航方式，利用AIS、GPS等信息化监管手段，对所属船舶实施动态跟踪。应加强安全预警信息收集传递工作。及时收集航道、水位、气象等信息，制定有针对性的安全对策措施，对所经航道心中有数，航经浅滩、礁石区保持安全横距，防止触礁搁浅等事故。

③经营人应加强船员管理和船员队伍建设，确保船员适任，督促严格执行有关安全制度。船长应切实担负起职责，严格值班纪律；驾引人员应在航行中保持高度戒备，按规定保持瞭望，正确使用雷达、VHF、探照灯等助航设备，航行中发现危险情况应及时采取措施。

④地方政府及相关职能部门应按照《中华人民共和国内河交通安全管理条例》等有关法规认真履行安全管理职责，加强对砂石船舶所有人和船员的安全生产教育，督促其遵章守法，并加大日常监管力度。

⑤有关管理部门打击砂石船运输违法行为，加强对砂石装卸码头、宕口、浮吊、装卸点的排查，要求从业者依法依规选择适运船舶从事砂石运输，查处无证经营、无证运输、无证驾驶的违法行为。

⑥有关管理部门加强砂石运输船船员配备、应急反应和导助航设备使用的监督检查；加强砂石运输船通航秩序管理，对无证、超载、超航区航行的船舶依法拦截。

⑦船检部门应严格把关船舶建造和改建质量，严格规范管理。加强砂石运输船舶检验质量监督，重点核查船舶稳性、结构、救生消防等涉及安全的项目。港航部门严格船舶的准入管理，采取严格审批、优胜劣汰的手段，加强对经营秩序管理。海事部门加强对砂石船水上通航监督管理，开展风险隐患排

查治理等活动,加强对违法行为查处力度。

5.3　通航环境类风险防控方法及对策

结合本研究对通航环境风险因素辨识分析、风险评估的内容,本节首先概括提出通航环境风险防控一般方法和对策,之后对山区航道、库区航道、桥区水域、船闸水域等通航环境风险较高的水域提出针对性的风险防控方法与对策。

5.3.1　一般水域风险防控

为降低通航环境风险,一般可采取的风险防控方法及对策主要包括以下几方面。

5.3.1.1　提升航道条件

积极推进长江上游航道等级提升。根据《全国内河航道与港口布局规划》《长江干线航道总体规划纲要》等要求,充分利用现有条件,做好航道提高维护尺度研究,调研论证,适时提高航道维护尺度,推进航道维护等级提升。

做好航道日常养护,确保枯、洪水期航道畅通。及时收集和发布航道维护尺度信息,及时向社会发布航道通告、航道通电;不定期向船舶单位、航运企业、过往船舶征询航道维护意见。通过开展维护性测绘和航道整治建筑物测绘,充分掌握河段变化及整治建筑物的技术状况,为航道航标、整治建筑物维护提供基础数据支撑。及时开展浅滩维护性疏浚,确保航道畅通。

加强对山区航道整治,航道整治应符合河床演变的规律和河流动力学的原理,统筹兼顾,科学规划。根据不同的滩险碍航性质,分清主次,针对性地选择整治措施,优化方案。调整险滩段的河床形态,并改善其流速与流态。

长江上游航道枯水期航道养护重点在"保深度、保尺度",即保证维护尺度满足航道计划养护尺度。洪水期养护工作重点在"保航标、保安全",即及时清除河道障碍物,避免其影响航标,形成风险隐患。加强航道边滩疏浚维护,对于河道边滩破坏严重,险滩演变加剧导致的航道尺度紧张情况,需通过提前采取疏浚和应急疏浚措施保证航道尺度。相关部门建立协调机制,使上游水库群有序蓄水、调峰运行,避免出现枯水期水位涨落过于频繁、日变幅过大等情况。

加强长江中游航道维护探测分析,密切关注水情变化,根据航道变化情况制定针对性维护措施,对航道演变分析从大局、长河段进行系统综合分析,了解和掌握航道变化趋势,及时调整维护方案。

　　加强对长江三峡、葛洲坝间碍航急滩的整治,从急滩整治原理及水流特性出发,采取扩大卡口断面、筑坝壅水以减缓急流、构建错口滩搭跳上滩、开槽分流或新辟航槽、拓宽缓流航道、上疏下抬等系列措施,加强急滩治理。

　　做好长江电子航道图系统的推广应用,做好航道水深地形测量、流速流量测量、航标更新、水位填报预报等,以保障系统正常运行。积极推进和开展数字航道建设前期工作。通过数字航道建设,实现航道及助航设施运行状态自动监测预警,航道维护与生产调度联网管理,增强航段航道动态监测能力,促进航道安全水平的提高。

5.3.1.2　碍航设施整治

　　针对重点河段,由工程技术人员指导开展维护管理工作。及时发现航道整治建筑物出现的问题,对其稳定性、完整性、整治功能发挥情况进行技术评价分析,对其技术状况进行评定分级,及时组织开展维修,保障其结构安全和整治功能的发挥。

　　航道整治工程的施工一般在枯水期进行,枯水期航宽变窄,船舶通过挖泥船作业水域时应预留一定的安全距离,避免与作业挖泥船发生船吸等不利局面。考虑到挖泥船作业区对航道宽度的影响,大型进江海船和船队进出时,必要时建议实施单向通航控制。

　　客观、科学地分析已实施的航道整治工程的作用与效果,对整治滩险可能出现的新变化做出预判,依托已建工程,及时跟进后续工程,巩固并完善滩险整治效果。完善协调机制,妥善处理好航道整治与防洪之间的关系。

　　对于船舶占据航道停泊、作业情况,及时制止、劝离。做好水上交通事故处置。获悉水上船舶交通事故时及时参与现场处置。

　　在地方人民政府领导下,加强对长江采砂活动的管理,做好长江采砂的组织、协调和监督检查。研究建立长江干线打击非法采砂联合执法长效管理机制。长江航务、海事部门、水行政主管部门等相关部门协调配合,加强采砂现场监管和巡查,加大联合检查频次和力度,突出夜间错时检查与执法,适时组织专项打击和整治。

　　针对采砂活动的不利影响,应采取的防控措施有:①为防止船舶误入工程区后与施工船舶发生交通安全事故,监管单位应要求有关部门在批准的采砂区范围内设立浮标,明确采砂范围,对采砂船、运砂船实行严格的准入制度。为了便于管理维护现场采砂秩序,对采砂船、运砂船、吹砂船制作统一标牌,挂牌管理。②采砂作业单位开工前应根据采砂区控制点坐标设置专设浮标;定期对工程现场进行巡航检查,严格按照有关规章要求加强落实工程水域的航道管理,对专设航标进行维护保养。③加强对采砂作业的现场监管,地方政府相关部门应采取联合执法监管,处理现场采砂监督管理事务。对采砂区段河道水下地形变化情况进行定期测量,掌握采砂河段河床变化情况,及时采取相应措施。

开展宣传教育活动,预防破坏航道行为。加强临、跨河建筑物和施工的管理,保持与有关部门联系,及时发现和制止非法采砂、越界超限开采以及手续未完善的各种破坏航道行为。加大对"超吃水"船舶和非法采砂行为的排查与取证,利用综合执法平台与相关管理单位进行沟通协调,打击破坏航道的不法行为,确保航道资源得到充分保护。

5.3.1.3　导助航设备设施

跨越长江干线通航水域的桥梁、缆线、管道、索道的建设单位、经营单位或者管理单位应当保障对航行安全有影响的墩柱、塔架的防撞能力符合相关安全标准,设置助航标志和安全警示标志,建设监控设施设备,并保证该设施设备处于适用状态。

航道部门应严格执行《内河航道维护技术规范》(JTJ 287—2005)等规章制度,结合航道实际情况,充分、合理配布各类导航助航设施,对助航标志统一布设,及时调整不合理的航标或者增加航标,准确揭示有关航道信息,指挥船舶通过单向行驶控制河段通行的顺序,提高航道的通过能力。

加强航标等导助航设施的养护管理,及时调整各类航标,确保标位准确,处于正常状态。获悉汛期突发水情及航标失常状态后,及时安排工作船舶出航开展抢险工作。定期对设置的导助航设施进行检查,若发现有损坏、灭失,应及时进行维修或对海事及其他相关部门公告。

通行信号台应严格贯彻信号管理措施,严格值班制度,准确掌握船舶动态,及时揭示信号,指挥船舶安全有序地通过控制河段。各通行信号台严格按照控制河段有关规定开收班;注意信号台开收班应与控制河段相应航标的撤、设一致。航标技术人员深入信号台特别是重点控制河段指挥台指导工作,并主动征求船舶对信号工作的意见和建议。信号员主动向过往船舶通报各种航道信息,按规定认真填写各种记录,做到规范翔实。雾情信号台要严格执行"雾情观察与通报实施细则",认真落实"三多"制度和值班制度,加强雾情观察,及时将雾情情况通报过往行轮并做好记录。

开展相关研究,合理布设 AIS 基站,以保障山区航道有效的 AIS 信号覆盖。利用物联网技术,推动山区航道信息化和智能化建设,解决传统监测手段效率低、精度差以及误差大的缺点,将航标遥测遥控、智能指挥、定位导航、水位预测、雾情监测等环境监测手段与措施融合,实现远程监测,供管理部门提供远程分析和决策支持。

5.3.1.4　交通流观测监控预警

加强对长江船舶流量和密度的观测,提高流量观测的准确性,结合 VTS、AIS 系统自动收集船舶流量和密度数据,以及船舶种类、船舶长度等信息。

加强对船舶流量和密度观测数据的分析和运用,总结船舶流量和密度规律,合理制订巡航计划并有效运行,实现海巡艇高峰上岗、错时巡航、定点驻守等机制;落实重点时段、重点船舶、重点水域的护航和水上交通管制措施,科学有效地应对大型船舶、危险品船舶、特种船舶增多的趋势。当船舶密度短时间内急剧增大,通航秩序明显恶化时,海事管理机构根据实际情况及时实施水上交通管制。

建立基于实时、动态的长江通航安全的预警指标体系,实现对通航环境、在线船只、动态交通流的安全状态的实时监控,以便有效实现事前监控和防范的预警目的。

5.3.1.5　监测和应对不良自然条件

为降低环境风险可采取的风险防控方法及对策主要包括:

切实加强台风、寒潮、浓雾等灾害性天气预警工作,依法严格执行恶劣气象、海况条件下的禁限航措施,并强化法定节假日、重大水上活动等客流高峰期的客船安全监管。

开展专项研究,以气象部门的观测资源和长江干线有关船舶以及海事、航保、航道、救助打捞、港口等港航资源为基础,构建长江水上公共气象服务体系。

根据地质灾害预测预警机制和三峡库区水上交通特点,研究建立地质灾害水上交通安全预警机制,明确地质灾害水上交通安全预警责任主体,规范预警程序和权限。

加强对山区、库区航段地质滑坡区域的航道维护管理,并加大监测力度,确保航道畅通安全。

就船舶航行而言,可采取的风险防控方法对策包括:

①针对自然条件(风)的影响,船舶在航道航行过程中,驾驶员应根据水流、风向不断调整航向,以确保船舶不偏离航道。必要时,应申请拖轮进行协助,从而保证船舶的航行安全。

②船舶航行应严格执行《中华人民共和国内河船舶船员值班规则》等内河水上交通安全规章制度,合理安排值班船员,保证值班船员得到充分休息。

值班船员应正确接收处置气象、水文、周围船舶动态等航行安全有关信息,保持沟通联络有效畅通,保持正规瞭望,守听甚高频 VHF 并做好必要的记录,夜间和能见度不良时应加强瞭望。

③能见度不良将会给驾驶员的视觉瞭望带来困难,因此在能见度不良时船舶应开启雷达,此外还应按规定鸣放声号。同时海事主管部门应加强监管,提供相应导航服务,及时发布大雾警报,必要时要求船舶停航。

④长江航道南京以下锚地众多,对航道通航环境影响很大。船舶在进出锚地水域时,应密切注意附近水域船舶动态,严格听从相关部门的安排,加强瞭望,注意与过往船舶间的避让。主管机关将航道内锚地位置、范围、锚地专用浮标、锚地功能等进行公告,并更新相关航海图书资料。

⑤南京以下 12.5m 深水航道是我国最繁忙的航道之一,过往船舶多,交通密度大。过往船舶应严格遵守《长江江苏段船舶定线制规定》《长江口船舶定线制》等航行规定。

5.3.1.6　渡船渡口

渡船渡口是长江上一类特殊的运输形式,由于其作业特点具有相对较高风险,本节专门针对渡船渡口提出风险防控方法和对策。

①沿江县级人民政府应严格对设置渡口的审批,建立、健全渡口安全管理责任制,指定负责渡口和渡运安全管理的部门。乡镇人民政府依据法规规定履行乡镇渡口渡船的安全管理职责。

②渡口设置应合理选址。选址应在水流平缓、水深足够、坡岸稳定、视野开阔、适宜船舶停靠的地点,并且与危险物品生产、堆放场所之间的距离符合危险品管理相关规定;应具备货物装卸、旅客上下的安全设施,配备必要的救生设备和专门管理人员,其安全设施、标志标识应满足相应的技术标准。

③渡口运营人应当对渡口工作人员、渡船船员、渡工定期开展安全教育培训;应当督促渡船清点并如实记录每航次渡船载客数量及车辆驾驶员等随船过渡人员,并开展定期或者不定期核查。应落实签单发航制度,落实签单人员,对渡船的乘员数量及开航条件等内容在每航次开航前进行核实和签单,明确签单人员责任。

④渡口工作人员应当经培训、考试合格,并取得渡口所在地县级人民政府指定的部门颁发的合格证书。

⑤渡口船舶应当持有合格的船舶检验证书和船舶登记证书。渡口载客船舶应当有符合国家规定的识别标志,并在明显位置标明载客定额、安全注意事项。应当按照渡口所在地的县级人民政府核定的路线渡运,并不得超

载;渡运时,应当注意避让过往船舶,不得抢航或者强行横越。遇有洪水或者大风、大雾、大雪等恶劣天气,渡口应当停止渡运。

⑥强化渡口渡船监督检查。实施渡船航次报告制度,推行船长30m以下渡船船员、乘客穿持救生衣制度,加强节假日渡口驻守、日常检查和跟船检查。

⑦落实渡船安全预警和禁航制度。联合气象部门,以广播电视、网络、手机短信等形式,为渡船提供天气、水情及预警信息;遇恶劣天气及时发布安全预警,必要时采取限航、禁航等管控措施,加强对渡船的监管。

⑧加强渡船隐患排查,推进渡船标准化改造,提高渡船防撞抗沉性能,提高渡船标准化率。对安全生产主体责任落实不到位、安全投入不足、安全设施不到位、制度不健全的渡船渡口应及时责令整改或采取强制措施;严格查处私渡、非法渡运。

⑨针对渡运往返航线不一致和长江枯洪水期等特点,根据分道航行规则和实际航行情况,分别划定渡船往、返的"斑马线"和枯、洪水期"斑马线",通过"渡船斑马线"等制度措施,规范渡船航行行为,并利用电子巡航等监管手段,对规定的渡船斑马线范围做重点实时监控,对渡船不在"斑马线"水域横越、不主动联系、不按规定等让或避让等行为,进行教育和处罚,以此加强"斑马线"水域的安全监管,切实维护渡运安全。

⑩强化渡船船员培训教育。通过开办船员流动学校、拍摄安全警示教育片,组织渡船船员到先进示范渡船和运输船舶进行航行体验,增强船员对抢航、抢槽、强行横越等违法行为给航行船舶带来的危害的亲身感受和认识。

⑪针对学生渡等特殊群体的过江渡运,强化专项安全维护措施,必要时采取跟船检查、现场驻守、巡逻艇护航等措施。

⑫加强与地方政府的定期联系。及时向所在地政府报告渡口渡船安全隐患,走访地方政府及有关部门,加强沟通联系,落实渡船管理季度报告制,及时向相关单位送达安全通报或安全建议书。

⑬在长江干线Ⅰ级和Ⅱ级渡口布设CCTV监控点,实现对渡口的实时监控管理。

5.3.2 桥区水域风险防控

主要从桥梁建设、桥梁施工作业、桥区水域交通管理、船舶航行几个方面提出桥区水域风险防控对策方法。

5.3.2.1 桥梁建设

①桥梁建设单位、经营管理单位应建立健全安全管理制度,加强桥梁日

常安全管理与维护。

②确保桥梁通航尺度满足批准的通航标准。

③按照有关规定和标准设置桥涵标、桥柱灯及桥区水域助航标志,并按规定进行维护。

④按照"三同时"要求落实水上交通安全设施建设,并为桥区水域现代安全监管设施建设提供信息传输条件。

⑤定期进行桥梁水上交通安全风险评估和安全设施设备检测,发现存在安全隐患影响通航安全时,应当及时向过往船舶发出安全预警信息,采取应急措施,并向海事管理机构报告。

⑥桥梁建设应充分听取海事管理机构意见,并向海事管理机构提供桥梁通航安全技术资料;应按规定开展桥梁建设通航安全评估。

5.3.2.2　桥梁施工作业

①桥梁施工作业应提前向海事管理机构申请办理水上水下活动许可手续。按照批准的作业内容、水域范围和安全作业条件进行作业,严格施工作业安全操作规程,防止施工不当引发水上交通安全事故。

②应当加强桥梁施工安全管理,建立健全施工期水上交通安全管理制度,落实安全措施;明确施工作业船舶、设施应具备的安全标准和条件;做好施工、通航及其他有关水上交通安全事宜的协调工作。

③做好施工期桥区水域安全警戒和应急处置;按规定设置界限标志、施工专用标志及有关警示标志,并做好维护。

④合理安排施工计划与进度,优化施工组织及施工工艺,尽可能减少对通航水域的占用和对通航安全的影响。

⑤加强施工船舶、设施及船员的安全管理和教育,确保船舶适航、船员适任。

⑥避免遗留碍航物。如出现前述情形,应及时将障碍物形状、尺寸、位置和深度准确地报告海事管理机构,按要求设置标志,制定防止碍航的安全措施,并及时进行清除。

⑦参与桥梁施工的船舶、设施应适航,按规定配备适任船员,并按《中华人民共和国内河避碰规则》等有关规定正确显示信号;加强与过往船舶联系,及时通报船舶动态信息;遵守有关航行、停泊、作业管理规定和相关限制性规定。

⑧对通航安全影响较大的施工作业阶段,桥梁施工单位应制定并落实专项安全保障方案。必要时申请海事管理机构进行现场维护。

⑨新建桥梁涉及水上交通安全部分的工程完工后,桥梁建设单位或经营管理单位应按规定在试运行前申请海事管理机构开展通航安全核查,并向海事管理机构提供经核实的有关通航安全技术资料。

5.3.2.3　桥区水域交通管理

①充分考虑桥区的特殊水流条件、船舶的操纵性等因素,研究桥区航道宽度、水深、桥梁净空高度,以及航迹带宽度、风/流致漂移、船舶安全间距等因素对桥区船舶安全通航的影响,论证桥区航道的船舶通过能力。

②加强桥区航道维护管理,汛期对通航桥孔、水上航标及桥上助航设施进行必要维护调整,对桥区水道进行测图,加强流速、流向的观测。

③针对汛期水位涨幅大、桥区流速快、标志易流失的特点,对航标进行加固;增加夜航次数,监控桥区航标,及时清除航标周围草木,对航标进行保养,保证桥区航标标位准确,颜色鲜明,灯光明亮,结构完整,并主动向行轮介绍桥区航道情况,提醒船舶谨慎通过桥区。

④加强对桥梁的助航标志的检查,与桥梁建设、管理单位加强联系协调,对于桥柱灯、桥涵标设置不齐全、不规范、维护不到位等情况,及时反馈相关单位,督促其对存在的安全隐患进行整改。

5.3.2.4　船舶航行

①船舶在桥区水域通行,须符合净空尺度(净空高度、净空宽度等)要求。

②对舵、锚、主辅机、航行信号、船队系缆、拖带设备及应急设备等进行严格检查,保持良好技术状态,落实安全措施,确保安全通过;加强瞭望,尽早与过往船舶取得联系,明确各自动向及会让意图;必要时,安排拖轮在桥区水域护航。

③通过桥区水域前应向VTS报告船舶动态。进入桥区水域前,应按规定鸣放声号,发现桥区水域航道、航标等异常或者本船船位不正,不能确保安全通过时,不得通过桥区水域。

④船舶通过障碍性桥梁桥区水域时,应当由船长指挥操作,同时,轮机长应当在机舱值守。船舶在通过非障碍性桥梁桥区水域时,可以由船长或者船长指定的驾引人员指挥操作;船舶操纵困难时,必须由船长亲自指挥操作,必要时,轮机长应当在机舱值守。

⑤保持具有足够舵效的安全航速,谨慎通过。

⑥视距不足禁止通过桥区水域。风力七级以上时,禁止船队通过桥区水域。装载爆炸品的船舶、试航船舶禁止夜间通过桥区水域。

⑦靠离桥区内的码头、泊位时:应谨慎驾驶、主动避让;不得超过核定的

靠泊宽度;系泊牢固、加强值班。

⑧发生异常情况,危及安全时应当采取有效应急措施并立即向 VTS 报告。发现桥区水域内存在异常情况,应当及时向 VTS 报告。

5.3.3　船闸水域风险防控

本节主要提出针对船闸水域,从通航安全管理、船舶过闸作业两方面提出可采取的风险防控方法和对策。

5.3.3.1　通航安全管理

进一步健全船闸通航安全管理法律法规,加快制定《长江过闸船舶安全检查办法》等规章制度,制定完善《长江三峡及葛洲坝枢纽待闸锚地管理办法》等管理制度,加强对待闸船舶的管理。

修订和完善涉及长江三峡枢纽河段的技术标准和规范,组织开展船舶过闸安全风险、应急保障能力、救援机制评估;组织修订过闸危险品船舶法定检验规则;研究制定危险货物运输船舶待闸及过闸运行组织管理规范。

强化水上安全监管。严格执行过闸船舶安全监督检查规定,加强待闸锚地日常安全巡查,督促船舶加强待闸、过闸期间的安全值守,严格落实各项安全措施。打击谎报瞒报、超载运输、非法夹带、冒险航行、违章操作等违法违规行为。严格落实过闸船舶救生、消防器材等应急装备的配备和检查保养,确保设备状态良好。严格执行过闸船舶消防监督检查规定。

加强通航秩序管理。优化过闸船舶组织调度,充分利用 VTS、AIS、CCTV 等设施,对客船、危险货物运输船舶通过闸室实施全过程安全监控,减少夜间两坝间船舶航行会让。

建立完善《长江三峡及葛洲坝枢纽过闸船舶信用管理规定》,严格执行对过闸运输航运企业的市场准入机制,加强货物装载情况检查,督促船舶整改安全隐患,严防船舶"带病"进入长江三峡枢纽河段。严格实行拟过闸危险货物运输船舶的装载作业和出港审批,督促客运港口经营人严格落实《水路旅客运输实名制管理规定》。

引导过闸船舶标准化。加快制定相关管理制度,使满足升船机使用条件的船舶优先选用升船机过坝,引导企业建造适合通过三峡升船机的船舶。

5.3.3.2　船舶过闸作业

船舶通过三峡船闸、升船机、葛洲坝过闸(以下简称过闸),应严格遵守过闸船舶报告相关规定,如实申报过闸计划,如实申报实际最大吃水、货种、主尺度和实载运量等有关信息。船公司、船舶应密切关注管理部门发布的船闸允许过闸船舶的最大吃水,并根据允许通过船闸的船舶吃水控制标准,合理装载。

　　船舶过闸前,加强船上重点区域、重点部位巡查,特别要检查船舶破损稳性、防火结构,以及机舱、电气线路、厨房、吸烟区等重点区域和部位,及时发现并消除隐患,保障应急设备须处于良好状态;船舶过闸期间,船长、轮机长应在岗值班,船上所有工作人员应按照船舶应急预案的要求和应急部署表的分工到岗到位。

　　船舶过坝应按通航管理机构的调度指令发航,遵守航行规定和按通行信号有序进出船闸、升船机及引航道。大风、大雾等天气条件下,应按规定的气象标准,采取停止通行、加强系固、停泊避风、加强安全值守等措施。大流量条件下应遵守通航管理机构的应急交通组织和水上交通管制。

　　载运危险货物的船舶必须具备相应的适航、适装条件。船员必须持有合格适任证书和相应的培训合格证。熟悉所在船舶载运危险货物安全知识和操作规程及载运危险货物船舶过闸的注意事项和相关要求。下行载运危险货物船舶过闸前,必须接受三峡海事管理机构的例行安全检查,并向检查人员提供本航次所载危险货物理化性质及应急处置措施,集装箱船舶还应提供所载危险品集装箱装载布置情况。载运危险货物船舶必须按规定航路航行并正确显示灯光信号,服从现场海巡艇指挥。当气温达到 28℃时,载运闪点 28℃以下易燃液体和液化气的船舶,必须采取降温措施,闸室内应开启喷水装置。载运危险货物船舶在闸室内必须处于备车状态,船员按规定值守,机舱必须留人值班,轮机长负责巡查。

　　禁止装运民用爆炸品的船舶过坝。载运易燃、易爆货物的船舶不得通过升船机。载运危险货物船舶不得与客船同一闸室通过。载运一级易燃易爆类危险货物船舶专闸通过。载运二级易燃易爆危险货物船舶集中通过。

　　船舶存在重大火灾隐患、实施紧急重大安全保卫工作需要或法律法规定的其他情形时,船舶应遵守长江航运公安机关、三峡通航管理机构及相关海事管理机构指令,驶向安全地点。

　　从事过闸运输的航运企业要建立完善船舶过闸安全管理制度和突发事件应急预案,组织制定并严格执行船舶过闸操作规程和船岸安全值守制度,严格落实船舶过闸安全责任制和消防安全责任制;按照《中华人民共和国安全生产法》的相关规定,加强岸基职工和船员安全生产教育培训,特别是强化船舶过闸安全操作技能和应急处置培训,定期组织开展专项应急演练;航运企业和港口企业应依照相关规定和运输规则,对拟过闸船舶合理配载货物,严格控制过闸船舶吃水,严禁非法夹带危险货物。经营过闸航线的客运企业和港口经营人应严格按照《水路旅客运输实名制管理规定》,对乘船旅客实行实名售票和实名查验。经营过闸航线的客运企业和危化品运输企业应建立落实岸基监控制度,充分利用信息化等现代监管手段,对所属客船和危险品船舶实施动态监控,及时纠正船舶违规行为,有效处置船舶突发事件。

5.4　港口类风险防控方法及对策

根据前文港口类风险因素辨识分析和风险评估内容,结合港口地域的划分,本节分别从港口水域、码头、危险货物储罐区、危险货物集装箱堆场等几个方面分别提出港口类风险防控方法及对策。

5.4.1　港口水域风险防控

港口水域风险主要指锚地存在的风险。长江干线目前主要存在公共锚地资源紧张,锚地结构性矛盾突出,待闸锚地和危险化学品锚地能力不足,锚地设施和标志缺乏,船舶靠泊作业与待泊安全风险突出,私设锚地造成风险隐患等问题。主要从锚地规划、建设与维护管理,以及日常使用和作业管理两方面提出风险防控方法对策。

5.4.1.1　锚地规划、建设与维护管理

锚地规划方面,应进一步完善长江干线锚地建设的总体布局,加快锚地建设。沿江各地需结合港口发展实际和水域条件,细化和落实区域内锚地的位置、尺度和控制点坐标等,调整和完善港口总体规划的相关内容。在对长江干线锚地情况进行摸底规划的基础上,以三峡为试点,科学选点,合理布局,严守规划,加快推进城陵矶、武汉段、江苏段等船流量密集江段的锚地建设,解决公共锚地紧缺问题;加强长江三峡枢纽河段待闸锚地的规划建设和管理等。

为适应危化品运输量增长、运输船舶大型化形势,长江干线应增加危险化学品锚地数量、尺度和锚位,完善锚地设施和标志,以保障船舶进出港待泊、待闸安全。锚地布局要符合有关规划要求,尽量远离中心城区和人口集聚区,靠近危险化学品港,并做好与港口、航道、过江通道、饮用水源及保护区等规划的衔接。对于保留的危险化学品锚地,应完善标志、标牌和监控、消防等设施设备。对于新建和改扩建的危险化学品锚地,要加快落实实施。

规划锚地尽量选择在地势平缓、水深适宜、锚抓力好、周围水域安全、避

风条件好的水域,避开礁石、急流区域,充分考虑港区泊位、航道现有情况及规划情况。

从锚地建设角度,进一步明确锚地建设的审批程序。加强港口管理部门与发改、航道、海事、水利等部门的协调。完善长江港口锚地建设和维护管理制度,实现锚地建设和管理的系统性。《中华人民共和国港口法》明确规定公用锚地建设维护属政府法定职责,各级政府应出台公用锚地建设和维护管理办法或细则,制定相应的建设管理制度,确保锚地建设和正常维护的管理。

锚地的管理维护方面,借鉴国内外先进经验,完善管理,探索建立省级港口锚地调度中心,实现区域内锚地集中化管理,实现统一调度和资源共享。进一步完善相关标准规范,指导长江锚地的运行和维护。在实行统一管理的同时,建立水上临时停泊区及锚地信息平台,对锚地申请和运行信息进行公开,向企业提供公共服务。统筹布局相邻港口的锚地,积极整合资源、推进资源共享共用,在水域紧张航段,减少自然抛锚,采用系靠泊方式建设锚泊设施,提高资源使用效率。加强对锚地内船舶的VTS管理和导助航设施建设等。

5.4.1.2 锚地日常使用和作业安全管理

从日常使用和作业安全管理角度,针对港口水域(锚地)可采取的风险防控方法及对策主要包括:完善和严格执行相关制度;加强船舶作业管理和巡查维护;严格使用审批等。

进入锚地的船舶应当熟悉锚地设置情况及水深、水流与附近水域,进出锚地前及时与VTS中心联系,获知锚地情况并制订进出锚地计划;服从锚地驻泊点指泊安排,并遵守生产调度、安全锚泊、安全生产和锚地安全生产事故应急预案等相关规定;锚泊期间应加强自身安全管理,留足安全距离,按规定显示信号,留足值班人员,设置走锚报警,定期检查缆绳受力情况并做合理调节。

在锚地内从事水上过驳(装卸)作业应申请港口经营许可。特殊情况下在锚地进行水上过驳(装卸)作业的,港口行政管理部门应当征求航运管理机构的意见。载运危险货物的船舶在锚地内停泊或从事过驳作业的,应按照《中华人民共和国船舶载运危险货物安全监督管理规定》和《港口危险货物安全管理规定》的要求,严格履行审批手续。

锚地发生海损事故和其他危急情况时,船舶经营者及相关人员应及时向当地水上搜救中心报告,按照指挥开展救助工作并积极协助海事管理机构开展事故调查,及时将情况向管理机构报告。

锚地维护管理应建立定期巡查制度,按照国家标准、技术规范对锚地界浮进行日常检查、定期养护和事故抢修,确保锚地界浮始终保持"标位准确、灯光明亮、颜色鲜明、结构良好"的技术状态。锚地范围内禁止从事下列活动:养殖、种植等活动;设置碍航设施,组织挖砂、采掘活动;排放废水、污油和有害、有毒物质;倾倒泥土、砂石、垃圾等。除锚地管理部门根据需要设置锚泊设施标志外,其他任何单位和个人不得擅自设立锚泊设施标志。应加强与气象等部门的协调,强化恶劣气象、水文条件下进出锚地船舶的信息服务。

锚地管理单位应定期组织锚地水下地形测量,掌握冲淤变化和水文变化情况,做好调整工作,并对外公布最新的锚地水下地形测量图。遇长江特大洪水等异常情况导致长江河势发生重大变化的,需要及时开展锚地水下地形测量。

加强停泊区的管理和使用,充分发挥停泊区功能,按各类停泊区功能划分和用途,安排不同类型船舶合理停泊锚泊,标识停泊区上下游界线,提示船舶停泊期间安全注意事项,督促船舶在规定停泊区水域范围内停泊,不得随意停泊,规范停泊秩序,防止超范围停泊。通过 AIS、CCTV 视频监控系统等加强对锚地船舶作业及锚泊情况的监督管理等。

5.4.2 港口码头风险防控

本节首先概括提出港口码头风险防控的一般方法及对策,之后再对客运码头、油品和液体化工品码头、散货件杂货码头、集装箱码头、汽车滚装码头、水上加油加气站等长江沿岸主要码头类型分别提出相应风险防控方法及对策。

5.4.2.1 风险防控的一般方法及对策

1.港口规划

根据《全国内河航道与港口布局规划》,合理规划长江岸线,编制完善各港口总体规划、港口安全专项规划。加快港口基础设施建设,整合港口资源,优化布局和功能结构。改善现代化专业化泊位相对不足、装卸运输设备技术水平偏低、安全条件不均衡的现状。

科学论证、严格控制危化品码头、客运码头建设。尤其危险化学品码头的选址、规划应有长远、审慎的考虑。推进渡口改造,提高渡口安全性能。

2.港口码头建设

严格执行港口基本建设程序。企业应履行项目的立项审批程序,确保项目手续完备,并依法办理相关审批手续;确保安全、环保、消防等设施按要求开展"三同时"(同时设计、同时施工、同时投产使用)工作,确保港口工程经安全验收、竣工验收合格后投入使用。

整治沿江未经审批私自建设、无证经营的非法码头。非法码头分布零散，占用大量岸线，或缺乏专业装卸设备，存在安全隐患；或非法占用河道，对长江行洪能力、航道通航条件、船舶运行安全等造成严重影响，应持续打击、持续治理。

在港口建设项目建设、设计、施工、监理工作中，应严格按照设计标准规范的要求，做好装卸储运设备设施的设计、选型，确保工程质量，确保安全设施"三同时"，提高本质安全水平。

进一步完善内河港口码头有关建设、设计和施工标准。工程建设、设计应符合《河港工程总体设计规范》(JTJ 212—2006)等标准规范，以及国家关于安全生产的有关规定。

3. 设施设备

经营单位做好码头基础设施维护、检测，特别是对运行多年的老旧码头及相关基础设施技术状况和改造加固情况进行摸底，对照现有的码头技术标准和规范等，排查安全隐患并及时采取对应措施。

加强生产安全监督管理。落实港口基础设施的管理、运营维护和安全监管责任主体，确保承担维护保养、检查、检测、评估等日常管理的单位切实履行职责，港口基础设施状况记录（台账、档案、数据库等）健全。

重视装卸储运设备设施选型，选择安全性、可靠性高的设备，并在使用中加强维护保养。港口装卸作业所使用的特种设备和强制检定设备设施必须按照国家有关规定由专业生产单位生产、安装，并由具有资质的检测检验机构进行检测、检验，检测检验合格并取得安全使用证或安全标志后方可投入使用。此外应对装卸储运设备设施及工属具、附件等进行经常性维护、保养并不定期检查、检测，保证其正常运行。起重机械工属具的设计、制造、检验、使用、报废、维护与管理也应执行国家有关标准的规定。

4. 生产作业

港口装卸作业前，作业人员应按照作业规程要求做好装卸设备及工属具等的准备工作。司机在作业前应详细检查所用装卸机械是否处于良好技术状态，应按使用要求进行试车，熟悉其性能。船舶进行靠离泊作业前，船、岸双方要确认安全保障措施。作业中要加强船岸之间的相互通信联络，密切注视作业动态，确保作业平稳顺利进行。尤其应注意大型设备须进行必要的避让，防止与船舶发生碰撞。水文、气象条件不符合装卸作业标准时码头应停止作业。

通过完善作业工艺和防护设备设施，改善港口作业的条件和环境，确保作业地点照明充足,通风、温湿度条件良好;改善作业场地环境,减少高低温、粉尘、噪声和有毒物质等职业危害,做到货物堆码整齐安全,地面平坦通畅,危险场所安全标志标牌完善。

港口经营单位应建立健全安全生产责任制及作业安全管理的规章制度和安全操作规程,并予以落实,以确保安全生产。加强安全生产绩效考核,建立激励机制,充分调动全员参与安全生产工作的主动性。建立制度化的安全隐患排查评估机制,对涉及安全的码头基础设施和设备设施的参数坚持检测跟踪和定期分析;改善安全生产条件,增加视频监控、安全防护用品配备及相关资金投入,对码头靠泊条件、危险货物港口作业条件、码头结构、环境、主要港口机械等方面存在的安全风险进行全面系统的分析;对存在的重大隐患应能够及时发现,采取有效措施,及时整改到位。进行港口危险货物作业应取得相应许可资质,码头不得超过核定能力靠泊船舶。

5.事故应急

制定和完善港口综合应急预案、专项应急预案以及现场处置预案,突出预案的针对性和有效性。加强应急能力建设,完善应急器材、物资配备;开展港口应急能力评估。加强长江港口航运应急救援力量建设,合理规划设置消防站点,适当增配消防艇、巡消一体艇等,增加专职消防员,增加事故应急演练和实战训练。

5.4.2.2　客运码头

客运码头的选址和建设,应符合港口规划与城市发展总体规划,符合相关法规和安全标准、规范的要求,与各类危险物品装卸储运场所、设施等留有充分安全间距。

客运码头经营单位应落实安全生产主体责任。应加强对码头、客运站等场所及安全设施的检查维护,加强消防安全检查,及时消除火灾隐患,确保消防和安全通道畅通;确保安全投入,配备齐全安全设施、安检设备设施;加强客运场所秩序维护。

客运码头应建立健全安全检查制度,明确安检程序和岗位职责,配足检测设施设备,加强对旅客、行李物品和车辆的安全检查,严防旅客、车辆夹带危险品上船;加强安全生产与应急救援设施设备的配备、更新改造和日常维护保养,确保设施设备符合国家安全技术标准。制订并落实年度安全生产教育培训计划,重点加强法规制度、安全生产知识、实操技能、应急处置等内容培训,做好针对恶劣天气、大客流等突发情况的应急准备和预案,建立企业安全生产教育培训档案。严格落实《长航局关于实施长江干线省际客船旅客乘船实名制(试行)的通告》(2016年1月1日起正式实施)的要求。

管理部门应加强对企业安全生产条件和经营条件的监督核查。特别是加强对安全设施、安检设施配置及使用情况的检查,督促客运港口企业保持安全生产条件,加强对登船车辆、旅客的安全检查。加强消防安全监督检查和治安巡查,依法处置各类纠纷和突发事件,严厉打击各类违法犯罪行为。

5.4.2.3　油品和液体化工品码头

油品和液体化工品码头选址应符合港口总体规划,满足相关法规和标准规范的安全间距要求,不能威胁其他码头、建筑设施、居民区等的安全,码头前沿水域的通航情况,包括船舶制动、码头前沿、港池、连接水域、航道、锚地的设置和有关尺度应符合规范要求并考虑码头靠泊的自然条件、泊位尺度情况等。在港口布局范围内尽量选择相对安全的位置。

码头的设计、建设阶段,平面布置、装卸工艺、水工结构、灭火系统、安全设施等应严格执行国家和行业有关设计标准规范,并做好码头前后方的工艺衔接,保证码头与库区工艺流程的协调一致。相关部门应把好安全审查关,科学评价码头设计方案,预测项目存在的危险、有害因素的种类和程度,提出合理可行的安全技术设计和安全管理建议,确保码头设计符合国家和行业安全生产的有关规定,装卸技术工艺符合相应危险品码头的国家技术标准,前沿水域助航设施配备符合规范要求,且不对通航情况造成不利影响等。通过上述一系列工作的落实,降低码头安全风险。码头建设监管的相关部门应依法加强码头建设的监管,确保施工不应对码头前沿水域的通航安全构成威胁,保证安全设施"三同时"。码头竣工后依据《港口工程竣工验收办法》(根据2016年4月19日《交通运输部关于修改〈港口工程竣工验收办法〉的决定》第二次修正)的有关规定开展安全设施验收和工程总体验收。

港口行政管理部门严格危险货物作业资质管理,从安全角度严格准入条件管理,对现有资质进行严格审查,加强年度核验管理,对不具备资质条件的,应当责令限期整改;逾期不改正的,依法撤销其资质。加强港口危险货物安全监管队伍建设,建立健全安全教育培训制度,依法规范行政管理人员的执法行为,建立专业化的监管队伍。配备必要的危险货物港口安全检查装备,建立危险货物港口安全监管信息系统,具备危险货物港口安全监督管理能力。

港口经营单位应严格执行《危险化学品安全管理条例》《港口危险货物安全管理规定》等有关法规规章要求。严格按照危险货物港口作业认可证的认可范围进行危险货物的装卸和储存作业,不得超越其规定的货物种类和数量进行作业。应完善码头消防设施器材及其他各类应急设备设施,建立应急预案体系,定期组织消防及事故应急演练,并做好相应的演练记录,及时总结演练中存在的问题和不足,更新相关内容,保持应急预案的持续改进。做好从业人员的安全教育和技术培训工作,其中包括法律法规教育、典型事故案例教育、危险化学品专业知识培训、消防知识培训、危险化学品应急救援预案等各种应急预案培训等,并做好培训的考核和记录。完善各类安全生产管理规章制度,加强对其执行情况的监督检查,并制定相应的奖惩措施,确保安全制度、安全规程的落实。加强日常安全管理,做好输送管道的检测检验和日常维护,对供配电设施等重要生产设施应加强日常维护保养,并加强检查,防止丢失。做好压力管道的日常检查巡检,及时委托有资质机构开展定期检验工作。根据有关法规和规章要求,定期开展港口危险货物安全评价工作。作业过程中建立好船舶、码头、库区三方的联动机制,同步作业,码头和库区设置可靠的通信联络或设置启停联锁装置。当装卸储运货种或装卸工艺发生变化时,及时进行风险分析和安全评价。

5.4.2.4　散货件杂货码头

码头装卸工艺设备选型应符合《生产设备安全卫生设计总则》(GB 5083—1999)等要求,符合高可靠性、低故障率、配备必要防护设施、维修方便等要求。起重机械应配置可靠的超负荷限制器和联锁防护装置,并应设置声、光等报警装置。大型机械须设置行走及倒车警告信号,如灯光、音响装置等;设置避雷装置;并应根据《港口装卸机械风载荷计算及防风安全要求》(JT/T 90—2008)和《港口大型机械防阵风防台风管理规定》等的要求设风速风级报警装置,配备有效的防风防台装置(如锚定装置、防风锁、防滑楔以及防碰装置等)。

码头抗风等级应符合设计标准规定。码头前沿应设置位移、沉降观测点,定期观测码头的位移、沉降状况和码头前沿装卸机械轨道不均匀沉降,根据位移和沉降状况,对码头前沿装卸机械轨道基础、轨道进行调整、修复和处理。

电气系统应有接地、接零、过载、漏电保护措施。高、低压电缆及通信电缆应分别敷设。作业区域照度和均匀度符合照明标准,不应产生光照死角,在码头边缘安装道路及反光指示标志。作业区域重点场所设置工业电视监控系统。

车辆进出港区路线以单行线、不交叉或少交叉为原则;港区道路应根据规定设置明显的标志和车道分割线,设置限速、弯道等明显标志。建筑物根据不同功能分区布置,合理划分,使生产作业各成系统,减少相互交叉与干扰。危险作业场所如高空作业处、装卸场所、变电所设置安全保护标志。

经营单位应设置安全生产管理机构,配备专职安全生产管理人员,健全安全生产规章制度,加强安全检查。生产人员、安全管理人员进行上岗前培训。特殊工种作业人员应经培训、考核后持证上岗。现场作业严格执行《防止船舶货舱及封闭舱缺氧危险作业安全规程》(GB 16993—1997)、《缺氧危险作业安全规程》(GB 8958—2006)的相关规定,开舱通风换气,检测氧气浓度合格后,方可下舱作业。

5.4.2.5　集装箱码头

集装箱码头装卸应遵照《集装箱港口装卸作业安全规程》(GB 11602—2007)等标准,作业前对作业机械、工属具与作业现场进行全面的安全检查,确保安全后进行作业。应明确集装箱的类型及装载情况,对于超限(超长、超宽、超重、超高)集装箱,应制定周密、可靠的装卸作业方案,注重工属具的配备、计量装置的使用和管理;避免超负荷作业;集装箱装、卸船顺序应按配载图严格规范作业;布置生产任务时要同时布置安全措施,交代应注意的安全问题,特别要注意工人交接班时的安全;作业期间严格执行操作规程,严禁违章作业,如拖曳、超速起吊、超负荷起吊等。集装箱堆码应按箱位线进行堆码,不同类型(如重箱、空箱、冷藏箱、特种箱等)的集装箱分区堆码。冷藏集装箱的堆存应符合《冷藏集装箱堆场技术管理要求》(GB/T 13145—2018)的规定。冷藏箱专用箱区电源应有专人负责。

集装箱码头应结合装卸机械的抗风等级、自然条件具体情况确定码头允许作业的风力等级,对大型机械采取有效防风措施。风力达到7级以上时,影响到船舶安全靠泊或装卸安全操作时停止作业。预报风速超过预警时应对空箱采取有效的预防措施,包括限制堆高层数、紧密堆装、使集装箱组成刚性整体、与地面固定物连接等。作业人员上下集装箱或在箱顶操作时,应严格遵守安全作业规程和采取安全措施。例如,作业人员在未离开箱顶或作业箱区域前,起重机械严禁在该区域内作业;为高处作业人员配备防坠落装置等。

危险货物集装箱装卸作业应严格执行《危险货物集装箱港口作业安全规程》(JT 397—2007)的规定。作业前应根据装卸危险货物集装箱的危险性质和作业环境,制定安全防护措施,备妥必要的应急器材和人员防护装置。在安全措施没有落实的情况下,不得安排作业。机动车辆在港区从事危险货物集装箱作业时,必须采取有效的熄灭火星措施,并悬挂规定的识别标志。装卸危险货物集装箱必须由经过专门培训的作业人员和装卸指导员承担。

5.4.2.6　汽车滚装码头

汽车滚装码头船岸连接坡道应采取防滑措施,坡道应连接稳固、平顺,保证车辆上下顺利。坡道的设计载荷应考虑充分,满足最重种类车辆的装载要求,并考虑跳板自重等因素。必须在船舶系泊稳固的情况下才能进行汽车滚装作业。上船作业的司机等人员应了解滚装船结构、通道、撤离路线。船岸搭接应保证足够的搭接长度,并满足适渡角要求。岸坡道应定期进行检查维护,确保其坚固、平整,防滑性能良好,无障碍物,处于良好的技术状态。码头前沿作业人员配备救生衣、防滑鞋等防护装备。舱内作业人员、停车场作业人员、司机和夜间作业的人员配备反光工作服。

滚装车辆停车场应有专职人员指挥车辆的分区停放;不同车辆按作业顺序装船,以便车辆在停车场合理停放,装船时积载合理。车辆在停车场地应按规定路线行驶,在指定停车位停放。停车场内排列的车辆之间应保持足够的距离,保证消防安全。

车辆在船舱内及甲板上应按道路标线行使,按停车位标志停放。车辆在船舱汽车甲板上停好后,应处于制动状态。车辆在船上就位后应及时进行可靠的系固。卸船时左右舷对称卸载,装船时左右舷对称积载。作业人员上下船应尽量与车辆上下船相分开。

5.4.2.7　水上加油加气站

①根据实际作业需求、设备设施能力和安全性能,科学准确核定加油加气站的油气储量,严格控制储量。把好油品质量关,坚持正规渠道进货,防止劣质和低闪点油品进舱。

②使用安全成熟的作业工艺和设备,采用密封工艺进出油品,油舱安装气相管,使得进油时油品蒸气可经气相管回流到油舱,以减少舱面油蒸气积聚,降低火灾爆炸危险。对设备做好维护管理,提高设备完好率。

③完善防雷击防静电危害设施,并保持其良好有效。站内易产生可燃气体的场所(如甲板面、泵房等)应采用防爆电气设备。确保水上加油加气站上的消防设备、救生设备、防污染设备处于良好的技术状态。

④严格作业安全制度和操作规程,落实明火管理制度、用电安全制度;完善消防应急预案并加强演练。在进出油过程中,对靠泊作业的船舶加强消防安全联防联动,明确责任,严格执行消防安全操作规程,自觉遵守消防安全制度,加强作业期间安全巡查。

5.4.3　港口危险货物储罐区风险防控

5.4.3.1　港口罐区规划

①科学合理布局选址。科学制定港口总体规划,优化危险货物储罐区布局,加强与城市总体规划和产业布局的衔接,合理确定区域范围。布局要综合考虑地理位置、自然条件、安全防护距离、公用设施保障、应急救援能力和区域内相关企业间相互影响等因素,预防连锁事故发生,降低区域风险。选址应当符合相关法律法规和标准规范的要求,与城市建成区、人口密集区、重要设施之间保持足够的安全防护距离,与周边公共安全设施的相互影响保持在可控的范围内。

②加强区域风险管控。对港口储罐区等危险货物作业集中区域定期开展安全风险和应急能力评估,通过区域定量风险计算,确定安全容量,实施总量控制。

5.4.3.2　港口罐区建设

储罐建设单位应严格履行安全准入手续,依法申请安全条件审查、安全设施设计审查,依法组织开展安全设施验收。港口管理部门按照地方人民政府统一部署,会同有关部门做好涉及港口的重点监管危险化学品和重大危险源建设项目联合审批。按照《港口经营管理规定》(根据 2014 年 12 月 23 日交通运输部《关于修改〈港口经营管理规定〉的决定》第一次修正,根据 2016 年 4月 19 日交通运输部《关于修改〈港口经营管理规定〉的决定》第二次修正,根据 2018 年 7 月 31 日交通运输部《关于修改〈港口经营管理规定〉的决定》第三次修正)和《港口危险货物安全管理规定》的要求,严格《港口经营许可证》和《港口危险货物作业附证》的审核、发放,逐个储罐配发《港口危险货物作业附证》。

5.4.3.3　罐区设施设备

明确储罐等危险货物装卸储运设备设施使用维护的责任人,按照"一台一档"建立完善储罐管理档案,制订维护、检修计划,按照标准规范对装卸储运设备设施进行经常性的维护,确保设备设施及其附属的安全附件、防雷装置、防静电设施等完好有效。完善储罐安全监测监控系统,按照相关规定和规范要求装备安全仪表系统和自动化控制系统,安装储罐高低液位报警及自动联锁切断装置,确保易燃易爆、有毒有害气体泄漏报警系统完好可用。大型储罐、液化气体储罐及剧毒化学品储罐等重点储罐要按照规定设置紧急切断阀。强化安全检查检测,参照《港口危险货物常压储罐检测工作指南》,依据相关标准规范,对储罐开展安全检查检测,实施例行检查、年度检查和定期检测。发现问题和隐患要及时整改,不具备安全生产条件的,要停止使用。

管道、阀门法兰按照规范要求选用密封结构和密封垫,减少跑、冒、滴、漏现象的发生。有毒化学品罐组集中设置,设置围堰等相关安全措施,安装可燃有毒气体探测报警系统。在汽车装车台、储罐根部阀门处、泵区、软管站等物料易泄漏的部位设置可燃气检测报警仪。在物料输送过程中,应密切注意输送压力,防止压力过大引起物料泄漏;严格执行操作规程,防止满罐溢流造成物料泄漏。加强设备设施的日常维修保养,防止因人为操作或设备损坏造成物料泄漏。应当建立输送管道安全技术档案,具备管道分布图,并对输送管道定期进行检查、检测,做好输送管线标识,保证作业时管线连接和阀门启闭的正确。

5.4.3.4　装卸储运作业

规范装卸作业行为,制定并严格执行各项安全管理制度和安全作业规程,加强从业人员教育培训,落实从业资格管理制度,装卸管理人员应持证上岗。装卸作业期间,相关作业人员要按规定穿戴防静电工作服、防静电工作鞋,使用符合防爆要求的工具。装卸作业现场要设置监护人员,加强监督检查,禁止违章指挥、违章操作、违反劳动纪律作业,遇有强雷雨等异常天气,要暂时停止作业,出现报警时,必须立即采取处置措施。严格执行添加抑制剂或稳定剂作业的有关规定。加强装卸栈台等重点部位的安全管理,对外来危险货物运输车辆、驾驶员、押运员等,严格执行安全检查制度。

加强罐区危险性作业管理,规范储罐区动火、进入受限空间等危险性作业活动的管理及检维修管理,严格执行作业内部批准制度。切实落实安全防范措施,动火作业时,要提前做好消防应急准备,加强过程监控;进入受限空间作业时,要严格检测可燃气体、有毒气体浓度和氧含量。严禁以阀门代替盲板作为隔断措施,严禁对未经清洗置换的储罐和管路进行动火作业。进一步加强对危险性作业劳务外包管理,严格承包商的资质审核,做好作业交底和现场监护。在港区内进行可能危及危险货物输送管道安全的施工作业时,施工单位应当在开工的7日前书面通知管道所属单位,并与管道所属单位共同制定应急预案,采取相应的安全防护措施。管道所属单位应当指派专门人员到现场进行管道安全保护指导。

5.4.3.5　事故应急

完善储罐区及管线事故应急预案体系,突出应急预案的针对性和有效性;建立应急保障机制,加强港口与水上应急反应联动机制的建设;加强长江港口及水上应急救援力量建设,完善针对油品泄漏、火灾事故的应急器材、物资配备;开展应急能力评估,进一步完善现有应急物资储备库的建设,合理规划配置港口消防站点,增配消防艇、巡消一体艇等水上消防力量,增加专职消防员;增加事故应急演练和实战训练,通过演练打造专业化的港口应急保障队伍,确保在罐区火灾爆炸事故时,能够及时有效、有条不紊地实施快速救援,最大限度保证人员生命和财产安全。

5.4.4 港口危险货物集装箱堆场风险防控

5.4.4.1 危险货物集装箱堆场规划

①科学合理布局选址。优化危险货物集装箱堆场布局,加强与城市总体规划和产业布局的衔接,合理选址,综合考虑地理位置、自然条件、安全防护距离、公用设施保障、应急救援能力和区域内相关企业间相互影响等因素,预防连锁事故发生,降低区域风险。

②加强区域风险管控。对危险货物作业集中区域定期开展安全风险和应急能力评估,通过区域定量风险计算,确定安全容量,实施总量控制。

5.4.4.2 危险货物集装箱堆场建设

依法严格开展建设项目安全条件审查、安全设施设计审查和安全设施验收。加强对危险货物集装箱堆场安全设施设计、安全评价、安全生产检验检测等机构和设计、评价、检验检测等工作的监督管理。加强日常安全监督检查,坚决查处未批先建、未验先用和"三超"(超量、超类和超作业方式)储运危险货物等违法行为。加强消防监督检查,严肃查处违反消防法规和安全法规的行为。

进一步制定完善港口危险货物集装箱堆场设计建设、作业安全有关标准。用于存放易燃易爆危险货物集装箱的堆场,其位置应远离港区、人口稠密区和公共建筑物、居民区等重要设施,且避开交通线和居住区,以有利于安全生产和管理。

5.4.4.3 作业模式与作业标准

调整现行的危险货物集装箱港内堆存模式。调整的基本思路是将危险货物集装箱港内堆存模式由现行的各类危险货物高度集中,调整为按照危险货物类别和理化特性相对集中、适度分散的模式,即将易燃易爆货物集装箱和有毒有害货物集装箱分别集中堆存,其他一般危险货物集装箱可与普通货物集装箱一起堆存。为此,一是要明确哪些有毒有害危险货物集装箱需要集中堆存。二是制定标准规范,明确易燃易爆货物集装箱堆场和有毒有害货物集装箱堆场的选址原则和建设与安全运营要求,新建堆场严格执行新的规范标准。三是研究和制定现有危险货物集装箱堆场的过渡方案,分步实施,限期到位。

5.4.4.4　设备设施

危险货物集装箱堆场采用混凝土面层,应有足够的高度,且采用一定坡度,便于事故时危废及时排出。场内设置应急区域(箱位),便于事故时的应急处置。堆场应设置危险货物泄漏收集池,一旦发生泄漏事故,可以将事故泄漏液体临时收容存放;收集池收集危废品的潜污泵及其电气连接等应符合防爆要求。场内防雷设施应满足《港口防雷与接地技术要求》(JT 556—2004)、《建筑防雷设计规范》(GB 50057—2010)等标准要求。堆场应配备与堆存货种相适应的灭火器材,以及砂箱、吸附材料等器材设施。堆场降温喷枪的设置,应能保证覆盖所有需喷淋降温的箱位;当气温超过 30℃时,对可喷淋的危险货物集装箱定时进行喷淋降温等。

堆场应设防火防爆安全标志,严禁烟火标志等,并在入口处设置安全责任牌、箱区布置平面图、货种安全性告知牌等。危险货物集装箱堆场应设置应急疏散出口,出口位置应考虑紧急疏散要求。地面按规定标明箱位线和通道标线,道路按规定画线并设置限速、转弯等标志。堆场内设视频监控系统。值班室应配值班人员,24 小时值班管理。值班室配备必要的个人防护器材、急救用品等。

5.4.4.5　装卸堆存作业

危险货物集装箱的装卸及堆存应符合《危险货物集装箱港口作业安全规程》(JT 397—2007)等标准要求。场内作业机械设备状况必须良好,装卸易燃易爆危险品时,机具负荷应按降低 25% 使用。场内不同类别危险货物集装箱的安全间距、堆高均应满足标准规范要求。不同类别危险货物集装箱的安全间距、堆高均应满足标准规范要求。

装有《国际海运危险货物规则》中列明的爆炸品、气体、放射性物质等货物的集装箱必须采用"直取直装"的方式接运,坚持"迟进港、早装船"的原则;装有《国际海运危险货物规则》中列明的易燃液体、易自燃物质、遇水放出易燃气体的物质、氧化性物质、有机过氧化物等货物的集装箱应尽可能采用"直取直装"的方式接运。除上述类别外,其他类危险货物可在危险货物集装箱堆场堆存。

应根据有关法规规章要求定期开展危险货物港口作业安全评价。建立危险货物作业安全管理规章制度。利用信息技术和网络技术,建立管理信息系统,提高日常作业、监管和事故救援的水平。将危险货物基本信息数据库、危险货物集装箱作业申报、地理信息、应急救援、培训管理、危险品知识与政策法规等整合,为生产作业、监管、应急处置等提供信息支持。

5.4.4.6 事故应急

经营单位应当建立应急处置力量,配备必要的应急器材装备;开展风险评估和危险源辨识评估工作,制定危险货物集装箱事故应急预案,按照应急预案,至少每半年进行一次演练,并结合实际,不断完善预案,提高应对初起火灾等事故应急能力。港口消防力量应制定针对不同性质的危险化学品货物的相应预案、灭火救援装备和物资,建立专业的危险化学品应急救援队伍和装备,开展专业训练演练,提高危险化学品事故处置能力。

5.4.5 港口环境风险防控

环境风险防控主要是针对港口气象、水文、地质等自然环境风险提出防控对策措施。

港口企业应在分析研究所在地气象条件特点的基础上,建立完善预防预警、应急准备、应急处置和善后处理等各项防抗台防汛防洪工作制度,完善本单位针对极端天气、水文条件的应急预案,做到应急指挥机构健全、岗位职责明确、应急处置规范、应急保障到位。做好应急物资储备,有针对性地开展应急演练,使预案执行单位、部门、人员熟知职责和工作程序,为处置各类突发情况赢得时间,确保生命财产安全及作业安全。要加强异常天气、水文条件下的应急值守,及时有效处理各种异常和突发情况。做好防汛抗旱防台风物资、设备的储备和管理,提前补充和储备必需的物资器材,加强应急演练,始终保持良好戒备状态,提升应急处置能力。

根据《港口装卸机械风载荷计算及防风安全要求》(JT/T 90—2008)和交通部令(2003 年第 3 号)《港口大型机械防阵风防台风管理规定》等要求为大型机械设置风速风级报警装置,配备有效的防风防台装置(如锚定装置、防风锁、防滑楔以及防碰装置等)。港区建筑物、电气系统、大型装卸机械等应按国家有关标准设置防雷装置并定期检测。按照作业标准和规程合理安排作业,做好大型机械防风加固措施,做好货物、库场的防汛防台布置。港口客运站还应做好台风停航期间在港候船旅客的疏散安置工作。

港口企业针对重点部位,特别是港口重大危险源和易燃易爆、剧毒危险化学品的装卸,储存场所应做好防台风、高温防火、防雷设施的检查和维护,及时消除安全隐患;要严格执行作业规程,在不能确保安全的时段,要停止作业。针对夏季高温易造成危险货物挥发、泄漏和爆燃的情况,落实作业场所的通风、降温、防火、防爆等措施,并加强对危险货物的包装检查。

对易受暴雨、山洪等灾害影响部位,加强监测预警和安全监管,特别加强渡口渡船、水路客运等重点领域和人员密集场所的隐患排查治理,消除安全隐患。汛期重点加强三峡库区、两坝间以及中下游险要江段的隐患排查,防范滑坡崩岸等地质灾害对航道的影响,确保各项防灾措施落实。

港口工程建设单位密切关注气象、水文变化,对可能受到台风、暴雨、洪水、山体滑坡和泥石流等自然灾害影响的施工场所,应根据气象等部门发布的预报预警信息和现场巡查情况,做好工程、机械设备、施工驻地等的排险加固,及时转移施工人员。做好水上在建工程的防汛防台风工作,加强督促检查,及时监测预警,防范滑坡、泥石流等,确保安全度汛。

港口行政管理部门应加强对作业现场的巡查,对违规作业的要依法依规严肃查处;与气象、水利、国土、海洋、海事等部门建立有效沟通和信息共享机制,密切跟踪台风等极端天气的变化趋势,及时发布极端天气的预防、预警信息,提醒各相关单位做好防抗台风等极端天气的各项准备工作,加强极端天气的预警和信息传递。

附录 基于典型事故类型的长江水运安全风险控制对策库

	1.油品码头火灾爆炸风险控制对策
A.规划选址	**A1 规划** 1.港口规划:码头建设应符合港口总体规划、控制性详细规划; 2.相关规划:符合相关规划(如城市总体规划、港口安全专项规划等)。 **A2 选址** 1.法律法规和标准规范:符合法律法规和标准规范关于项目选址的要求; 2.安全防护距离:(1)与城市建成区、人口密集区、重要设施、敏感目标等的距离应符合相关规定,或经论证评估(标准未明确的情况);(2)与相邻码头泊位、罐区、明火作业场所间距符合防火设计规范要求。
B.项目建设	**B1 安全审查(三同时)** 1.安全条件审查:通过条件审查方可开工建设; 2.安全条件论证:涉及危险化学品的港口建设项目应进行条件论证; 3.安全评价:应由有资质的安全评价机构对港口建设项目进行安全评价; 4.安全设施设计:应通过安全设施设计及审查; 5.安全验收:建设单位委托有资质的安全评价机构进行安全验收评价,并组织评价报告的审查和工程安全设施验收。 **B2 施工建设** 1.建设程序:履行规定的建设程序; 2.工程施工:按设计方案施工,执行港口设计建设标准,落实施工质量的监测和管理; 3.工程质量鉴定:通过工程质量鉴定后交付使用。 **B3 其他** 履行消防审批程序(包括消防设计审查、验收或备案)等。

1.油品码头火灾爆炸风险控制对策

C.设施设备	**C1 工艺系统设备设施** 1.工艺系统:工艺及设备选型应合理,符合防泄漏、防爆、防雷及防静电要求。 2.启停联锁:装船系统与装船泵房之间应有可靠的通信联络或设置启停联锁装置。 3.输送管道:材质、强度、补偿措施等合规(如液化石油气采用无缝钢管等),并定期检测。 4.管道附属设施:保温层保护层采用不燃性材料或难燃性材料;附属构筑物采用不燃材料等。 5.阀门:通向水域引桥、引堤的根部和装卸油平台靠近装卸设备的管道上设置便于操作的切断阀,切断阀当采用电动、液动或气动控制方式时,还应具备手动操作功能。 6.控制系统:应具备超限保护报警、紧急制动和防止误操作的功能。 7.泵房:宜采用地上式,封闭式泵房应采取强制通风措施。 8.检测仪表:仪表选用应符合现行国家标准,强制检定设备应经过计量检定。 **C2 安全设备设施** 1.装载臂应设置移动超限报警装置等; 2.采用金属软管装卸时,应采取措施避免和防止软管与码头面之间的摩擦碰撞产生火花; 3.工艺控制室应配备接收火灾报警、发出火灾声光报警信号的装置; 4.可燃气体检测报警:配置固定式或便携式可燃气体检测报警仪。 **C3 消防设备设施** 1.消防给水系统:消防水源(天然水源、给水管网或消防水池)水量、供给强度,消防管道,消防炮,水幕,消火栓,灭火器等应符合规范要求; 2.泡沫灭火系统、干粉灭火系统、消防设施、灭火器配置等符合规范要求; 3.其他:手动报警装置、防雷防静电设施定期检测;个体防护设备设施齐全等。 **C4 其他设备设施** 1.电气:负荷等级符合规定,电气设备设施、线路符合防火防爆要求; 2.照明:照度充分,线路和灯具符合防爆要求等; 3.控制:控制室的布置、系统的功能要求、设备配备等符合规范要求。 **C5 设备管理** 1.特种设备定期检验检测; 2.设备建档管理,定期维护保养等。

1. 油品码头火灾爆炸风险控制对策

D. 生产作业	D1 工艺 1. 工艺设计应适应输送介质的特点,满足防火要求; 2. 甲乙类油品不得采用从顶部向油舱口灌装工艺,采用软管时应伸入舱底; 3. 采用安全流速(原油成品油不大于 4.5m/s;液化石油气液态管道安全流速不大于 3.0m/s); 4. 工艺管道根据工艺需要设置切断阀门和紧急切断阀; 5. 采用气体介质吹扫放空工艺时,应使用含氧量不大于 5% 的惰性气体; 6. 油品管道自流排空时,应采用密闭管道收集残液; 7. 装载臂和软管应设置排空系统,液化石油气装卸设备和管道作业后宜采用惰性气体封存。 D2 环境 1. 作业场所周边严禁烟火,对施工动火等作业严格控制管理; 2. 不良天气条件(如雷暴天气、大雾等)时,降低装卸速率或停止作业; 3. 因天气或空气流动等原因导致码头油气积聚,立即停止作业; 4. 做好日常水文、气象等信息收集,备妥防灾物资。
E. 运营管理	E1 经营人资质 1. 港口经营许可、危险货物作业的许可:作业货种、作业规模和场所符合许可规定; 2. 其他许可:涉及剧毒品等的有关许可。 E2 机构和人员 1. 安全生产管理机构:设置安全生产管理机构或者配备专职安全生产管理人员。 2. 负责人和安全管理人员:通过安全教育、法制教育和岗位技术培训。 3. 作业人员:(1)从事危险化学品作业的,应当为取得从业资格证书的装卸管理人员;(2)特种作业人员、特种设备操作人员等应持证上岗。 4. 安全教育培训:从业人员均应参加相关教育培训,包括从业资格培训,三级安全教育等。 E3 制度 　健全安全管理制度、岗位安全责任制度和操作规程并严格执行;防止"三违"。 E4 事故应急 1. 应急预案:事故应急预案体系完善,通过审查和备案; 2. 应急设备设施:完善配备应急设施设备; 3. 应急演练演习:每年不少于 2 次。 E5 其他 1. 安全评价:每 3 年进行一次安全评价,并落实整改措施,进行备案; 2. 安全生产标准化建设; 3. 风险评估,重大危险源监控管理等。

1.油品码头火灾爆炸风险控制对策

F.安全监管	**F1 许可/准入管理** 　企业经营许可管理,人员从业资格管理等。 **F2 监督检查** 1.日常监督检查、专项检查等; 2.督促隐患整改/责令排除隐患或停止作业等。 **F3 港口/港区应急管理** 1.建立应急预案,并与地方政府预案衔接; 2.推进应急队伍建设和应急物资储备。 **F4 监管队伍建设** 　开展监管人员培训,配备安全检查设备设施、监管信息化系统,建立完善专家库等。 **F5 法规和标准规范** 1.制修订完善相关法规规章; 2.组织制修订油品码头建设、设计、作业管理等相关标准规范。

2.港口危险货物集装箱堆场火灾爆炸风险控制对策

A.规划选址	**A1 规划** 　危险货物集装箱堆场建设应符合港口规划及相关规划。 **A2 选址** 1.法律法规和标准规范:符合法律法规和标准规范关于项目选址的要求。 2.安全防护距离:(1)堆场与城市建成区、人口密集区、重要设施、敏感目标等的距离应符合相关规定,或经充分论证评估(标准未明确的情况);(2)与码头泊位、堆场仓库、明火作业场所间距符合相关规范要求。
B.项目建设	**B1 安全审查(三同时)** 1.安全条件审查:通过条件审查方可开工建设; 2.安全条件论证:涉及危险化学品的港口建设项目应进行安全条件论证; 3.安全评价:应由有资质的安全评价机构对建设项目进行安全评价; 4.安全设施设计:应通过安全设施设计及审查; 5.安全验收:建设单位委托有资质的安评机构开展安全验收评价、组织审查和安全设施验收。 **B2 施工建设** 1.建设程序:履行规定的建设程序; 2.工程施工:按设计方案施工,执行港口设计建设标准;并落实施工质量的监测和管理; 3.工程质量鉴定:通过工程质量鉴定后方可交付使用。 **B3 其他** 　履行消防审批程序(包括消防设计审查、验收或备案)等。

2.港口危险货物集装箱堆场火灾爆炸风险控制对策

C.设施设备	**C1 装卸设备** 1.装卸工艺设备选型应合理,结构强度充分,部件完整;设备设有安全标志和涂安全色; 2.设备制动、防倾覆保护、超载保护、行程限位等各种安全保护装置准确、灵敏、可靠; 3.超速报警、倒车报警、油/水温度/压力报警、故障监视诊断报警等设施齐全; 4.吊具有可靠的连锁保护装置,与集装箱间联系可靠,连锁有效。 **C2 堆场设施** 1.堆场应设置降温喷淋设施、泄漏物收集池等设施; 2.消防车道宽度充分,堆场出入口不少于 2 处,且对向或对角布置; 3.出入口宽度充分并与场外道路通畅衔接,设置必要的安全警示标志; 4.堆场应设置隔离设施,隔离设施可采用围网、金属栅栏或实体围墙; 5.堆场应设置值班室,值班室位置应靠近出入口,并位于箱区及堆场周边排水沟外侧; 6.场内及周边应设置禁烟禁火等禁止标志和注意安全、当心火灾等安全标志标牌; 7.堆场面层应采用现浇混凝土面层结构,地面应设置防渗漏层或使用防渗混凝土; 8.设置防雷防静电接地设施并定期检测。 **C3 安全设备设施** 1.根据作业货种和数量配备作业人员个体防护用品、收容吸附材料、堵漏器材等; 2. 配备便携式可燃气体检测报警仪、火灾报警电话、手动报警装置等。 **C4 消防设备设施** 1.消防水源、用水量、管径、消火栓等应符合规范要求; 2.应根据堆存货种、火灾种类等合理配置灭火器、消防沙箱等。 **C5 其他设备设施** 1.电气:负荷等级符合规定,电气设备设施、线路符合防火防爆要求; 2.照明:照度充分,满足作业要求等。 **C6 设备管理:** 1.特种设备(装卸机械、厂内机动车辆等)检验检测; 2. 设备建档管理,定期维护保养等。

	2.港口危险货物集装箱堆场火灾爆炸风险控制对策	
D.生产作业	D1 工艺 1.危险货物集装箱应在专门区域内存放。1.1 项、1.2 项爆炸品和硝酸铵类危险货物集装箱实行直装直取;除 1.1 项、1.2 项以外的爆炸品、2 类气体和 7 类放射性物质集装箱的堆场存放,应经具有资质的中介机构安全评价和港口行政管理部门批准后,可以限时限量存放。 2.堆场作业应严格按照相关操作规程,在装卸管理人员的现场指挥下进行。 3.堆场应严格划分各类危险货物的堆存区域,按危险货物的性质和类别要求堆码。 4.易燃易爆危险货物集装箱,最高只许堆码两层,其他危险货物集装箱不超过三层,并根据不同性质的危险货物,有效隔离,装有易产生易燃气体的集装箱应在最上层堆码。 5.LNG 罐箱相互不得叠放,与其他非易燃易爆危险货物集装箱叠放时,应放置在最上层。 6.装有毒性物质中包装类别Ⅰ的危险货物集装箱应箱门对箱门,集中堆放。 7.作业前应确认危险货物申报内容与所装卸的危险货物集装箱标志、标牌一致,详细了解其性质、危险程度、安全应急措施和医疗急救措施。 D2 环境 1.易燃易爆危险货物集装箱装卸时,距装卸地点 50m 范围内为禁止明火作业区域; 2.不良天气条件(如雷暴天气、大雾等)时停止作业; 3.危险货物集装箱作业、堆存区域不得进行车辆维修、保养等工作; 4.设备定置管理,作业结束应妥善处置残留物和有关工具及防护用品。	
E.运营管理	E1 经营人资质 1.港口经营许可、危险货物作业的许可:作业货种、作业规模和场所符合许可规定; 2.其他许可:涉及剧毒品、爆炸品或放射性物质的有关许可等。 E2 机构和人员 1.安全生产管理机构:设有安全生产管理机构或者配备专职安全生产管理人员; 2.负责人和安全管理人员:通过安全教育、法制教育和岗位技术培训; 3.作业人员:(1)装卸管理人员、装箱检查员等应具备从业资格;(2)特种作业人员、特种设备操作人员等持证上岗; 4.安全教育培训:从业人员均应参加相关教育培训,包括从业资格培训、三级安全教育等。 E3 制度 健全安全管理制度、岗位安全责任制度和操作规程。 E4 事故应急 1.应急预案:事故应急预案体系完善,通过审查和备案; 2.应急设备设施:完善配备应急设施设备; 3.应急演练演习:每年不少于 2 次。 E5 其他 安全评价,安全生产标准化建设,风险评估,重大危险源监控管理等。	

	2.港口危险货物集装箱堆场火灾爆炸风险控制对策
F.安全监管	F1 许可/准入管理:企业经营许可管理,人员从业资格管理等。 F2 监督检查 　日常监督检查、专项检查等;督促隐患整改/责令排除隐患或停止作业等。 F3 港口/港区应急管理 1.建立应急预案,并与地方政府预案衔接; 2.推进应急队伍建设和应急物资储备。 F4 监管队伍建设 　人员培训、安全检查设备设施配备、监管信息化系统、专家库建设等。 F5 法规和标准规范 1.制修订相关法规规章,完善危险货物集装箱全程监管机制; 2.组织制修订危险货物集装箱堆场建设、设计、作业等相关标准规范。 F6 其他 1.开展研究并协调解决危险货物集装箱堆场的规划问题; 2.对危险货物集中区域开展区域安全风险评估和应急能力评估。

	3.港口危险货物储罐区火灾爆炸风险控制对策
A.规划选址	A1 规划 　港口规划:港口危险货物储罐区建设应符合港口总体规划及相关的规划(如城市总体规划,港口安全专项规划等)。 A2 选址 1.法律法规和标准规范:符合法律法规和标准规范关于项目选址的要求。 2.安全防护距离:(1)与人口密集区、重要设施、敏感目标等的距离应符合相关规定;(2)与居住区、公共建筑、工矿企业、交通线、相邻库区等间距符合设计规范要求。
B.项目建设	B1 安全审查(三同时) 1.安全条件审查:通过条件审查方可开工建设; 2.安全条件论证:涉及危险化学品的港口建设项目应进行安全条件论证; 3.安全评价:应由有资质的安全评价机构对建设项目进行安全评价; 4.安全设施设计:应通过安全设施设计及审查; 5.安全验收:建设单位委托有资质的安评机构开展安全验收评价、组织审查和安全设施验收。 B2 施工建设 1.建设程序:履行规定的建设程序。 2.工程施工:按设计方案施工,执行国家有关设计建设标准;并落实施工质量的监测和管理。 3.工程质量鉴定:通过工程质量鉴定后方可交付使用。 B3 其他 　按规定履行消防审批程序(包括消防设计审查、验收或备案)等。

3. 港口危险货物储罐区火灾爆炸风险控制对策

C. 设施设备	C1 库内建构筑物设施 1. 储罐之间、相邻罐组之间,储罐与其他设施之间等防火距离符合规定; 2. 可燃液体泵站、泡沫站的布置应符合防火距离要求; 3. 库区设置环形消防车道,车道宽度、净空高度、出入口、回车场等符合规范要求; 4. 设置防火堤、隔堤等,库区竖向布置符合规范,有利于防止因液体流散而出现的危险。 C2 工艺系统设备设施 1. 工艺系统:工艺及设备选型应合理,符合防泄漏、防爆、防雷及防静电要求。 2. 储罐:选型、材料、工作温度压力等符合规范要求。 3. 输送管道:材质、强度、补偿措施等合规(如液化石油气采用无缝钢管等),并定期检测。 4. 启停联锁:装船系统与装船泵房之间应有可靠的通信联络或设置启停联锁装置。 5. 附属设施:保温层保护层采用不燃性材料或难燃性材料;附属构筑物采用不燃材料等。 6. 阀门:设置便于操作的切断阀,切断阀当采用电动、液动或气动控制方式时,还应具备手动操作功能。 7. 控制系统:应具备超限保护报警、紧急制动和防止误操作的功能。 8. 泵房:宜采用地上式,封闭式泵房应采取强制通风措施。 9. 检测仪表:仪表选用应符合现行国家标准,强制检定设备应经过计量检定。 C3 安全设备设施 1. 储存Ⅰ、Ⅱ级毒性的甲$_B$、乙$_A$类液体储罐单罐容量不应大于 $5000m^3$ 且设置氮封保护系统; 2. 储存甲$_B$类、乙类、丙$_A$类液体的固定顶储罐和地上卧式储罐的通气管必须设置阻火器; 3. 工艺控制室应配备接收火灾报警、发出火灾声光报警信号的装置; 4. 可燃气体检测报警:配置固定式可燃气体检测报警仪。 C4 消防设备设施 1. 应根据石油库等级、储罐型式、液体火灾危险性及与邻近单位的消防协作条件等因素综合考虑设置消防设施。 2. 冷却水系统、泡沫灭火系统、干粉灭火系统,消防管道、灭火器配置等符合规范要求。 3. 其他:手动报警装置、防雷防静电设施定期检测;个体防护设备设施齐全等。 C5 其他设备设施 1. 电气:负荷等级符合规定,电气设备设施、线路符合防火防爆要求; 2. 照明:照度充分,线路和灯具符合防爆要求等; 3. 控制:控制室的布置、系统的功能要求、设备配备等符合规范要求。 C6 设备管理 设备建档管理,定期维护保养等。

3.港口危险货物储罐区火灾爆炸风险控制对策

D.生产作业	**D1 工艺** 1.工艺设计应适应输送介质的特点,满足防火防爆防静电等安全要求; 2.采用安全流速(原油成品油不大于 4.5m/s;液化石油气液态管道安全流速不大于 3.0m/s); 3.易燃和可燃液体管道位于岸边的适当位置应设置用于紧急状况下的切断阀; 4.采用气体介质吹扫放空工艺时,应使用含氧量不大于5%的惰性气体; 5.装车:鹤管内的液体流速,在鹤管浸没于液体前不应大于 1m/s,之后不应大于 4.5m/s; 6.向船舶灌装或汽车罐车灌装甲$_B$、乙$_A$类液体和Ⅰ、Ⅱ级毒性液体应采用密闭装船/装车方式并设置油气回收装置。 **D2 环境** 1.作业场所周边严禁烟火,对施工动火等作业严格控制管理; 2.不良天气条件(如雷暴天气、大雾等)时,降低装卸速率或停止作业; 3.因天气或空气流动等原因导致罐区油气积聚,立即停止作业; 4.做好日常水文、地质、气象等信息收集,备妥防灾物资。
E.运营管理	**E1 经营人资质** 1.港口经营许可、危险货物作业的许可:许可货种、作业规模和场所符合规定; 2.其他许可:涉及危险化学品经营、剧毒品管理的有关许可等。 **E2 机构和人员** 1.安全生产管理机构:设有安全生产管理机构或者配备专职安全生产管理人员; 2.负责人和安全管理人员:通过安全教育、法制教育和岗位技术培训; 3.作业人员:(1)危化品装卸人员、压力容器在线检验人员等应具备从业资格;(2)特种作业人员、特种设备操作人员等持证上岗; 4.安全教育培训:从业人员均应参加相关教育培训,包括从业资格培训、三级安全教育等。 **E3 制度** 健全安全管理制度、岗位安全责任制度和操作规程;遵守防火防爆十大禁令;杜绝"三违"。 **E4 事故应急** 1.应急预案:事故应急预案体系完善,通过审查和备案; 2.应急设备设施:完善配备应急设施设备; 3.应急演练演习:每年不少于 2 次。 **E5 其他** 安全评价,安全生产标准化建设,风险评估,重大危险源监控管理等。

3.港口危险货物储罐区火灾爆炸风险控制对策

F.安全监管	F1 许可/准入管理 　企业经营许可管理,人员从业资格管理等。 F2 监督检查 1.日常监督检查、专项检查等; 2.督促隐患整改/责令排除隐患或停止作业等。 F3 港口/港区应急管理 1.建立应急预案,并与地方政府预案衔接; 2.推进应急队伍建设和应急物资储备。 F4 监管队伍建设 　开展监管人员培训,配备安全检查设备设施、监管信息化系统,建立完善专家库等。 F5 法规和标准规范 1.制修订完善相关法规规章; 2.制修订港口危险货物罐区建设、设计、作业管理等相关标准规范。

4.客运船舶火灾风险控制对策

A.船舶设计 建造检验	A1 标准规范 　严格船舶改装、应急通道、船舶稳性等有关航行安全和人命安全的规定措施,提高客船稳性、消防、逃生方面的安全技术标准和检验技术规程。 A2 设计建造 　加强设计建造环节管理,船舶设计建造中不得使用不符合消防安全标准、不具备防火阻燃性能的材料。 A3 船舶检验 　加强对船舶检验环节特别是地方船检机构的管理,提高船舶检验水平。
B.船舶设施 设备及运行	B1 设备维护管理 　确保船舶设备状况处于良好的技术状况,严格按照作业规程操作使用,按维护保养要求进行检修、保养、管理。 B2 电气、照明、通信设备设施 　加强船舶电气设备、线路的管理;确保照度充分;保证舵机房与驾驶台等通信畅通。 B3 对滚装船船载车辆严格按照作业规程要求进行配载、绑扎系固。 B4 对滚装船船载车辆加强安全检查,防止车辆移位、碰撞等,及时防范和发现火情。
C.船上人员 管理	C1 船员和其他船上作业人员 1.提升船员素质,提高火灾防范意识和专业技能水平。 2.巡舱人员对车辆舱和货舱定时、随机仔细检查;甲板部和客舱部人员加强安全巡查。 C2 乘客 　加强对于乘客的检查、安全事项告知,开展安全宣传教育等。

	4.客运船舶火灾风险控制对策
D.船舶消防管理	**D1 消防设备设施** 　　船舶消防设备设施如灭火器、报警装置等配置应符合规范要求,做好船舶消防设施配备和消防设施保养维护,加强日常维护检测。 **D2 消防安全管理** 1.落实船舶消防安全责任制; 2.确保每名船员能够正确操作消防设备和器材,具备消防灭火基本知识、应急逃生和引导乘客避险逃生的技能。
E.船公司管理	**E1 安全管理体系** 1.根据规定需建立安全管理体系的航运公司,应建立安全管理体系并保持体系有效性。 2.需要建立安全管理体系的航运公司,还应制定安全操作规程;确保当发生事故、险情和不符合规定情况时及时进行报告、调查、分析和纠正;有效控制与安全管理体系有关的所有文件和资料;对安全管理体系进行内部审核、有效性评价和管理复查。 3.及时向海事管理机构报告安全管理体系运行过程中发生的重大事项。 **E2 责任与制度** 1.建立健全安全管理制度、岗位安全责任制度和作业规程,并严格执行; 2.向船舶提供足够的资源和岸基支持,并对安全工作进行监控,保持船岸之间的有效联系; 3.确定安全管理的方针和目标,指定本公司主要负责人为安全第一责任人; 4.确定船长在船舶安全管理方面的最终决定权; 5.建立船舶安全监督检查制度,确保对船舶及其设备进行有效的维护和保养。 **E3 机构和人员** 1.安全生产管理机构:设置安全生产管理机构或者配备专职安全生产管理人员; 2.安全管理人员:具有适任的安全管理人员,并明确其岗位职责; 3.船员:为船舶配备满足最低安全配员要求的适任船员; 4.安全教育培训:建立安全教育培训制度,加强安全教育和培训,确保相关人员熟悉安全规定和操作规程,掌握相应的操作技能,并提高应急反应能力。 **E4 事故应急** 1.根据船舶的种类、航区等因素制定相应的岸基、船岸和船舶应急预案,定期组织训练演习; 2.发生事故、重大险情时,及时向海事管理机构报告。

4. 客运船舶火灾风险控制对策

F. 安全监管	F1 许可/准入管理 　　企业经营许可管理,人员从业资格管理等。 F2 监督检查 1. 日常监督检查、专项检查等。 2. 督促隐患整改/责令排除隐患或停止作业等。 3. 禁止再对客运船舶开展重大改建;对于其他非重大改建客船,应按不低于初始建造检验核定的稳性、结构强度指标以及现行规范标准进行审图和检验发证。 4. 实行船舶检验质量终身负责制。 5. 限制重大改建船舶投入客滚船市场,对现有或已改建的客滚船,按规范严格船检,确保船舶适航。 F3 应急管理 1. 建立应急预案; 2. 推进应急队伍建设和应急物资储备。 F4 监管队伍建设 　　开展监管人员培训,配备安全检查设备设施、监管信息化系统,建立完善专家库等。 F5 法规和标准规范 1. 制修订完善相关法规规章; 2. 组织制修订客运船舶设计建造有关标准规范,及时跟踪有关国际规则公约的变化。
G. 港口/码头	1. 做好乘客安全检查工作,防止违禁危险品上船; 2. 执行"实名制"要求,核对登船乘客信息,按额定载客人数载运; 3. 对登船车辆进行准确衡重,防止超载、偏载等情况; 4. 码头安检人员严查货物存放,检查有无危险品和违规车辆混入。

5.船舶撞击码头风险控制对策

A.船舶	**A1 船舶设备设施** 　　对船舶航行安全设备、通信设备、应急设备等进行定期检查,排查设备安全隐患,确保船舶安全适航。 **A2 船舶操纵和航行** 1.进出港以及靠离泊时申请港口引航员以最大限度地避免大型船舶因对港口水文气象、码头水域特征不了解和靠离泊时与各方信息沟通不畅造成的安全事故。 2.船长应做好靠泊准备工作,在靠泊过程中要尽可能控制好船速和靠泊角度,而且还要选择好靠泊时机,充分考虑到船舶操纵特性,控制好船速和入泊角度,掌握好横距。在河口潮汐码头靠泊时,船长除了要掌控好靠泊三要素外,还要计算好潮时流速,选择好靠泊时机,充分利用潮流对靠泊有利的一面。对水文气象的不利因素要有充分的风险预估,合理运用锚、缆、车、舵、拖轮,在靠离泊操作时要格外谨慎。 3.遵守航行规则,走在相应的航道(分道)内,不占据他船航路;对来船早让、宽让,避免陷入紧迫局面;与他船或危险物保持足够距离,必要时减速、停船以争取判断和行动的时间等。 4.靠离泊作业按规定合理配置和使用拖轮。
B.码头	**B1 码头设备设施** 1.严格按照设计及核定的靠泊能力进行靠离泊,禁止超设计吨位靠泊等情况; 2.确保码头结构强度充分,系船柱、护舷及其他辅助靠泊设施完好,各种防撞标识、指示灯完备; 3.船舶靠泊前,码头设备应合理布置和避让,如门机、岸桥停放在安全位置,吊臂抬起以防碰撞等; 4.对于碰撞风险相对突出的码头,经研究论证采取防撞墩台结构、钢管桩簇防撞结构等必要防撞设施。 **B2 码头作业管理** 1.根据靠泊船舶实际需要合理指定靠泊泊位,提前做好泊位预留,确保预留泊位及合理的船舶安全间距,设置靠泊旗; 2.码头提前掌握靠泊船舶的船型参数、尺寸及装载量,制定靠泊方案; 3.码头调度与拖轮、船舶保持高频通信畅通,掌握船舶动态,海轮靠离码头须使用拖轮协助; 4.船舶靠、离、移泊作业人员必须严格遵守有关安全操作规程,保持良好的精神状态,随时注意变化着的环境。同时应将通信设备统一调至相同频率,以便于统一指挥和应对突发事件; 5.对于集装箱船、液货船、客滚船等靠泊,及大吨位船舶靠泊,应进一步重视现场监管力度,加强船岸沟通联系。

5. 船舶撞击码头风险控制对策

C. 人员	C1 船方人员 1. 加强对船员安全技能的教育和培训，提高船员安全责任意识；组织船员学习《国际海上避碰规则》《内河航行规则》、船舶定线制有关规定和船员值班瞭望等航行规定和规则，使船员熟悉本船所航水域的通航环境和相关航行规定，提高船员的安全责任意识； 2. 加强对船员技能实操培训和考核，严格执行各项规章制度，强化船员工作责任心，确保在岗船员适任； 3. 船舶驾驶人员应熟悉靠泊码头水域条件，严格按规程作业。 C2 码头人员 1. 对码头带缆工进行带缆业务和安全教育培训，提高业务素质和熟练程度。 2. 组织实施带缆人员的专业技能考核，从人为因素方面减少事故的发生。 3. 船舶靠泊前，带缆工应提前进入系缆位置，保证充足带缆工，配备安全员进行监督检查。 4. 为水手、系解缆工配备救生衣、防护鞋、安全帽和防护手套等；通过检查，确保防护装具正确穿戴使用。
D. 环境	D1 自然环境条件 1. 根据船舶动态、水文（水深、潮汐、波浪等）、天气（风、雾况等）条件安排靠离或移泊； 2. 及时获取气象预报信息，掌握风力风向对船舶和码头的影响和威胁程度，及时与船方协调，在不符合靠离泊作业条件时，不得进行靠离泊作业。 D2 其他 巡查码头周围水域情况，劝离与作业无关的船只。

5.船舶撞击码头风险控制对策

E.船公司 管理	E1 安全管理体系 1.根据规定需建立安全管理体系的航运公司,应建立安全管理体系并保持体系有效性。 2.需要建立安全管理体系的航运公司,还应制定安全操作规程;确保当发生事故、险情和不符合规定情况时进行报告、调查、分析和纠正;有效控制与安全管理体系有关的所有文件和资料;对安全管理体系进行内部审核、有效性评价和管理复查。 3.及时向海事管理机构报告安全管理体系运行过程中发生的重大事项。 E2 责任与制度 1.建立健全安全管理制度、岗位安全责任制度和作业规程,并严格执行; 2.向船舶提供足够的资源和岸基支持,并对安全工作进行监控,保持船岸之间的有效联系; 3.确定安全管理的方针和目标,指定本公司主要负责人为安全第一责任人; 4.确定船长在船舶安全管理方面的最终决定权; 5.建立船舶安全监督检查制度,确保对船舶及其设备进行有效的维护和保养。 E3 机构和人员 1.安全生产管理机构:设置安全生产管理机构或者配备专职安全生产管理人员; 2.安全管理人员:具有适任的安全管理人员,并明确其岗位职责; 3.船员:为船舶配备满足最低安全配员要求的适任船员; 4.安全教育培训:建立安全教育培训制度,加强安全教育和培训,确保相关人员熟悉安全规定和操作规程,掌握相应的操作技能,并提高应急反应能力。 E4 事故应急 1.根据船舶的种类、航区等因素制定相应的岸基、船岸和船舶应急预案,定期组织训练演习; 2.发生事故、重大险情时,及时向海事管理机构报告。

5.船舶撞击码头风险控制对策

F.安全监管	F1 船舶监管 1.加强船舶安全检查的覆盖面,对不经常来本港的船舶要及时进行安全检查和安全指导; 2.加强对重点船舶的安全检查,特别是对客船、油船、危险品船、化学品船和砂石料运输船的航行安全设备、应急计划以及防泄漏、防碰撞设施和船员安全操作的检查; 3.充分利用发挥 VTS、AIS、CCTV 等手段作用,做好船舶交通组织和防止船舶碰撞工作。 F2 航运企业监管 1.相关部门督促企业贯彻落实隐患排查,强化隐患整改;对通航水域固定设施进行排查和评估;对影响船舶安全航行的障碍物和雾、风、枯水和洪水对通航安全的影响进行评估。 2.加强对运输企业安全状况的日常监督管理,督促企业落实安全生产第一责任制,对违规企业严格按法律法规进行处罚,必要时就船舶安全管理问题约谈船公司管理人员。 F3 通航环境管理 1.加强重点通航水域的现场监控,加大巡航力度,完善巡航执法制度,提高应急反应速度和监管能力。对通航密集的航段实施重点监管,在通航密集时段及时疏导交通流,制止违反船舶交通安全管理规定的行为,维护通航秩序。 2.对水上水下施工作业严格管理,维护好施工安全和船舶通航安全,加强对参与施工的企业和施工船舶的安全监督管理。认真检查施工期间的水上安全管理措施的落实情况,发现安全隐患要及时通知施工和建设单位及时整改。 3.完善通航水域助航设施的配布和管理,加强航道的测量和海图印制及发行工作。按维护标准及时疏浚航道,及时调整航标并保持航标的正常工作,在重要航道和航行条件较差的水域要优化航标配布,改善船舶通航环境。

6.船舶撞击桥梁风险控制对策

A. 船舶	**A1 船舶设备设施** 　　对船舶航行安全设备、通信设备、应急设备等进行定期检查,排查设备安全隐患,确保船舶安全适航。 **A2 船舶操纵和航行** 1.船舶进出桥区前应掌握桥梁通航尺度、桥区水文和气象特征等,与海事管理机构保持必要沟通。 2.船舶通过桥梁,应当经规定的通航桥孔通过,并保持足够的安全距离和富余高度,确保满足桥梁通航尺度要求和海事管理机构公布的船舶通航高度限制标准等通航特别规定。 3.船舶通过桥区水域应当:进入桥区水域前,应采取措施确保船舶具有良好操纵性能;加强瞭望,尽早与过往船舶取得联系,明确各自动向及会让意图;应当保持足够舵效的安全航速航行;船长、轮机长亲自指挥操作或监航。船舶操纵困难时,必须由船长亲自指挥操作,必要时,轮机长应当在机舱值守。 4.船舶因紧急情况在桥区水域内锚泊时,应当立即向当地海事管理机构报告,并按规定显示信号、用甚高频等发布船舶动态,并且采取有效措施尽快驶离桥区水域。 5.装载爆炸品的船舶禁止在桥区水域或非限制性桥梁下方停泊、作业。 6.遵守航行规则/定线制规定,走在相应的航道(分道)内,不占据他船航路;对来船早让、宽让,避免陷入紧迫局面;与他船或危险物保持足够距离,必要时减速、停船以争取判断和行动的时间等。
B. 桥梁	**B1 桥梁设备设施** 1.确保桥梁结构强度充分,确保桥梁通航尺度满足批准的通航标准; 2.按照"三同时"要求落实水上交通安全设施建设,并为桥区水域现代安全监管设施建设提供信息传输条件; 3.对于碰撞风险相对突出的,经研究论证采取必要的被动防撞系统/设施。 **B2 桥梁建设运营管理** 1.桥梁建设单位、经营管理单位应当维护桥梁桥区水域良好的通航环境。 2.建立健全安全管理制度,加强日常安全管理与维护。 3.定期进行桥梁水上交通安全风险评估和安全设施设备检测,发现存在安全隐患影响通航安全时,应当及时向过往船舶发出安全预警信息,采取应急措施,并向海事管理机构报告。 4.桥梁建设单位按规定开展桥梁建设通航安全评估,并申请海事管理机构组织审查。 5.加强桥梁施工安全管理,做到:建立健全桥梁施工期水上交通安全管理制度,督促施工单位落实安全措施;明确施工作业船舶、设施应具备的安全标准和条件;牵头建立协调机构,做好施工、通航及其他有关水上交通安全事宜的协调工作。 6.根据海事部门和桥梁设计要求,对通航船型主尺度进行必要的限制。

6.船舶撞击桥梁风险控制对策

C.人员	1.加强对船员安全技能的教育和培训,提高船员安全责任意识和安全素质;组织船员学习《国际海上避碰规则》《内河航行规则》、船舶定线制有关规定和船员值班瞭望等航行规定和规则,使船员熟悉桥区水域的通航环境和相关航行规定; 2.加强对船员技能实操培训和考核,严格执行各项规章制度,强化船员工作责任心,确保在岗船员适任; 3.船舶驾驶人员通过桥区时应保持良好的身心状态,谨慎操作驾驶。
D.环境	D1 自然环境条件 1.根据船舶动态、水文(水深、潮汐、波浪等)、天气(风、雾况等)条件进行作业;风力、能见度达到海事管理机构公布的限制性规定要求时,船舶不得通过桥区水域; 2.及时获取气象预报信息,掌握风力风向对船舶通航的影响和威胁程度。 D2 其他 1.巡查桥区周围水域情况,劝离无关船只; 2.按照有关规定和标准设置桥涵标、桥柱灯及桥区水域助航标志,并按规定进行维护。
E.船公司 运营管理	E1 安全管理体系 1.推进建立航运公司安全管理体系并保持体系有效性。 2.制定安全操作规程;确保当发生事故、险情和不符合规定情况时进行报告、调查、分析和纠正;有效控制与安全管理体系有关的所有文件和资料;对安全管理体系进行内部审核、有效性评价和管理复查。 3.及时向海事管理机构报告安全管理体系运行过程中发生的重大事项。 E2 责任与制度 1.建立健全安全管理制度、岗位安全责任制和作业规程,并严格执行; 2.向船舶提供足够的资源和岸基支持,并对安全工作进行监控,保持船岸之间的有效联系; 3.确定安全管理的方针和目标,指定本公司主要负责人为安全第一责任人; 4.确定船长在船舶安全管理方面的最终决定权; 5.建立船舶安全监督检查制度,确保对船舶及其设备进行有效的维护和保养。 E3 机构和人员 1.安全生产管理机构:设置安全生产管理机构或者配备专职安全生产管理人员; 2.安全管理人员:具有适任的安全管理人员,并明确其岗位职责; 3.船员:为船舶配备满足最低安全配员要求的适任船员; 4.安全教育培训:建立安全教育培训制度,加强安全教育和培训,确保相关人员熟悉安全规定和操作规程,掌握相应的操作技能,并提高应急反应能力。 E4 事故应急 1.根据船舶的种类、航区等因素制定相应的岸基、船岸和船舶应急预案,定期组织训练演习; 2.发生事故、重大险情时,及时向海事管理机构报告。

6.船舶撞击桥梁风险控制对策

F.安全监管	**F1 船舶监管** 1.加强船舶设计审核,严格检验船舶结构强度、操纵和导航系统等技术状况; 2.做好船舶的营运检验,确保船舶性能、相关机械设施始终保持良好可用状态;加强重点船舶安全检查,特别是对客船、油船、危险品船、化学品船和砂石料运输船的航行安全设备、应急计划以及防泄漏、防碰撞设施和船员安全操作的检查; 3.充分利用发挥 VTS、AIS、CCTV 等手段作用,做好船舶交通组织和防止船舶碰撞工作。 **F2 航运企业监管** 1.相关部门督促企业贯彻落实隐患排查,强化隐患整改;对通航水域固定设施进行排查和评估;对影响船舶安全航行的障碍物和雾、风、枯水和洪水对通航安全的影响进行评估。 2.加强对航运企业安全状况的日常监督管理,督促企业落实安全生产第一责任制,对违规企业严格按法律法规进行处罚,必要时就船舶安全管理问题约谈船公司管理人员。 **F3 通航环境管理** 1.加强对桥梁选址、设计、建设过程的监管。选址尽可能地远离航道弯道、滩险、渡口、港口作业区和锚地等。桥梁的轴线的法线方向应与水流主流向尽可能保持一致。设计时条件许可前提下适当地增大桥墩跨距等。 2.完善桥区导助航标志。对导助航标志定期监测,出现问题及时修理和更换。 3.对桥区船舶进行监控,发生异常情况及时地通过 VTS 告知船舶。在天气不良的状况下对桥区附近船舶的动态加强管理,必要时规定对大型船舶、船队在桥区进行强制引航。 4.加强桥区水域巡航力度,完善巡航执法制度,提高应急反应速度和监管能力。对通航密集的航段实施重点监管,通航密集时段及时疏导交通流,制止违反船舶交通安全管理规定的行为,维护通航秩序。优化合理设置船舶航行警戒区。 5.对水上水下施工作业严格管理,维护好施工安全和船舶通航安全。 6.加强航道的测量和海图印制及发行工作。按维护标准及时疏浚航道,在重要航道和航行条件较差的水域要优化航标配布,改善桥区通航环境。 7.组织开展船桥碰撞的风险评估,综合考虑人为因素、船舶机械设备、通航环境、管理因素,全方位地分析船舶与桥梁之间存在的潜在风险,绘制船桥碰撞风险概率图。确定其风险等级,综合治理,消除不利通航的危险因素。

7.突发大风造成船舶翻沉风险控制对策

A. 船舶	A1 船舶设备设施 1.确保船舶设备状况处于良好的技术状况,保证运转正常;严格按照作业规程操作使用,按维护保养要求进行检修、保养、管理。 2.加强船舶电气设备、线路的管理;确保照度充分、通信畅通。 A2 船舶操纵和航行 1.船舶应及时接收天气和海况预报,掌握航道水文和气象特征等,恶劣天气按规定停航,禁止违规冒险航行; 2.遵守航行规则/定线制规定,走在相应的航道(分道)内,不占据他船航路;对来船早让、宽让,避免陷入紧迫局面;与他船或危险物保持足够距离,必要时减速、停船以争取判断和行动的时间等。 3.严格按照作业规程要求进行配载、绑扎系固。 4.对滚装船载车辆加强安全检查,防止车辆移位、碰撞等,及时防范和发现隐患。
B. 人员	1.对船员聘用、培训、考核、教育有完整的计划并予以切实执行。按计划进行经常持久、形式多样、内容丰富而有重点的安全教育、培训和演习,提高员工职业素质,提高其风险防范意识和专业技能水平。 2.规范船员操作,消除不安全行为。主要包括:正确积载、合理系固、合理配载,包括重视甲板货物积载等;防范装卸不当导致货物移动,如卸货时严禁"挖井留山"等;杜绝操作性水密失效;防止船体因破损而进水;警惕顺浪航行;防止消防水积存等。
C. 环境	1.根据船舶状况,及时掌握水文(水深、潮汐、波浪等)、天气(风、雾况等)条件动态,规避灾害性天气; 2.针对突发灾害天气,根据有关规则充分给予船长规避灾害天气的决策权,便于及时采取应急措施,确保人命安全。

7.突发大风造成船舶翻沉风险控制对策

D.船公司 运营管理	D1 安全管理体系 1.根据规定需建立安全管理体系的航运公司,应建立安全管理体系并保持体系有效性。 2.需要建立安全管理体系的航运公司,还应制定安全操作规程;确保当发生事故、险情和不符合规定情况时进行报告、调查、分析和纠正;有效控制与安全管理体系有关的所有文件和资料;对安全管理体系进行内部审核、有效性评价和管理复查。 3.及时向海事管理机构报告安全管理体系运行过程中发生的重大事项。 D2 责任与制度 1.建立健全安全管理制度、岗位安全责任制度和作业规程,并严格执行; 2.向船舶提供足够的资源和岸基支持,并对安全工作进行监控,保持船岸之间的有效联系; 3.确定安全管理的方针和目标,指定本公司主要负责人为安全第一责任人; 4.确定船长在船舶安全管理方面的最终决定权; 5.建立船舶安全监督检查制度,确保对船舶及其设备进行有效的维护和保养。 D3 机构和人员 1.安全生产管理机构:设置安全生产管理机构或者配备专职安全生产管理人员; 2.安全管理人员:具有适任的安全管理人员,并明确其岗位职责; 3.船员:为船舶配备满足最低安全配员要求的适任船员; 4.安全教育培训:建立安全教育培训制度,加强安全教育和培训,确保相关人员熟悉安全规定和操作规程,掌握相应的操作技能,并提高应急反应能力。 D4 事故应急 1.根据船舶的种类、航区等因素制定相应的岸基、船岸和船舶应急预案,定期组织训练演习; 2.健全应急演习制度,制定应对倾覆的应急计划; 3.发生事故、重大险情时,及时向海事管理机构报告。

7.突发大风造成船舶翻沉风险控制对策

E. 安全监管	E1 船舶监管 1.严格船舶建造和改建、船舶稳性等有关航行安全和人命安全的规定措施,提高船舶特别是客船稳性、抗风等级方面的安全技术标准和检验技术规程。 2.加强对船舶检验环节特别是地方船检机构管理,提高船舶检验水平。 3.加强船舶设计审核,严格检验船舶结构强度、操纵和导航系统等技术状况。 4.做好船舶的营运检验,确保船舶性能、相关机械设施始终保持良好可用状态;加强重点船舶安全检查,特别是对客船、油船、危险品船、化学品船和砂石料运输船的航行安全设备、应急计划以及防泄漏、防碰撞设施和船员安全操作的检查。 5.充分利用发挥 VTS、AIS、CCTV 等手段作用,做好船舶交通组织和防止船舶碰撞工作。 E2 航运企业监管 1.相关部门督促企业贯彻落实隐患排查,强化隐患整改;对影响船舶安全航行的雾、风、枯水和洪水对通航安全的影响进行评估。 2.加强对航运企业安全状况的日常监督管理,督促企业落实安全生产第一责任制,对违规企业严格按法律法规进行处罚,必要时就船舶安全管理问题约谈船公司管理人员。 E3 通航环境管理 1.建立完善长江水上气象预警信息系统,完善气象采集收集设备的配备,为更加有效及时制定通航警告等提供基础信息。 2.加强航道的测量和海图印制及发行工作。按维护标准及时疏浚航道,在重要航道和航行条件较差的水域要优化航标配布,改善通航环境。

8.渡船碰撞翻沉风险控制对策

A. 渡船	A1 船舶设备设施 确保船舶设备状况处于良好的技术状况,保证运转正常;严格按照作业规程操作使用,按维护保养要求进行检修、保养、管理。 A2 船舶操纵和航行 1.船舶开航前应了解天气和水情信息,恶劣天气按规定停航,禁止违规冒险航行。 2.遵守航行规则,不占据他船航路;及时避让,与他船或危险物保持足够距离,必要时减速、停船以争取判断和行动的时间。 3.载货渡船应严格按照作业规程要求进行配载、绑扎系固。

8.渡船碰撞翻沉风险控制对策

B. 人员	1.针对船员、渡工文化程度和安全技能低的情况,加大安全培训力度,对渡船船员开展免费专项培训。同时各地应结合实际,举行客渡船培训,讲解客渡航行行为规范,将客渡船有关的安全管理法规规定汇编成册,印发给船员、渡工学习。 2.规范船员、渡工操作,消除不安全行为。针对违法冒险航行的客渡船,加大对渡口、渡船的巡航和夜查力度;遇到风大、雾多时执法人员要到码头现场严防死守制止客渡船航行,做好检查记录,同时做好水情、雾情等气象信息发布,搞好安全信息通报。 3.对船主和乘客开展安全知识宣传教育,提高其安全意识。 4.对于特殊乘客群体开展专门的安全教育宣传,培育安全文化,如定期在中小学开展水上交通安全文化教育活动,开设安全课,普及自救、船舶科普等知识,讲解渡船事故教训,制作安全乘渡宣传材料,并与学生课程表印制在一起,将水上安全文化带进校园。 5.以渡口渡船事故教训为反面教材,开展安全教育,最大化普及宣传水上交通和渡船安全。
C. 环境 (包括渡口)	1.根据船舶状况,及时掌握水文(水深、潮汐、波浪等)、天气(风、雾况等)条件动态,规避灾害性天气; 2.结合辖段航道及季节特点,认真抓好客渡船事故预防预控工作,全面实行渡口渡船安全巡查和定期检查制度,在恶劣天气时派人员到渡口现场驻守盯防渡船开航; 3.加强渡口安全管理,落实登船人员及行李的检查,防止渡船超员超载。
D. 运营管理	D1 责任与制度 1.建立健全渡船渡口安全管理制度、岗位安全责任制度和作业规程,并严格执行; 2.向渡船提供足够的资源和岸基支持,并对安全工作进行监控,保持船岸之间的有效联系; 3.确定安全管理的方针和目标,指定安全第一责任人; 4.建立船舶安全监督检查制度,确保对船舶及其设备进行有效的维护和保养。 D2 机构和人员 1.安全生产管理机构:设置安全生产管理机构或者配备专职安全生产管理人员; 2.安全管理人员:具有适任的安全管理人员,并明确其岗位职责; 3.船员:为船舶配备满足最低安全配员要求的适任船员、渡工; 4.安全教育培训:建立安全教育培训制度,加强安全教育和培训,确保相关人员熟悉安全规定和操作规程,掌握相应的操作技能,并提高应急反应能力。 D3 事故应急 1.根据船舶的种类、航区等因素制定相应的岸基、船岸和船舶应急预案,定期组织训练演习; 2.健全应急演习制度,制定应对倾覆的应急计划; 3.发生事故、重大险情时,及时向海事管理机构报告。

	8. 渡船碰撞翻沉风险控制对策
E. 安全监管	**E1 职责分工** 1. 各级政府及管理部门根据法规切实落实各自监管职责和分工; 2. 建立定期联系制度,加强客渡船安全管理机制,落实渡船水上交通安全管理的专门人员并监督其职责; 3. 乡镇政府应积极支持、认真督促乡镇渡口渡船管理,确保安全管理工作落实到位。建立健全行政村和船主的船舶安全责任制,指定有关部门或人员负责对渡船和渡运安全实施监督检查,严格按规定实施检验、登记完善相关手续,确保合法运输,做到监管到位,责任落实。 **E2 渡船监管** 1. 严格渡船建造和改建、船舶稳性等有关航行安全和人命安全的规定措施,提高渡船稳性、抗风方面的安全技术标准和检验技术规程。 2. 针对部分渡船技术状况落后、船龄长的问题,新建标准化客渡船,增加其航行安全系数;加强对现有客渡船的淘汰或改建,实行渡船船型标准化和渡线优化工作。 3. 加强对船舶检验环节特别是地方船检机构的管理,提高船舶检验水平。 4. 加强渡船设计审核,严格检验船舶结构强度等技术状况。 5. 做好渡船的营运检验,确保船舶性能、相关机械设施始终保持良好可用状态;加强重点船舶安全检查。 6. 加强现场监督管理,特别是节假日、赶集日超载等突出问题检查;结合实际、因地制宜制定严密的巡航工作制度,海巡艇在节假日、乡镇赶集日蹲点检查,实行客渡船首航报告制。严防遏制超载发生。 7. 充分利用发挥 VTS、CCTV 等手段作用,做好船舶交通组织和防止船舶碰撞工作。 **E3 通航环境管理** 1. 建立完善长江水上气象预警信息系统,完善气象采集收集设备的配备,为更加及时有效地制定通航警告等提供基础信息。 2. 加强航道的测量和海图印制及发行工作。按维护标准及时疏浚航道,在重要航道和航行条件较差的水域要优化航标配布,改善通航环境。 **E4 其他** 1. 建立落实渡船禁航制度。加强与当地气象部门合作,分析研究长江水域大风大雾等恶劣天气的发生规律,提高对恶劣天气的监测能力,掌握大风大雾预报信息,充分利用长江安全信息台等媒体,及时发布安全预警信息,斩断恶劣气候引发客渡船事故的风险源导火索。 2. 政府应加大对客渡船的燃油补贴和公益性事业经济补助,从而从经济上解决客渡船的整改难问题。 3. 加强知识培训,提高监管人员素质。深入开展安全知识培训工作,提高安全管理人员的安全素质。 4. 加快 GPS、CCTV 及 VTS 等现代监管设备的建设,全方位地实现对客渡船的有效动态监控。

9.砂石运输船自沉风险控制对策

A.船舶	A1 船舶设备设施 1.加强船舶安全管理,确保船舶处于良好的适航状态;加强船舶设备设施的维修保养,建立和完善船舶设备设施定期和不定期检查制度,发现问题及时整改,确保船舶适航。 2.加强船舶电气设备、线路的管理;确保照度充分、通信畅通。 A2 船舶操纵和航行 1.船长应切实担负职责,严格值班纪律,留足值班人员;驾引人员在航行中要随时保持高度戒备,保持正规瞭望;加强与过往船舶的联系,正确使用雷达、VHF、探照灯等助航设备,发现有碍航行安全的情况应及早采取安全措施,确保航行安全。 2.加强安全预警信息的收集传递工作,针对航道通航环境变化大的情况,及时收集航道水位、气象等安全预警信息,及早制定针对性的安全措施,对所经航道的通航环境要做到心中有数,航经碍航礁石和浅区保持安全横距,防止发生触礁、搁浅等事故。 3.恶劣天气按管理部门规定停航,禁止违规冒险航行。 4.遵守航行规则/定线制规定,走在相应的航道(分道)内,不占据他船航路;对来船早让、宽让,避免陷入紧迫局面;与他船或危险物保持足够距离,必要时减速、停船以争取判断和行动的时间等。 5.严格按照作业规程要求进行合理配载,不得超载。
B.人员	1.对船员聘用、培训、考核、教育有完整的计划并予以切实执行。按计划进行经常持久、形式多样、内容丰富而有重点的安全教育、培训和演习,提高员工职业素质,提高其风险防范意识和专业技能水平; 2.规范船员操作,消除不安全行为。包括:正确合理配载,防止超载、偏载,防范装卸不当导致重心偏移等。
C.环境	1.根据船舶状况,及时掌握水文(水深、潮汐、波浪等)、天气(风、雾况等)条件动态,规避灾害性天气; 2.针对突发灾害天气,根据有关规则充分给予船长规避灾害天气的决策权,便于及时采取应急措施,确保人命安全。

9.砂石运输船自沉风险控制对策

D.船公司运营管理	D1 安全管理体系 1.根据规定需建立安全管理体系的航运公司,应建立安全管理体系并保持体系有效性。 2.需要建立安全管理体系的航运公司,还应制定安全操作规程;确保当发生事故、险情和不符合规定情况时进行报告、调查、分析和纠正;有效控制与安全管理体系有关的所有文件和资料;对安全管理体系进行内部审核、有效性评价和管理复查。 3.及时向海事管理机构报告安全管理体系运行过程中发生的重大事项。 D2 责任与制度 1.建立健全安全管理制度、岗位安全责任制度和作业规程,并严格执行; 2.向船舶提供足够的资源和岸基支持,并对安全工作进行监控,保持船岸之间的有效联系; 3.确定安全管理的方针和目标,指定本公司主要负责人为安全第一责任人; 4.确定船长在船舶安全管理方面的最终决定权; 5.建立船舶安全监督检查制度,确保对船舶及其设备进行有效的维护和保养。 D3 机构和人员 1.安全生产管理机构:设置安全生产管理机构或者配备专职安全生产管理人员; 2.安全管理人员:具有适任的安全管理人员,并明确其岗位职责; 3.船员:为船舶配备满足最低安全配员要求的适任船员; 4.安全教育培训:建立安全教育培训制度,制定从业人员的教育培训计划,强化对船员的业务技能的培训教育,增强其安全意识和驾引操作技术水平。 D4 事故应急 1.根据船舶的种类、航区等因素制定相应的岸基、船岸和船舶应急预案,定期组织训练演习,提高紧急应变能力; 2.健全应急演习制度,制定应对倾覆的应急计划; 3.发生事故、重大险情时,及时向海事管理机构报告。

9.砂石运输船自沉风险控制对策

E. 安全监管	E1 船舶监管
	1.严格船舶建造和改建、船舶稳性等有关航行安全和人命安全的规定措施,提高船舶稳性、抗风等级方面的安全技术标准。
	2.推行长江砂石船船型标准化,促进砂石船技术进步,淘汰落后砂石船。
	3.加强船舶设计审核,严格检验船舶结构强度、操纵和导航系统等技术状况。
	4.船检部门应当严格把好船舶建造和改建质量关,提高船舶检验质量,严格规范管理。
	5.充分利用发挥 VTS、AIS、CCTV 等手段作用,做好船舶交通组织和防止船舶碰撞工作。
	6.开展砂石船风险隐患排查治理活动,落实砂石船安全监管责任制。
	7.建立砂石船舶黑名单制度,对低风险船舶实施常态管理;对高风险船舶以及不服从现场管理、冒险航行的砂石船舶列入黑名单,并上网公示,实施重点监控,情节严重的予以行业禁入措施。
	8.实行砂石船舶、船主定期联系和教育培训制度。定期组织召开安全管理座谈会、通报会,召集辖区砂石船船主、船员学习有关法律法规,通报事故险情及安全管理状况,强化安全教育,夯实安全基础。
	E2 航运企业监管
	1.相关部门督促企业贯彻落实隐患排查,强化隐患整改;对影响船舶安全航行的雾、风、枯水和洪水对通航安全的影响进行评估。
	2.加强对航运企业安全状况的日常监督管理,督促企业落实安全生产第一责任制,对违规企业严格按法律法规进行处罚,必要时就船舶安全管理问题约谈船公司管理人员。
	E3 通航环境管理
	1.建立完善长江水上气象预警信息系统,完善气象采集收集设备的配备,为更加及时有效地制定通航警告等提供基础信息。
	2.加强航道的测量和海图印制及发行工作。按维护标准及时疏浚航道,在重要航道和航行条件较差的水域要优化航标配布,改善通航环境。
	E4 其他
	1.规范砂石船造船业,加强对造船厂的监管,严把船舶建造出厂关,杜绝低质量低标准船舶进入运输市场。
	2.乡镇政府以及乡镇职能部门应按照《内河交通安全管理条例》等要求,认真履行安全管理职责,加强砂石船舶所有人和船员的安全生产教育工作,督促砂石船舶所有人和船员遵章守纪,加大日常监督检查力度,定期召开安全会议,宣传安全法规,增强船舶经营人、船员的安全意识和责任意识。
	3.港航部门应严格砂石运输船舶的准入关,结合市场发展的规律,采取优胜劣汰,严格审批手续和审批制度,鼓励发展联营公司化模式;同时加强砂石码头经营秩序的管理,防止无序开采和无序运输。

10.有毒危险货物船舶泄漏风险控制对策	
A.船舶	A1 船舶设备设施 1.加强船舶安全管理,确保船舶处于良好的适航状态;加强船体机构、船舶设备设施的维修保养,建立和完善船舶设备设施定期和不定期安全检查制度,发现问题及时整改,确保船舶适航; 2.加强船舶电气设备、线路的管理;确保电气设备和线路满足防火防爆要求,消防、救生、防污设备设施齐全完好,照度充分、通信畅通; 3.配备必要的船舶防撞设施,并确保技术状况良好。 A2 船舶操纵和航行 1.船长应切实担负职责,严格值班纪律,留足值班人员;驾引人员在航行中要随时保持高度戒备,保持正规瞭望;加强与过往船舶的联系,正确使用雷达、VHF、探照灯等助航设备,发现有碍航行安全的情况应及早采取安全措施,确保航行安全。 2.加强安全预警信息的收集传递工作,针对长江航道通航环境变化大的情况,及时收集航道水位、气象等安全预警信息,及早制定针对性的安全措施,对所经航道的通航环境要做到心中有数,航经碍航礁石和浅区保持安全横距,防止发生触礁、搁浅等事故。 3.恶劣天气按管理部门规定停航,禁止违规冒险航行。 4.防止碰撞事故,遵守航行规则/定线制规定,走在相应的航道(分道)内,不占据他船航路;对来船早让、宽让,避免陷入紧迫局面;与他船或危险物保持足够距离,必要时减速、停船以争取判断和行动的时间等。
B.人员	1.船舶应配备足够的具备适任资格的船员,且船员应接受化学品船舶作业的专门培训。 2.通过教育培训提高船员操作技能水平,或选聘具有良好技能素质的人员进行作业。 3.对船员聘用、培训、考核、教育有完整的计划并予切实执行。按计划进行经常持久、形式多样、内容丰富而有重点的安全教育、培训,提高员工安全意识和安全素质。 4.规范船员操作,消除不安全行为。
C.环境	1.根据船舶状况,及时掌握水文(水深、潮汐、波浪等)、天气(风、雾况等)条件动态,规避灾害性天气; 2.针对突发灾害天气,根据有关规则充分给予船长规避灾害天气的决策权,便于及时采取应急措施,确保人命安全。

10.有毒危险货物船舶泄漏风险控制对策

D.船公司 运营管理	**D1 安全管理体系** 1.航运公司应建立完善的安全管理体系,有完备的液化品运输方案,公司派员进行现场管理。 2.需要建立安全管理体系的航运公司,还应制定安全操作规程;确保当发生事故、险情和不符合规定情况时进行报告、调查、分析和纠正;有效控制与安全管理体系有关的所有文件和资料;对安全管理体系进行内部审核、有效性评价和管理复查。 3.对于风险较高的水上液化品运输,根据规定请消拖船和海事专业船艇,或者海事人员进行现场监管。 4.及时向海事管理机构报告安全管理体系运行过程中发生的重大事项。 **D2 责任与制度** 1.建立健全安全管理制度、岗位安全责任制度和作业规程,并严格执行; 2.向船舶提供足够的资源和岸基支持,并对安全工作进行监控,保持船岸之间的有效联系; 3.确定安全管理的方针和目标,指定本公司主要负责人为安全第一责任人; 4.确定船长在船舶安全管理方面的最终决定权; 5.建立船舶安全监督检查制度,确保对船舶及其设备进行有效的维护和保养。 **D3 机构和人员** 1.安全生产管理机构:设置安全生产管理机构或者配备专职安全生产管理人员; 2.安全管理人员:具有适任的安全管理人员,并明确其岗位职责; 3.船员:为船舶配备满足最低安全配员要求的适任船员; 4.安全教育培训:建立安全教育培训制度,制定从业人员的教育培训计划,强化对船员的业务技能的培训教育,增强其安全意识和驾引操作技术水平。 **D4 事故应急** 1.根据船舶类型、载运危险货物的种类及安全特点制定应对泄漏事故的应急预案/应急计划; 2.健全应急演习制度,结合事故预案/应急计划,定期组织训练演习,提高应变能力; 3.在事故发生或者即将发生或存在发生的可能性过程中,船舶的相关责任人应尽可能使用任何可使用的工具以及方法准确及时地向海事部门以及水上的搜救中心进行报告和求救。

<table>
<tr><td colspan="2" align="center">10.有毒危险货物船舶泄漏风险控制对策</td></tr>
<tr>
<td rowspan="1">E.安全监管</td>
<td>

E1 船舶监管

1.推行长江船型标准化,促进液货运输船舶技术进步,淘汰落后船型;禁止单壳化学品船、600 载重吨以上的单壳油船进入长江干线水域航行,加快现有单壳化学品船、单壳油船的改造和拆解。

2.严格执行《内河禁运危险化学品目录》,加强长江水域禁运危险化学品的管理。

3.严格船舶建造和改建、船舶稳性等有关航行安全和人命安全的规定措施,提高船舶稳性、抗风等级、防火方面的安全技术标准。

4.加强船舶设计审核,严格检验船舶结构强度、操纵和导航系统等技术状况。

5.船检部门应当严格把好船舶建造和改建质量关,提高船舶检验质量,严格规范管理。

6.充分利用发挥 VTS、AIS、CCTV 等手段作用,做好船舶交通组织和防止船舶碰撞工作。

7.开展液货危险品船舶风险隐患排查治理活动,落实安全监管责任制。

8.建立液货危险品船舶黑名单制度,对低风险船舶实施常态管理;对高风险船舶以及不服从现场管理、违章作业船舶列入黑名单,并上网公示,实施重点监控,情节严重的予以行业禁入措施。

9.风险较高的水上液化品运输,应根据有关规定申请消防拖船和海事专业船艇,或者海事人员进行现场监管,或者是海事部门可以通过 AIS 和 VTS 等进行现场作业的远程管理和维护。

E2 航运企业监管

1.相关部门督促企业贯彻落实隐患排查,强化隐患整改;对影响船舶安全航行的雾、风、枯水和洪水对通航安全的影响进行评估。

2.加强对航运企业安全状况的日常监督管理,督促企业落实安全生产第一责任制,对违规企业严格按法律法规进行处罚,必要时就船舶安全管理问题约谈船公司管理人员。

E3 通航环境管理

1.建立完善长江水上气象预警信息系统,完善气象采集收集设备的配备,为更加有效及时制定通航警告等提供基础信息。

2.加强航道的测量和海图印制及发行工作。按维护标准及时疏浚航道,在重要航道和航行条件较差的水域要优化航标配布,改善通航环境。

3.加强对溢漏危险化学品的跟踪监测,及时发现并对溢漏危化品进行有效跟踪,及时采取措施回收/清除/处置。

E4 其他

1.规范液货危险品船的建造,加强对造船厂的监管,严格船舶建造出厂把关,杜绝低质量低标准船舶进入运输市场;

2.港航部门应严格液货危险品运输船舶的准入关,结合市场发展的规律,采取优胜劣汰,严格审批手续和审批制度,鼓励发展联营公司化模式,同时加强危险品码头作业的安全监管。

</td>
</tr>
</table>

参 考 文 献

[1] IMO (1997). Interim Guidelines for the Application of Formal Safety Assessment to the IMO Rule-Making Process. MSC Circ. 829/MEPC 335.

[2] IMO (2002). Guidelines for Formal Safety Assessment (FSA) for Use in the IMO Rule-Making Process. MSC Circ. 1023/MEPC 392.

[3] IMO (2013). Revised Guidelines for Formal Safety Assessment (FSA) for Use in the IMO Rule-Making Process. MSC-MEPC. 2/Circ. 12.

[4] SAATY T L . Decision making—the Analytic Hierarchy and Network Processes (AHP/ANP)[J]. Journal of Systems Science and Systems Engineering，2004,13：1-35.

[5] 中华人民共和国交通部.船闸总体设计规范:JTJ 305—2001[S].北京:人民交通出版社,2001.

[6] 中国人民共和国交通运输部安全与质量监督管理司.交通运输安全生产风险源等级划分规定(试行)[S/OL].[2014-12-05]. http://zizhan. mot. gov. cn/zfxxgk/bnssj/aqjds/201412/t20141205_1739234. html.

[7] 中华人民共和国住房和城乡建设部,中华人民共和国国家质量监督检验检疫总局.内河通航标准:GB 50139—2014[S].北京:中国计划出版社,2014.

[8] 宋晓伟.WZHG 码头水运工程风险管理研究[D].青岛:中国石油大学(华东),2014.

[9] 蔡晓禹.波浪对三峡库区路基边坡的侵蚀作用及边坡坍塌破坏试验研究[D].重庆:重庆交通学院,2004.

[10] 张笛.枯水期长江通航风险评价和预测方法研究[D].武汉:武汉理工大学,2011.

[11] 王纪东.内河危化品码头安全风险评估与应急管理研究[D].重庆:重庆交通大学,2013.

[12] 陈厚忠.三峡坝区水上交通系统安全性研究[D].武汉:武汉理工大学,2011.

[13] 袁宗祥.三峡库区水上交通安全监管与应急方法研究[D].武汉:武汉理工大学,2012.

[14] 高扬.突发事件应急管理中的多核应急协同决策方法研究[D].天津:天津大学,2012.

[15] 武小波.应急管理中基于本体的协作模型研究[D].太原:太原理工大学,2008.

[16] 崔文罡.油码头生产作业安全风险研究[D].大连:大连海事大学,2017.

[17] 曹智. 长江干线重庆段水上交通安全风险识别与评价[D]. 大连:大连海事大学,2010.

[18] 邱建华. 长江水上交通安全状况综合评价方法[D]. 武汉:武汉理工大学,2003.

[19] 项峰,郭国平. 船舶交通安全评价方法比较研究[J]. 船舶工程,2007(2):132-134.

[20] 陈佳云. 海上运输通航环境安全评价研究[J]. 水运科学研究,2007(1):27-32.

[21] SVIEN K. Maritime TransPortation:Safety Management and Risk Analysis [M]. Oxford:Butterworth-Heinemann,2005.

[22] HU S,FANG Q. Formal Safety Assessment Based on Relative Risk Model in Ship Navigation [J]. Reliability Engineering and System Safety,2007,92: 369-377.

[23] 韩廷胜. 长江水上交通安全评价指标体系研究[D]. 武汉:武汉理工大学,2006.

[24] ZHANG D,YAN X,YANG Z,et al. Application of Formal Safety Assessment to Navigational Risk of Yangtze River[C]. Proceeding of the 30th International Conference on ocean, Offshore and Arctic Engineering (OMAE 2011), Rotterdam,2011(6):19-24.

[25] 邓健,黄立文,王祥,等. 三峡库区船舶溢油风险评价指标体系研究[J]. 中国航海, 2010(04):90-93.

[26] 黄立文,韩廷胜,牟军敏. 长江水上交通安全评价指标体系研究[C]. 中国航海学会 2005 年度学术交流会,北京,2005:31-37.

[27] 袁忠祥,严新平. 三峡库区的水上安全监管 4R 模式及应用研究[J]. 船海工程, 2009(10):32-35.

[28] 罗云,樊运晓,马晓春. 风险分析与安全评价[M]. 北京:化学工业出版社,2004.

[29] 范济秋. 航海风险识别、评估和控制[J]. 中国航海,2007,73(4):29-32.

[30] 熊兵. 三峡库区水上交通安全控制与应急管理研究[D]. 武汉:武汉理工大学,2011.

[31] 长江航务管理局,武汉理工大学. 长江干线航运危险源识别与评价研究[R]. 研究报告,2011.

[32] 黄曙路. 水上交通安全评价法选择初探[J]. 中国水运,2007(9):46-47.

[33] 何辉华,蔡泽宣. 珠江口水域通航环境分析与航行安全对策[J]. 中国水运,2007, 12:11-12.

[34] 张笛,严新平,刘敬贤. 基于网格技术的长江干线碰撞风险评价方法研究[J]. 中国航海,2011,34(1):44-48.

[35] 陈贵学. 青岛港通航综合安全评估研究[D]. 大连海事大学,2012.

[36] 李娜. 基于状态方程的长江干线水上交通安全评价研究[D]. 武汉:武汉理工大学,2012.

[37] 秦庭荣. 海运综合安全评估集成性方法(MIAM-FSA)构建及其应用研究[D]. 上

海:上海海事大学,2008.

[38] 张笛. 天津港水域通航环境风险评价和风险预测研究[D]. 武汉:武汉理工大学,2008.

[39] 钟林. 综合安全评估中灵敏度分析方法与模型研究[D]. 大连:大连海事大学,2014.

[40] 文华. 海运安全评价研究[D]. 武汉:武汉理工大学,2003.

[41] 杨祥睿. 基于贝叶斯网络的船撞桥风险评估研究[D]. 重庆:重庆交通大学,2015.

[42] 叶倩,刘成斌. 综合安全评估(FSA)方法在海事风险控制中的应用[J]. 中国水运,2009(1):50-51.

[43] 荆晓. 水上交通安全风险源管理研究[J]. 中国水运,2011(10):28-29.

[44] 徐开金. 水运安全风险管理研究[J]. 武汉交通职业学院学报,2008(3):32-33.

[45] 严新平. 长江水运风险评价与安全控制技术[M].北京:人民交通出版社,2015.

[46] 佘廉,戴行信,洪元义. 中国交通灾害[M]. 长沙:湖南人民出版社,1998.

[47] 罗帆,刘堂卿. 基于N-K模型的空中交通安全耦合风险分析[J]. 武汉理工大学学报(信息与管理工程版),2011(33):267-270.

[48] 刘堂卿,罗帆. 空中交通安全风险构成及耦合关系分析[J]. 武汉理工大学学报(信息与管理工程学报),2012(34):93-97.

[49] 刘建,杨浩,魏玉光. 长江航行安全问题的研究[J]. 中国安全科学学报,2003(4):29-31.

[50] 邱志雄. 海上船舶碰撞搁浅危险监管方法的研究[D].大连:大连海事大学,2009.

[51] 谭志荣. 长江干线船撞桥事件机理及风险评估方法集成研究[D]. 武汉:武汉理工大学,2011.

[52] 杨亚东. 长江浅险航段通航环境危险度分析[J]. 武汉理工大学学报:信息与管理工程版,2010(32),4:622-624.

[53] 刘春颖. 深圳西部港区LNG船舶通航安全的综合评价研究[D]. 大连:大连海事大学,2010.

[54] 张大恒. 港口通航环境安全综合评价系统及实现[D]. 大连:大连海事大学,2007.

[55] 李中才. 煤矿安全分析结构方程模型的研究[J]. 煤矿安全,2006(32),2:64-66.

[56] 郑立群,陈伟伟,张宇. 区域低碳发展影响因素的结构方程模型分析[J]. 河南科学,2013(31),1:108-112.

[57] 韩佳霖,姜斌,张爽.国际海事组织(IMO)对安全水平法(SLA)的讨论进展[J]. 中国海事,2012 (2):26-29.